格差の社会学入門
[第2版]
学歴と階層から考える

平沢和司❖著

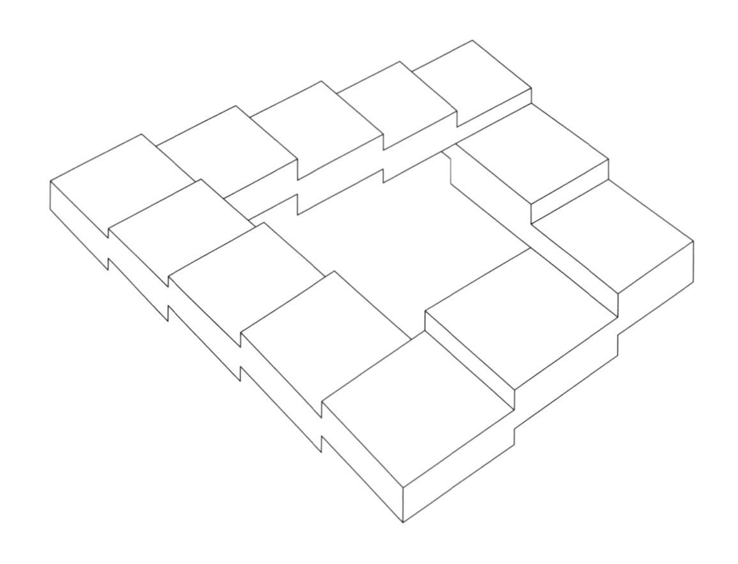

北海道大学出版会

第2版はじめに

「格差社会」の格差とは何を指すのか，どの程度の格差があるのか，なぜ格差が生じるのか。こうした問いに対して，社会学における結果と機会の不平等という視点から論じた初版を2014年に上梓してから7年が過ぎた。この間2020年に始まった新型コロナウイルスの世界的な流行が，格差社会にどんな影響をもたらすのかはいまだ判然としないものの，本書ではもう少し長いスパンで社会を分析する視点の習得を目指している。そのねらいはいまも変わっていないが，掲載のデータがやや古くなってきたうえに，増刷後の残部がなくなったことから，サバティカルを利用して改訂することにした。

第2版では単にデータや文献をアップデートするだけではなく，以下のような拡充を試みた。①第5章以降で中心的なSSMデータを2005年調査から2015年調査に差し替えるとともに，ジェンダー差にできるだけ言及するようにした。②各章末に「発展」という欄を新設し，経済学・社会福祉学など関連分野への学習の契機となる内容を加筆した。③「コラム」を調査や概念の解説に特化させ，一部を発展へ移した。④中流意識・ミンサー型賃金関数などの説明を加えるとともに一部の記述を見直した。⑤注を章末から脚注に移し，あらたに索引を設けることで，読みやすくまた探しやすくした。ただし，価格の上昇を抑えるため，初版の余白ページを活用するとともに各章のまとめを本文から章の扉に移して，全体のページ数はほぼ同じとした。

本書はJSPS科研費特別推進研究事業（課題番号25000001）の成果の1つであり，SSMデータの使用にあたっては2015年SSM調査データ管理委員会の許可を得た。第6章の記述と表は平沢（2021a）と重複する部分があるが，同書の出版社の了解を得ている。今回の改訂にあたっても，初版と同様に吉田崇氏（静岡大学人文社会科学部教授）に分析結果を提供していただいた。お名前はあげないものの初版にコメントをくださった方々にも感謝申し上げたい。

2021年初夏　　　　　　　　　　　　　　　　　　　著者記す

はじめに

日本は格差社会になったといわれる。その議論の火付け役になったのが，橘木(1998)と佐藤(2000)である。前者はジニ係数の上昇から所得分配の格差が拡大したことを，後者はオッズ比を用いて，社会階層の上層に属する父親を持った子どもがやはり上層に達しやすいことを示した。ジニ係数・オッズ比・社会階層については本文で詳しく説明するが，どちらの文献も経済的あるいは社会的な格差が近年，拡大していることを強調している。データの裏づけがあるだけに，なんとなく日本は平等な国だと思っていた人びとに与えた衝撃は大きかった。

もちろん反論もある。たとえば大竹(2005)は，ジニ係数の上昇のおもな理由は高齢化と世帯規模の縮小であり，かならずしも所得格差が大きくなったわけではないという。また盛山(2003)は，階層の再生産はきわめて限られた範囲でしかおきていないことを検証している。いったいどちらが正しいのだろうか。

結論を急いではいけない。以上の論者も，格差拡大を叫ぶ者とそれに反論する者，という単純な二分法では捉えきれないからだ。さきの大竹(2005)も若年者や高齢者の内部での所得格差の拡大は認めている。また階層の再生産がおきているかどうかも，親が社会階層で上層だとその子どもも上層になりやすいか，それとも子どもが上層のうち親も上層だったか，のいずれに着目するかで，異なった結論が得られる。

このように学界での議論は一見すると錯綜しており，順を追って考えていかないと，すぐには理解しにくい。

他方，マスメディアでの議論は，ときに勇ましくさらに複雑なようにみえる。そのひとつの理由は，格差といったとき，念頭においている内容が論者によって違うからであろう。そもそも格差社会とはどのような社会なのか。人びとの収入が違うことか，それとも育った家庭が貧しいと大学に行けないということか。また議論の焦点は，現在の格差か，それとも格差の変化か。

もうひとつの理由は，格差社会を考えることは，格差のない社会を考えることと表裏一体だからだろう。誰もがみな同じ収入の社会が，格差のない社会なのか。そうだとして，ほんとうにそういう社会が望ましいのか。

本書は，このような問いについて，おもに社会学の視点から考えることを目的として書かれた。学界での議論をふまえて，結果と機会の平等という視点から，できるだけ多角的かつ統一的に格差社会を理解できるようにした。

読者としては，大学生やこの分野にはじめて取り組む方を念頭においている。そうした人向けの数多くの類書があるにもかかわらず，不遜にもあえて公刊に踏み切ったのは，私が考える格差社会を1冊でまとめた書が見当たらないからである。個々の分野では優れた専門書が多くあるのだが，それらは初学者が読むにはハードルが高いように思える。そこで本書では，以下の2点にとくに留意した。

第一に，基本に徹し，必要最小限の内容に厳選するよう努めた。したがって，一通り勉強された方であれば，誰もが知っているようなことしか書かれていない。ましてや新説や新たな解釈なども出てこない。「おわりに」で私見を若干述べるほかは，学界で定説といわれる考え方を紹介することに徹した。もちろん，題材やデータの選び方をはじめ，何が定説なのかに関して私の主観が入っている，というか満ちていることはまちがいないが，できるだけ客観的な記述を目指した。

それは本書が大学の講義ノートに基づくことによる。授業ではまず基本的な知識を伝え，私の考えよりも定説を述べるべきだと考えている。教室は私の講演の場ではないし，近年の学生は教員のいうことを信じやすいという，嬉しいような困ったような状況があるからだ。知識がある学生が対象であれば，自説を得意げに説いても割り引いて聞いてくれるであろうが，すべての初学者にそれを期待することは難しい。

第二に，ジニ係数・オッズ比・非正規雇用者比率・収益率などの主要な指標・概念と，データの読み方を丁寧に説明した。これは第一の留意点と矛盾するように思えるかもしれない。けれども指標がどのように定義され算出されるのか，その過程を自ら追ってみると，いろいろな前提や簡略化がなされていることに気づく。そうすることによって，指標の利点や注意点が，おのずとわかってくるだろう。あわせて生活保護や大卒者の就職などの制度や慣行についても，議論の流れから若干はずれても説明するようにした。

したがって，本書は薄いが，その割に七面倒くさい話が多い。その手の話が好きではないという方は適宜，読み飛ばしていただけばよい。ただ，こうした寄り道によって視野を広げ，これまで雑然としていた知識が整理されていくことは，勉強の醍醐味のひとつではないだろうか。そして前触れもなく，なにかわかった！と思える瞬間がやってくるはずだ。

最後に断りと謝辞を述べておきたい。入門書という性格上，内容や構成が既刊書と重なる部分がどうしても生じる。本書ととくに関連の深い文献については言及したものの，十分ではないと思われる。この点に関しては読者と既刊書の著者の寛容を請いたい。また，本書の一部の図表は平沢(2010)で使用したものであり，記述に重複する部分がある。これに関しては同書の出版社の了解を得た。なお，SSM データの使用にあたっては 2005 SSM 研究会の許可を得ている。

本書は北海道大学大学院文学研究科から一般図書刊行助成を受けた。出版事情が厳しいなか北海道大学出版会は，刊行の機会を提供してくれた。櫻井義秀氏(北海道大学大学院文学研究科教授)は本書を執筆する契機を与え出版まで面倒みてくださった。荒牧草平氏(九州大学大学院人間環境学研究院准教授)，島一則氏(広島大学高等教育研究開発センター准教授)，吉田崇氏(静岡大学人文社会科学部准教授)からは草稿に対して有益な助言をいただいた。あわせて深く感謝申し上げたい。

2014 年初春　　　　平 沢 和 司

目　次

第１章　格差社会を考える視点―本書の分析枠組

第１章のポイント

①格差を考える視点は多様だが，本書では結果と機会の不平等，学歴および階層を中心に考える。
②結果の不平等とは社会的に望ましいとされる資源や財が不平等に分布していることを，機会の不平等とはそうした資源や財を獲得する機会が人によって異なることを指す。
③階層とは，社会的諸資源を同じくらい保有している人の集合体を指す。誰しも生まれたときは親の階層（出身階層）に属しているが，自立とともに職業や所得などによって自らの階層（到達階層）に属するようになる。
④到達階層は，出身階層や学歴によって影響され，同時に学歴が出身階層に影響されると考えられる。
⑤近代社会の理念であるメリトクラシーは，出身階層による学歴や到達階層への影響が弱まることを含意する。
⑥本書の前半では結果の不平等を，後半では機会の不平等を考える。そこで用いる用語とデータに関して留意すべき点をまとめた。

キーワード

結果の不平等，機会の不平等，出身階層，到達階層，教育達成，社会移動，世代間移動，世代内移動，メリトクラシー，社会的不平等，基幹統計調査，個票データ

1-1. 結果と機会の不平等

何についての格差か

「格差社会」を考えるときには,「何に関する」「誰と誰の間」の格差なのかをはっきりさせることが出発点になる。たとえば収入・財産・職業・生活の満足度あるいは容姿が「何に関する」格差に,男性と女性・若者と高齢者・日本人と外国人・健常者と病人が「誰と誰の間」の格差にあたる。このうち本書では,収入と職業に関する格差に焦点を絞って考えていく。誰と誰の間の格差かについては章によって異なるものの,社会的に恵まれた家庭に生まれ育った人とそうでない人との格差と,学歴が高い人とそうでない人との格差が中心となる。

それは他の格差が重要でないからではなく,収入と職業(が人びとの間で異なっていること)が,他の格差を考える基盤になると考えられるからである。若者であれば生涯の伴侶をみつけることが大きな関心事であろうが,結果的に結婚する人とそうでない人との間には,容姿・性格・好みなどのほかに,結婚生活を維持できるくらいの収入があるかが,重要な条件になるだろう。収入がなくとも「愛があれば」すべてを切り抜けられる人は稀である。

そうした収入を伴う仕事に就けるかどうかのチャンスは,残念ながらすべての人に同じようにあるわけではなさそうだ。もちろんそうしたチャンスは,生まれつき宿命のように定まっているわけではないものの,努力次第で何とでもなるかどうかはわからない。そうしたことをデータに基づいて,できるだけ冷静に考えていこうというのが本書のねらいである。

結果の不平等

ただし,このように分析の対象を収入と職業に限定しても,格差社会における議論は,**はじめに**で述べたとおりけっこう複雑である。そこで議論全体を見渡すために,結果の不平等と機会の不平等という大きな枠組を示そう。それぞれが具体的に何を意味するかについては議論があるものの,**結果の不平等**とは,社会的に望ましいとされる資源や財が不平等に分布していることを指すことが多い。望ましい資源や財はいろいろあり，人によって異なるであろうが，通常は多くの所得や資産，あるいは特定の職業に就くことと考えられている(鹿又 2001：2)。

以下では所得を中心に議論を進めるので，結果の不平等をより具体的にいえば，所得が個人間または世帯間で異なる状態である。ひとくちに所得といっても，勤め先から払われる賃金だけではなく，自分で商売をしていればそこから得られる事業所得，資産を売ったり貸したりしたことによる資産所得なども含まれる[1]。それらの1年間の合計額が，個人または世帯の所得(年収)である。世帯とは，同じ住居で暮らしていて，家計をともにする人びとを指す。

逆に結果の平等とは，個人または世帯間で，所得にまったく違いがない状態である。これは通常あり得ないので，あくまでも仮想的な状態と考えたほうがよい。しかも全員の所得が同じという状態だけが，実質的に平等とは限らない。たとえば年齢とともにすべての人の所得が上がっていくのであれば，ある一時点でみると個人間で所得に違いがあるので，結果の不平等ということになる。けれども各個人の一生を通じてみれば所得の合計額が同じなので，結果の平等が実現しているといえるかもしれない。このように所得に限っても，どのような状態を平等とみなすかは，きわめて難しい問題である。

結果の不平等の留意点

それではこうした非現実的でわかりにくい結果の平等を措定することに意味がないかというと，そうではない。所得に違いがないという点を基準にしてはじめて，どの程度の違いがあるのか，を考えることができるからだ。その意味で，結果の平等と不平等は表裏一体である。そのため以下では，結果の不平等と表記した場合も，結果の平等を含めていることもある。これは，のちに述べる機会の不平等と平等でも同じである。

さらにわざわざ結果の不平等と断っている点にも注意が必要だ。それは，

[1] 資産があることと，その資産から所得を得ること(たとえば地代や利子)を得ることは同じではないので，資産と所得は分けて考えるべきである。ただし調査によって資産を正確に把握するのは，所得を把握するより難しいため，本書では最終的に得られた所得のみを考える。資産の格差については鹿又(2001：第6,7章)を参照。

学習・生産あるいは貯蓄の結果，生じた不平等という意味である。たとえば医学部を卒業して医師になった結果，高い所得を得ている人であれば，所得は結果である。他方で高い所得を得た(貧しい)ので，新たな事業に進出する(違う商売をはじめる)のであれば，所得は結果ではない。このように所得が結果かどうかは相対的であるが，所得は結果と捉えられることが多い。

また，結果の不平等といったときには，客観的に所得が個人間で異なるという状態を指しているだけの場合と，高い所得を得る者とそうでない者がいる，つまり貧富の差がある状態は望ましくないという価値判断が含まれている場合とがある。

機会の不平等

いま望ましいかどうかはともかく，実際に結果の不平等，つまり個人間で所得に差があるとき，つぎに考えるべきなのは，すべての人に高い所得を得る機会が開かれていたかどうかである。**機会の不平等**とは社会的に望ましいとされる資源や財を獲得する機会が人によって異なる状況を指す(鹿又 2001：2-3)。

ここで難しいのは，何をもって機会とみなすかである。というのも，結果の不平等をもたらす要因としての機会はいろいろ考えられるからだ。そのひとつとして生まれ育った家庭の所得があるだろう。もし何らかのメカニズムによって，貧乏な家庭に生まれ落ちた子どもにはお金持ちになるチャンスが限られる一方で，豊かな家庭に生まれた子どもがそのチャンスに恵まれているとしたら，機会が不平等だといわざるを得ない。

このように結果が不平等かどうかは，ある時点での財(ここでは所得)の分布(貧富の差があるかどうか)さえわかれば判定できるが，機会が平等かどうかは結果の不平等をもたらす原因を特定しないと判断できない。それだけ機会の平等という考え方は難しい(→第 10 章)。

近代社会と機会の平等

しかし機会の平等を考えることはきわめて重要である。なぜなら，それは近代社会の基本的な目標となってきたからである。すでに述べたとおり，結果の平等は，何を結果と考えるかにもよるが，ふつう実現していない。また結果が異なるから人びとは努力するという側面もあるので，むしろ結果は不平等でよい(つまり貧富に差があってよい)と考える人もいる。それに対して，高い所得を得る機会が個人によって異なる(極端な場合，人によってはその機会が完全に閉ざされている)というのは，あまりに不公平である。そのため，機会の平等は譲れない価値として，多くの人から肯定され目標とされてきた。

なお，機会の不平等には，法的な不平等とより実質的な不平等がある。法的な不平等とは，たとえば女性には，あるいは親の年収が500万円以下の子どもには，大学を受験する資格がないといった法律上の差別がある状態をいう。今日の日本では，もちろんこうした不平等はない。けれども，あからさまな差別がなくても，女性や家計の所得の低い家庭の子どもは実際には大学に入りにくいかもしれない。これがより実質的な不平等であり，以下ではこちらに限って論じる。

1-2. 機会の不平等と階層

階　層

ここまで述べてきたように，結果と機会の不平等に着目することによって，社会的な格差の実態を知ることができるようになる。ただしこれだけだと，個人や世帯を単位にしているので，たとえば貧困層あるいは専門職の再生産といった現象は把握しにくい。そこで階層という概念を導入しよう[2]。

階層とは，社会的諸資源を同じくらい保有している人の集合体を指す。社会的諸資源とは，経済的資源(お金や土地)，関係的資源(コネや他人からの信望)および文化的資源(教養)などを指す。詳細は第5章で述べるが，今日ではこうした諸資源の保有状況は，職業に集約されて現れていると考えられている。したがって階層とは，職業が似ている人びとによって構成され，社会の構成員すべてがおおよそ5つから10くらいの層のいずれかに分類されるというイメージを持てばよい。たとえばホワイトカラーやブルーカラーそ

[2] 階層と類似の概念である階級については，第5章を参照。

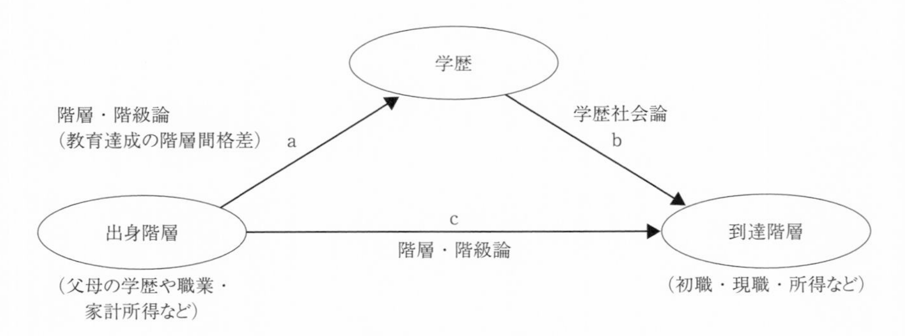

図 1-1　出身階層・学歴・到達階層の因果関係

れぞれが，階層のひとつである。

出身階層と到達階層

人は誰でも生涯に２つの階層を経験する。出身階層と到達階層である。**出身階層**（図 1-1 の左下）とは，その個人が生まれ落ちた家族が所属している階層である。赤ん坊や子どもはとうぜん無職で，自らの職業によって，階層を定めることはできない。そこで自立するまでは代わりに，親（多くは父親）と同じ階層に所属しているとみなす[3]。

他方，**到達階層**とは，ふつう子どもが成長し働きはじめた後に所属する階層のことをいう。これはさらに２つに分けられる。ひとつは最後に通った学校を卒業した後はじめて就いた職業（**初職**という）によって定まる階層で，もうひとつが調査した時点での職業（**現職**という）によって定まる階層である。これらの初職や現職のことを**職業達成**ということもある。

到達階層に影響する学歴

ところで，ある個人がどの到達階層に入るかには，何に影響されるだろうか。もちろんいろいろな原因が考えられるものの，見逃すことができない要因として**学歴**がある。ここでいう学歴は，最終的に受けた学校段階の違い

[3] 出身階層は親の職業のほか，親の学歴やその家計所得によっても測定される。詳細は第５章参照。ただし，いずれも子ども本人ではなく親によって定まることに変わりはない。

(たとえば高卒か大卒か)と，同じ段階での卒業した学校の違い(どこの大学を卒業したか)の双方を指す。この学歴のことを**教育達成**ということもある。

いずれの学歴にせよ，学歴が到達階層に影響することを示しているのが，図1-1のパスbである。パスとは，矢印の始点となる変数(事項)が，終点となる変数に影響を与えるという因果関係を表している。具体的には，学歴の高い人のほうが，平均的には到達階層で専門職や大企業の事務職などになりやすく，結果的に所得も高い。裏返していえば，学歴が低い人のほうが，あくまでも平均的にだが，ブルーカラーになりやすく，所得も低い傾向があるということである。

学歴・到達階層に影響する出身階層

それではその学歴は，何に影響されるのか。より具体的には，大学に行くかどうかは，何によって変わってくるのだろうか。本人の努力，学校の成績，あるいは住んでいる地域など，いろいろ考えられるものの，もっとも影響がありそうなのが，さきほどの出身階層である。つまり経済的あるいは社会的に恵まれた階層に生まれた子どものほうが，大学などの高等教育を受けやすいだろう。この出身階層が学歴に与える影響を示しているのが，図1-1のパスaである。

以上の出身階層→学歴というパスaと，学歴→到達階層というパスbをあわせて考えれば，経済的に余裕があり，教育熱心な親に育てられた子どもほど，大学などの高等教育機関に進学する傾向があり，そこを出た者のほうがホワイトカラーになって所得も平均的には高くなりやすい，ということである。これは出身階層が学歴を媒介して到達階層に影響する場合で，イメージしやすいであろう。

ただし，学歴を媒介せずに出身階層が到達階層へ影響することも考えられる。つまり同じ学歴の者どうしを比べても，たとえばホワイトカラー階層の出身者ほど，本人もまたそうした階層に到達しやすいかもしれない。それを示しているのが，学歴を統制したときのパスcの影響である(→第8章)。

この出身階層から到達階層への直接的な影響には，別の含意もある。たとえば小さな会社を経営している(あるいは農業を営んでいる)父親を持つ子どもはそうでない子どもに比べて，学歴が何であれ，自分も父の会社（農家）を継いでいずれ社長（農業家）になりやすいであろう。高い学歴を得ないと，あるいは資格がないと父の会社に入れない（父の仕事を継げない）ということはあまりないだろうから，学歴の意味が異なるはずだ。このように出身階層は到達階層に対して，間接的あるいは直接的な影響を与えていると考えられる。

社会移動と機会の不平等

いま出身階層と到達階層を比べたとき，異なる階層に移ることを**世代間移動**，初職と現職を比べたとき，異なる階層に移ることを**世代内移動**という。そして世代間移動と世代内移動をあわせて，**社会移動**という[4]。

このうち本書では世代間移動を扱う。なぜなら世代間移動を考えることは，機会の不平等を考えることになるからだ。もし世代間移動がまったくなかったら，すべての人が親と同じ階層に属することになるので，機会はいちじるしく不平等だといわざるを得ない。たとえば江戸時代の身分制度のように，親の階層によって子どもの階層がほぼ決まってしまう社会である。

逆に世代間移動が生じていれば，機会の平等が実現している可能性がある。ただし，今日の社会では，親の経済的な資産は相続税や贈与税を払えば子どもへ直接的に相続させることができるのに対して，社会的な地位（たとえば弁護士や医師という職業）はそうはいかない。学歴や職業資格を取得することが，そうした職業に就く条件になっているからである。したがって，親子間の世代間移動を考えるときには，学歴を勘案することが重要になってくる。

そこでさきの出身階層と到達階層に学歴を加えた3変数（事項）間の関連を，機会の平等という考え方を使って表現すれば，以下のようになる。まず機会が平等であるとは，(1)出身階層によって到達階層が異ならない，(2)学歴（とくに学校歴）によって到達階層が異ならない，(3)出身階層によって学歴が異ならない，ことである。

逆に，**機会の不平等**とは，(1')出身階層によって到達階層が異なる（図1-1のパスc），(2')学歴によって到達階層が異なる（パスb），(3')出身階層に

4　世代間移動と世代内移動を垂直移動，地域間の移動（転居）を水平移動，垂直移動と水平移動をあわせて社会移動という場合もある。

よって学歴が異なる(パスa)，ことだと考える。なお，たんに機会の不平等といった場合には，(1')と(3')を指している場合が多い。とくに(3')は出身階層間の教育機会の不平等と呼ばれる。他方で(2')はふつう学歴社会論として論じられており，機会の不平等とみなされないことが多い。学歴は出身階層の影響を受けるとはいえ，子ども本人が選択した結果でもあるからだ。

他方で，誰しも親を選択できない以上，出身階層は選択できない。それにもかかわらず出身階層が学歴や到達階層に影響していれば，本人の努力や選択が及ばない部分で到達階層が異なることになり，機会が不平等であると判断される。

メリトクラシー

以上は個人の視点から見た場合だが，稀少な高い地位を誰に配分するかという社会の視点から見たとき，近代社会はメリトクラシーを目指した社会だと考えられている。**メリトクラシー**とは，M. ヤング(1915～2002)がmerit(＝IQ＋努力)とcracy(～による支配，～主義)をつなげて作った用語で，家柄やコネなどではなく能力の高い人が選抜されて高い地位に就き，社会や組織を支配することを意味する(Young 1958＝2021)[5]。言い換えれば，属性原理が業績原理に置きかわり，地位の配分が個人の知的能力に基づいて行われることを指す(→**おわりに**)。ただし，meritじたいを測定することはできない。そこで図1-1のパスaとパスcがしだいに弱まり，パスbつまり学歴と到達階層の関連だけが強化されることをもって，メリトクラシーの実現とみなすことが多い(Goldthorpe 1996＝2005，近藤 2018，→p.161のIMS仮説)。つまりメリトクラシーは機会の平等が実現された状態に近い。それが本当に実現されているのかどうかをデータによって検証するのが，本書のメインテーマである。

本書の構成

以上で，本書の主要な概念と分析課題が出揃ったことになる。すなわち，結果の不平等がどの程度生じているのかを第2～5章で確認し，その要因と

5　メリトクラシーについては数多くの議論がある。とくに能力主義との関係については中村(2018：第3章)や本田(2020：第2章)を参照。

表 1-1 各章のテーマとおもな問い

第 1 章	結果と機会の不平等	本書の分析枠組	結果と機会の不平等とは？
第 2 章	結果の不平等	所得の格差	所得の格差はどの程度か？ 格差は拡大しているのか？
第 3 章	結果の不平等	貧困と生活保護	貧困とは？ 生活保護とは？
第 4 章	結果の不平等	非正規雇用	非正規雇用とは？ その何が問題か？
第 5 章	結果の不平等	社会階層・階級	階層・階級とは？ 人びとをどう分けるのか？
第 6 章	機会の不平等	世代間移動	階層は移動できるのか？ 閉鎖的な階層はどれか？
第 7 章	機会の不平等	学歴社会	学歴によって到達階層は異なるのか？
第 8 章	機会の不平等	出身階層の学歴への影響	出身階層によって学歴は異なるのか？
第 9 章	機会の不平等	出身階層の学歴への影響	なぜ大学に進学する人としない人がいるのか？
第 10 章	機会の不平等	出身階層・学歴の到達階層への影響	機会の不平等の趨勢と課題とは？
おわりに	結果と機会の不平等	格差社会のゆくえ	結果と機会の不平等をどう考えるか？

して学歴と出身階層を考え，第 6～10 章で機会の不平等の実態を分析する，というのが議論の流れである。そして**おわりに**で，結果の不平等と機会の不平等の関係を考え，格差社会の課題と今後を展望したいと思う。表 1-1 に，次章以降で展開されるテーマとおもな問いをまとめておいた。

結果と機会の不平等の視点からみると，ひとくちに格差社会といっても，いろいろな切り口や論点があること，したがってどこに着目するかで格差やその変化には違いがあることが，しだいにみえてくるはずだ。それを通じて，格差のほとんどは程度の問題であり，格差社会かそうでないかを問うのはあまり意味がないことも，理解していただけると思う。

1-3. 留 意 点

格差ということば

データを用いた分析に先立って，3 点ほど本書の全体に関わる留意点を述べておきたい。第一は，格差ということばについてである。結果と機会の不平等あるいは社会階層といった概念は，それが何を意味するかについていくつかの見解があるとはいえ，議論が積み重ねられ学術用語として定着している。これらは**社会的不平等**の研究と総称される。それに対して「格差」あるいは「格差社会」というのは，学術用語ではなく一般的な定義もない。管見の限り，使われはじめたのは2000年前後と思われる。ただし，本書の内容全体を指すことばとしては，わかりやすいので本書の書名に用いた。こうした経緯があるので，以下では格差を結果と機会の不平等のほか，たんに所得や職業の違いといった日常的な意味でも用いている。

「○○に影響する」とは

第二は，「△△が○○に影響する」の意味である。たとえば「学歴が所得に影響する」，より具体的に「学歴が高いほうが所得も高い」というのは，「学歴が高い大卒者の所得は，高卒者の所得より高い」という意味である。裏がえしていえば「学歴が低い高卒者の所得は低い」というのと同義である。ただし，注意しなければいけないのは，「あくまで平均的に」という点である。というのも，少数ながら大卒者で所得が低い者や高卒者で所得が高い者もいるからだ。

さらに付言すれば「学歴が所得に影響する」というのは，「学歴が所得を決定する」ことまでは含意していないことである。そういう傾向があるというだけであり，学歴が高くないと所得が高くなれない，学歴によって所得が完全に決まってしまう，ということではない。

また，かりに「学歴が高いと所得も平均的に高い」ことがデータで観察されても，それは社会全体についての情報である。したがって，特定の人物が大卒(高卒)者であることがわかっても，その人の所得が高いか(低いか)どうかまではわからない。

実態の解明に徹する

第三に，分析の対象を限定していることである。まず格差には分析対象者の属性・行動の側面と意識の側面がある。個人間に所得の格差があることと，それを対象者が格差と思うかは，別の問題である。本来は両者を結びつけて，たとえば所得の高い人ほど格差があると思わない，といった分析ができるとよい。しかし本書では紙幅の制約から，第５章など一部をのぞいて属性・行動の側面に限定している。

それと関連して，分析者による客観的な観察と主観的な価値判断は，峻別できるわけではないものの，できるだけ区別しようとしたことである。たとえば結果の平等が観察されるかどうかと，結果の平等が望ましいかどうかは，異なる問題である。こうした価値判断についての私の考えは，**おわりに**で多少述べるものの，全体を通じてデータから実態を知ろうという姿勢に徹した。そのため低賃金・非正規雇用・貧困といった格差社会における深刻な問題の解決策を知りたいと思っている読者にとって，本書は物足りないかもしれない。しかし実態の正確な把握は対策の端緒となるはずだ。

またデータは，できるだけ男女とも掲載するように努めたが，男性のみを掲げている場合がある。これは紙幅の制約からそうなっているだけである。ジェンダーと格差の関連はきわめて重要な問題であるが，本書では十分には言及できなかった。

なお，「学歴が低い」「所得が低い」といった表現が多用されていて，なかには不愉快に思う読者もいるかもしれない。しかし，決して私が学歴や所得は高いほうがよい，と考えているわけではないことを，最初にお伝えしておきたい。大卒の私が言っても，説得力がないかもしれないが。

1-4. データ

基幹統計データと学術調査データ

本書で用いるデータは，基幹統計データと学術調査データに大別される。**基幹統計データ**とは，国または地方自治体などの行政機関が行う調査のうち，統計法によって指定されたとくに重要な調査から得られた統計データである。そのなかでももっとも重要でかつ大規模なのが，5年に1回行われる「国勢調査」である(→コラム6)。そのほか本書に関わりの深い調査としては，総務省が行う「労働力調査」(基本集計は毎月，詳細集計は毎年)や5年ごとの「就業構造基本調査」(→コラム6)，厚生労働省が毎年行う「国民生活基礎調査」(→コラム2)や「賃金構造統計基本調査」(通称「賃金センサス」)などがある。

他方，学術調査データは，おもに大学教員などの研究者が組織した研究チームが主体となって行う調査から得られたデータである。その数は膨大であり，内容もさまざまである。そのうち本書で用いたのは，「社会階層と社会移動に関する全国調査」(SSM 調査→コラム 5)と「日本版総合的社会調査」(JGSS 調査)のデータである。

両データの違い

基幹統計データと学術調査データでは，標本の大きさ(→コラム 1)，個票データの公開，調査内容などに違いがある。両データとも，全数調査の国勢調査を除けばいずれも標本調査から得られた点は共通である。けれども，SSM 調査や JGSS 調査は，実施年にもよるが，標本の大きさは 5000～1.5 万人程度である。これでも母集団について推測するには十分な大きさであるが，基幹統計データはそれよりさらに大きいものが多い。一般に標本が大きいほうが，母集団に関して推測する際の誤差が小さいので，データとしては望ましい(→コラム 1)。

それでは基幹統計データだけを利用すればよいではないか，と思うかもしれないが，そうではない。なぜなら，同データは基本集計だけが公開されていて，原則として個票データそのものは公開されていないからだ[6]。**個票データ**とは，誰が答えたかが特定されないようにしたうえで，調査回答者ひとりひとりの回答がわかるデータである。

本書でのデータ戦略

自分の知りたい情報が，基本集計として公表されていれば，個票データは必要ない。そうでないときは，個票データを自ら分析する必要がある。たとえば学歴別の所得は基幹統計データで公開されている。しかし，性別の影響を除いたうえで学歴が所得に与える正味の効果を知るには，個票データがどうしても必要になってくる。その点 SSM や JGSS データは，おもに研究者や学生に限られるものの，個票データが公開されているので，そうした分析ができる。さらに自分の知りたい調査項目が，基幹統計データにないことも

[6] ただし統計法に基づき，近年は「公的統計調査の調査票情報等の学術研究等への活用」の一環として，匿名の個票データを研究者などが分析できるようになってきた。

コラム1　母集団と標本

社会調査において関心の対象となる人々の全体を**母集団**という。それは明確に定義されている必要がある。たとえば「2021年4月現在のA大学B学部2年生(300人)」あるいは「日本に住む20〜69歳の男女1億人」(人数は架空)などである。前者の300人であれば母集団の全員に会って，調査票を用いた調査を実施できるかもしれない。これが**全数調査**である。他方，後者の1億人に面接調査をすることは事実上，不可能である。そこで母集団から何人か(たとえば5000人)を選んで調査するのが現実的である。この母集団の部分集合を**標本**，選ばれた人数を(一般には標本数といわれているが正確には)**標本の大きさ**という。そして標本に対してのみ行われる調査が**標本調査**である。全国規模の全数調査は国勢調査(→コラム6)のみで，ほかはすべて標本調査と考えてよい。次章以降で用いる国民生活基礎調査(→コラム2)，SSM調査(→コラム5)はどちらも標本調査である。

標本調査で重要なのは，母集団から標本を選ぶときに無作為抽出をしておくことである。**無作為抽出(確率標本抽出)**とは，対象者が標本に選ばれる確率が全員(1/20000＝5000÷1億で)等しいことを意味する。抽出にあたっては全国規模の調査であれば住民基本台帳か，それに基づく選挙人名簿を用いることが多い。こうして無作為抽出をしておくとはじめて，5000人についてだけ面接調査をした結果から，母集団の1億人についてかなり正確に知ることができる。もちろん誰が標本に選ばれたかによって数値(たとえば大卒者数)や結果(大卒者は高卒者より平均年収が高い)は母集団と異なる(ことがある)が，その範囲が確率的に変動することを利用して，母集団で数値がどの範囲にあるか(区間推定という)，標本での結果が母集団で成り立つか(検定という)を推測することができる。これら一連の作業を**統計的推測**という。

ただし実際には，抽出された調査対象者の一部は不在のため会えない，また会えても回答してもらえない場合もあるので，回収数は標本の大きさを下回る(たとえば3000人)ことがほとんどである。実際に回収され分析可能なケース数が有効回収数で，標本の大きさに対する比率が**有効回収率**60.0％(＝3000/5000)である。社会調査の方法論については，Groves et al.(2004＝2011)，原(2016)，轟・杉野・平沢編(2021)を参照。

ある。たとえば，調査対象者の親の学歴や職業を調べた基幹統計データはない。

したがって，基幹統計データと学術調査データを目的に応じて併用するというのが，現時点でとりうるもっとも望ましい方法であろう。なお，基幹統計データは原則として2018年ころまでのデータを掲載している。これは本書の後半で用いるもっとも新しいSSMデータが2015年の調査から得られたのにあわせたためである。最新の基幹統計のデータについては，各省庁のホームページで確認することができる。

発展1　文献の探し方とレポートでの研究倫理

格差社会に関する実証的なレポートの一例として，以下のような構成が想定される。1. 問題関心(テーマとリサーチクエスチョン)，2. 既存研究(1. に関してこれまでわかっていること)，3. 分析(データを用いた分析結果やその解釈)，4. 結論，5. 注(本文には掲載してない参考情報)，6. 文献(引用・参照した文献の書誌情報)。

文献(ここでは書籍と論文を指す)を自分で探すには，おもに2つの方法がある。ひとつはインターネットでの検索だ。Googleでの検索が一般的だが，論文であればCiNii Articles，大学図書館に所蔵された書籍であればCiNii Booksが便利である。論文名・書名・著者名はもちろん，関連語からも検索できる。論文であれば，pdfファイルで全文を読める場合もある。もうひとつは，文献の通常は末尾についている文献一覧のなかから見つける方法だ。これをくりかえせば，多くの文献に出会えるはずである。いずれにせよ避けたいのは，最初に見つけた文献に飛びついて，ほかを探さないことである。(Googleで)一番上に表示される文献が最良とは限らない。

読むべき文献が定まりレポートをまとめる段階になったら留意すべきなのが，**研究倫理**である。ここでの研究倫理とは，捏造・改ざん・盗用を行わないことを指す。文部科学省(2014：10)によれば，**捏造**とは「存在しないデータ，研究成果等を作成すること」，**改ざん**とは「研究資料・機器・過程を変更する操作を行い，データ，研究活動によって得られた結果等を真正でないものに加工すること」，**盗用**とは「他の研究者のアイデア，分析・解析方法，研究結果，論文又は用語を，当該研究者の了解又は適切な表示なく流用すること」である。学生が教員へ提出するだけで公刊されないレポートであっても，研究倫理を遵守することが求められる。

そのためには文献を適切に引用・参照する必要がある。**引用**とは文献の表現を一言一句変えることなく「　」に囲んで表記すること（たとえば本書34ページ第2段落），**参照**とは文献の内容を要約して表記すること（72ページ第3段落）を指す。いずれの場合も本文中には（著者名 出版年：ページ）を明示することが必須である（ページは任意だが大部の文献では表記したほうがよい）。これは本文のみならず図表も同様だ（19ページ図2-1下部の出所）。こうすることによって，どこまでが既存研究の成果で，どこからが自分の発見かを区別して表現できる。

文献の書誌情報（著者名・書名・出版社など）は，本文や注ではなく，レポートの末尾に**文献**としてまとめて，著者の名字の五十音順かアルファベット順に並べるのが通例である（本書183ページ参照）。こうしたルールの詳細については日本社会学会（2018）が，研究倫理については轟・杉野・平沢編（2021：第13章）が参考になる。

読書案内

◇みずほ総合研究所編（2017）『データブック格差で読む日本経済』岩波書店

経済的な格差に関する27項目について，データとともに簡潔な解説がなされている。橘木（2021）も，格差に関連する最新のデータがまとめられている。

◇小熊英二（2019）『日本社会のしくみ―雇用・教育・福祉の歴史社会学』講談社

新書としては厚いが，副題にある各分野の既存研究が著者の視点でまとめられており，今日の格差社会の歴史的背景を知ることができる。

◇竹ノ下弘久（2013）『仕事と不平等の社会学』弘文堂

前半は社会階層論の著名な既存研究を踏まえた方法論，後半では筆者独自の議論が展開されているので，本書を読み終えた読者に好個の文献である。

◇轟亮・杉野勇・平沢和司編（2021）『入門・社会調査法第4版―2ステップで基礎から学ぶ』法律文化社

社会調査とは何かにはじまり，量的調査に焦点を絞って調査の設計と実施，サンプリングと統計的推測の考え方，調査票の作り方，データの基礎的な解析方法，調査倫理など，社会調査の基礎から応用までが解説されている。

第2章　所得の格差―格差は拡大しているのか

第2章のポイント

①世帯間の所得格差を把握するには，所得の分布（平均所得や中央値など）を確認することが出発点になる。そのうえで時点間や国家間で所得分配の不平等の程度を比較する指標としては，所得五分位やジニ係数がよく用いられる。

②ジニ係数は，完全平等のとき0で，不平等度が高まるほど1に近づく。実際のジニ係数は，算出の元になる調査や対象者の違いから，同時期でもデータによって異なる。

③2017年所得再分配調査の再分配所得では0.3721，世帯規模で調整した等価再分配所得では0.3119で，OECD諸国のなかでは比較的高い。

④中長期的に当初所得のジニ係数は上昇傾向にあるものの，2000年以降，再分配所得のジニ係数は落ち着いている。上昇の背景には，高齢化や1世帯あたりの人数の減少の影響があるとされるので，ジニ係数の上昇が所得分配の不平等化を意味しているかについては見解が分かれている。

⑤ジニ係数に限らずそれぞれの指標の特徴を踏まえたうえで，適切にデータを活用することが望まれる。

キーワード

所得分配，所得分位，ジニ係数，等価所得，高齢化，世帯規模の縮小

2-1. 所得の格差はどの程度か

世帯所得の分布

本章では，結果の不平等のひとつとして，所得(→p. 3)の格差について考える。図 2-1 は国民生活基礎調査(2017 年実施，→コラム 2)のデータから，日本の世帯所得の分布を示したものである(厚生労働省 2018a)。世帯とは生計・住居を共にする人の集まりのことで，この調査では単身者(単独世帯という)を含む。横軸が所得を表しており，100 万円刻み(2000 万円以上は一括)になっている。そのひとつひとつを所得階級といい，一番左の 100 万円未満の所得階級には，所得のない世帯を含む。そしてそれぞれの所得階級が全体に占める比率が，棒グラフの上に表示されている。

ここから 300 万円以上 400 万円未満の所得階級が，全体の 13.8%を占めてもっとも多いこと，それ以上の所得階級はより高額になるほど比率が下がること，1000 万円以上は全体の 12.6%に過ぎないこと，などがわかる。また全体の平均所得は 560.2 万円で，それ以下の世帯が全体の 61.5%を占めること，中央値は 442 万円であることが示されている。中央値とは，世帯を所得の低い(あるいは高い)順に並べたとき，全体のちょうど真ん中に位置する世帯の所得額のことである。平均値は外れ値(極端に高いか低い値)に影響されやすいので，中央値と併記されることが多い。

所得五分位

これだけでも世帯によって所得額がかなり異なることがわかる。けれどもこのままでは「どの程度の格差があるのか」がわかりにくいし，複数の調査や年次の間で比較しにくい。そこで格差の指標がいくつか考案されている。

ひとつは所得の高い階級が低い階級の何倍の所得を得ているかの値である。まずさきほどの中央値と同じ考え方で，世帯を所得の低い順に並べて，全世帯数を 5 等分する。このとき，もっとも低い 20%の階級を第 1 五分位，もっとも高い 20%の階級を第 5 五分位という。そのうえでそれぞれの階級ごとの平均所得を算出し，第 5 五分位と第 1 五分位の比をとればよい。2017

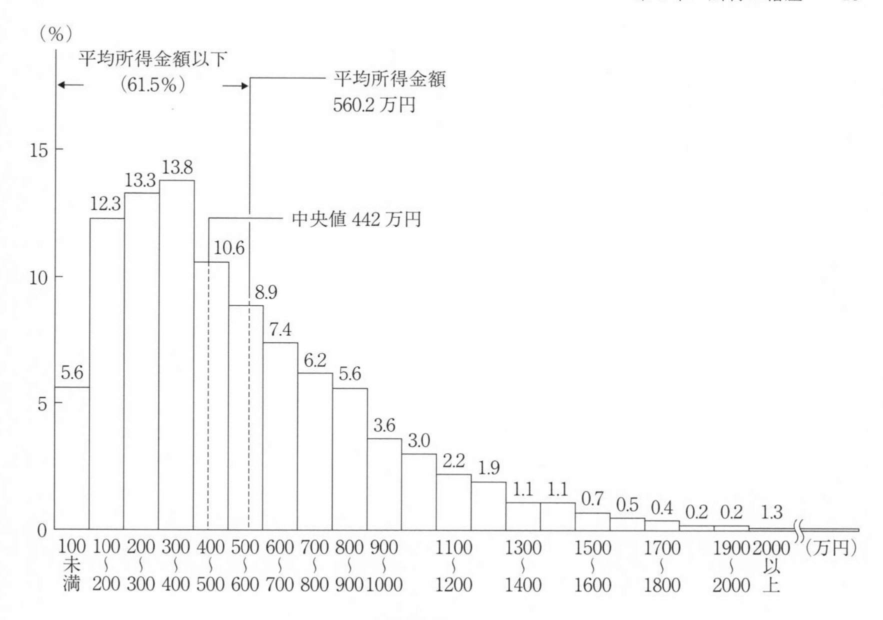

図2-1　所得階級(世帯)の分布

(注)　所得は2016年の金額。
(出所)　厚生労働省(2018a)。データは2017年国民生活基礎調査。

年国民生活基礎調査では，9.4倍(＝1260.0万円÷133.4万円)であった[1]。2000年以降，この値はだいたい10倍前後で，それほど大きな変化はない。要するにもっとも富裕な層は，もっとも貧しい層の約10倍の所得があり，そうした状態が続いているということである。

また同じ所得五分位を用いて，それぞれの五分位階級内の所得の和が全体の所得に占める比率を求めることもある。もし所得分布がかなり平等であれば，第1五分位も第5五分位もほぼ20%ずつを占めるはずである。けれども，2017年所得再分配調査(再分配所得)によれば，最下位の第1五分位は全体の所得のわずか5.4%を占めるに過ぎないのに対して，最上位の第5五

[1] 同調査で第1五分位と第2五分位の境界値の世帯所得は214万円，以下順に359万円，545万円，829万円であった(厚生労働省2018a)。

分位は43.3%を占有していた(厚生労働省 2018b)。

ジニ係数

もうひとつの指標はジニ係数である。**ジニ係数**は所得分配が完全に平等なときに0，完全に不平等なとき1に限りなく近い値をとる。1に近いほど，つまり値が大きいほど，所得分配が不平等であることを示す。よく言及される指標なので，実際の数値をみる前に，算出の考え方を確認しておこう。

たとえばいずれも5世帯からなるA，B，C国があり，各国とも所得総額は1000万円だとしよう。そのうちA国はすべての世帯の所得が200万円ずつで同じだとする。これが完全平等の状態で，ジニ係数は0である。他方，B国では1世帯のみが1000万円を独占しており，残りの4世帯は所得がゼロだとすると，これが完全不平等な状態で，ジニ係数は0.8で最大となる。この場合は，ケース数(世帯数)nが少ないので，完全不平等でも1にはならない。一般にジニ係数の最大値は1－1/nで求まる。つまりnが非常に大きな値になれば，1/nはきわめて小さな値になるので，ジニ係数は1に限りなく近づく。1/nを無視すれば，ジニ係数の最大値は1だといってよい。

C国では，5世帯の所得が0円，100万円，200万円，300万円，400万円だとすると，ジニ係数は0.4で，C国は中程度に不平等ということになる。一般にジニ係数は，すべての世帯の組み合わせ(正確には順列)で世帯所得の差の絶対値をとり，それらの和(C国の例では4000万円)を求めたうえで，2×平均所得(200万円)×世帯数の二乗(25)で割ると求まる[2]。

ジニ係数の考え方

もっとも，ジニ係数は図で考えたほうがわかりやすいかもしれない。まず全世帯を所得が低い順に並べ，つぎに各世帯が総所得に占める比率を求め，さらにその累積比率を順に算出する。あらためて世帯ごとの所得(100万円単位)を低い順に，そしてそれらの累積比率を示せば，

A国：200，200，200，200，200(万円)；0.2，0.4，0.6，0.8，1.0

2　ジニ係数 $G=\dfrac{\sum_{i=1}^{n}\sum_{j=1}^{n}|Yi-Yj|}{2\overline{Y}n^2}$。ここでYiは所得がi番目の世帯(個人)の所得，$\overline{Y}$は平均所得，nは総数。

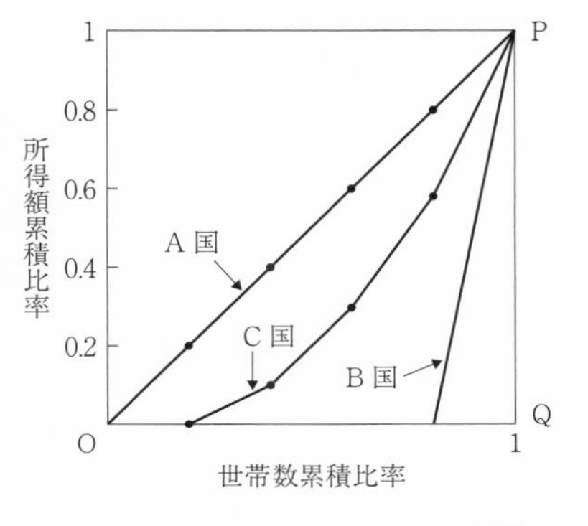

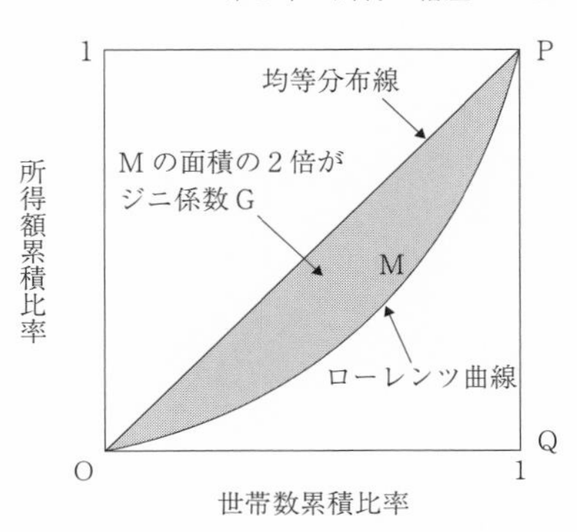

図2-2　ジニ係数・ローレンツ曲線・均等分布線

B国：0，0，0，0，1000（万円）；0，0，0，0，1.0

C国：0，100，200，300，400（万円）；0，0.1，0.3，0.6，1.0

となる。累積比率は，5世帯目まで足していけば，定義上かならず1.0になる。図2-2では，横軸に世帯を所得の低い順に並べて，縦軸にそれらの累積比率を順に示している。縦軸と横軸の長さは1で等しくしてあるので，A国では累積比率が，原点を通る傾き45度の対角線上（**均等分布線**という）に並ぶ。これが完全平等の状態である。B国では4世帯目までは横軸上に並び，5世帯目になって初めて1.0になる。こちらは完全不平等の状態である。そしてC国では，図の右へ行くに従って，累積比率が少しずつ高まっていく。

この累積比率を結んだ線のことを（各国の）**ローレンツ曲線**という。図では曲線ではなく直線をつなぎ合わせた線だが，世帯数が多くなってくれば，見かけ上は曲線となる。完全平等のA国のローレンツ曲線は，さきに述べたとおり，均等分布線と完全に一致する。したがって，この均等分布線とローレンツ曲線で囲まれた弓型の面積は，不平等の程度を示していると考えることができる。この面積は完全平等のときゼロになり，完全不平等のとき最大になる。実際，「均等分布線とローレンツ曲線とで囲まれた弓型の面積」Mが，直角二等辺三角形OPQに占める面積の比率を求めると，ジニ係数Gとなる。またGはMの2倍に等しい[3]。

コラム 2　国民生活基礎調査

国民生活基礎調査は厚生労働省が，1986 年に 4 つの調査を統合して以降，毎年(調査項目の多い大規模調査は 3 年に 1 回)実施している調査である。2007 年に全面的に改正された統計法で，基幹統計に指定されている。2017 年(中間年の簡易)調査の場合，世帯員数と 1ヶ月の家計支出総額，各世帯員の就業状況，傷病の状況，年金加入の有無などを尋ねる世帯票と，各世帯員の前年所得額と税額・保険料を尋ねる所得票の 2 種類の調査票がある。

母集団は全国の世帯とその世帯員である。世帯票の標本は全国から無作為に抽出された 1106 地区内のすべての世帯(6.1 万世帯)と世帯員(約 15.1 万人)，所得票の標本は，世帯票の標本からさらに無作為抽出した 500 単位区の世帯(約 9000 世帯)と世帯員(約 2.1 万人)である。最終的に集計可能な調査票は，世帯票で 4 万 6399 世帯，所得票で 6541 世帯であった。

本章では 2017 年**所得再分配調査**の結果に言及しているが，これは同年の国民生活基礎調査における所得票の対象世帯に，所得票のほかに調査票を配布し，その回答から得られたものである。最終的に集計可能な調査票は，所得票よりは少ない 4,451 世帯であった。所得再分配調査は，1962 年に社会保障水準基礎調査の名称で開始され，1972 年の第 3 回以降は 3 年ごとに実施されている。

なお，2017 年調査というのは，文字どおり 2017 年に調査が実施されたという意味だが，所得は前年 2016 年の値であり，結果の公表は実施年の翌年 2018 年となることに留意する必要がある。以上は厚生労働省(2018a，2018b)によるが，より詳細な情報と調査票については，同省のホームページを参照。

複数あるジニ係数

いささか前置きが長くなったが，日本のジニ係数は，2017 年所得再分配調査の当初所得で 0.5594，再分配所得で 0.3721(厚生労働省 2018b)，2014 年全国消費実態調査で 0.314(総務省 2016)となっている[4]。このようにほぼ同じ時期のジニ係数でも，算出に用いた調査や算出方法によって値が異なるので注意が必要だ。

---

[3] $G=\frac{M}{1/2}=2M$。ここで定義から OQ＝PQ＝1 なので，式中の分母である直角二等辺三角形 OPQ の面積は 1×1×1/2＝1/2 となる。

[4] 全国消費実態調査は，第 13 回の 2019 年から全国家計構造調査に再編された。

値の違いは，おもに所得の範囲と調査対象者が異なることによる。所得再分配調査の当初所得は，雇用者所得・事業所得・財産所得・企業年金などからなる(→図2-3の注)。重要な点は多くの高齢者が受給している公的年金が含まれていないことだ。つまり公的年金だけで暮らしている世帯は，所得がゼロとしてジニ係数を求めていることになる。そのため高齢社会ではジニ係数の値がかなり高くなるのである。他方，同調査の再分配所得は，当初所得から税金と社会保険料を引き，公的年金をはじめとする社会保障給付を加えて求めている。公的年金を所得に含めた再分配所得から算出されるジニ係数のほうが高齢者の生活実態を反映しているだろう。こう言うと再分配所得に基づくジニ係数だけを算出すればよいと思うかもしれないが，税や社会保障による所得格差是正の効果をみるためには当初所得による値も重要である(→注8)。

この所得再分配調査は，図2-1で用いた国民生活基礎調査がもとになっている(→コラム2)。また全国消費実態調査の値は，2人以上の世帯から求めたものである。世帯間で所得差が大きい高齢層には単身者が多いが，それを含めずにジニ係数を算出しているため値が低くなっている。さらにここには示していないが，家計調査からもジニ係数を求めることができる。ただしこの調査では家計簿をつけなければならないので，高所得層と低所得層で回収率が低いといわれている(大竹2005：4)。そのためジニ係数はすべての調査のなかで，もっとも低い値を示す年次が多い。また2001年までは単身世帯と農業従事者を調査対象に含めていなかったので，年次間で比較をする際には注意を要する。

このようにジニ係数を求める際に使われる調査が複数あり，それぞれにクセ(特徴)がある。これほど公的統計データが豊富にあるのは統計大国の日本ならではで，ぜいたくな悩みでもある。しかし分析結果を他者に示すときには，当然とはいえどのデータを用いたかを明示することが重要だ。これを怠ると議論がかみ合わなくなる。

結局，世帯間での所得格差を知るには，どのデータを用いるのがよいのか。何を知りたいのかによるが，全国の傾向を知るには，所得再分配調査の再分

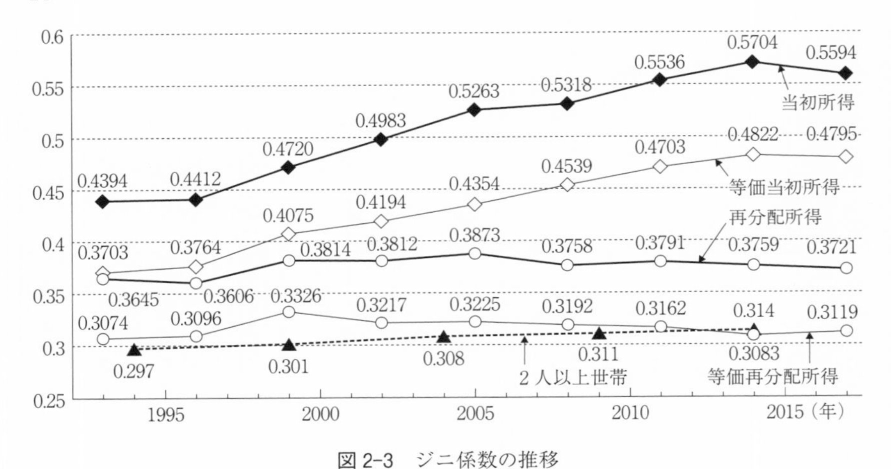

図 2-3　ジニ係数の推移

（注）　2人以上世帯は総務省の全国消費実態調査，それ以外は厚生労働省の所得再分配調査の数値。

当初所得とは，雇用者所得，事業所得，農耕・畜産所得，財産所得，家内労働所得及び雑収入並びに私的給付（仕送り，企業年金，生命保険金等の合計額）の合計額を，再分配所得とは，当初所得から税金，社会保険料を控除し，社会保障給付（年金，医療，介護，その他）を加えたものを指す。等価所得については本文参照。

（出所）全国消費実態調査は総務省（2016），所得再分配調査は厚生労働省（2018b）ほか各回の報告書から筆者が作成。

配所得が目安となるだろう。そして近年のジニ係数は，図 2-3 に示したとおり 0.38 くらいである。つまり中程度の所得の格差があるとひとまず考えられる。

2-2. 所得の格差は拡大しているのか

ジニ係数の推移

図 2-3 はジニ係数の推移を示している。それによれば所得再分配調査の当初所得はほぼ一貫して，再分配所得は 2000 年代に入るころまでは上昇傾向にある。つまり世帯間での所得格差はある時期まで，しだいに拡大していたようにみえる。

しかしジニ係数の上昇が，所得格差の拡大を意味するかについては，意見

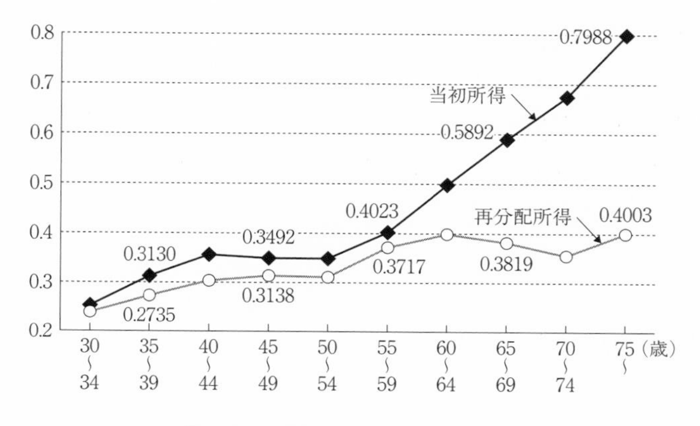

図 2-4　世帯主の年齢層別ジニ係数

（注）　当初所得と再分配所得については図 2-3 の注を参照。なお，下記の文献には，等価所得のジニ係数についても年齢層別に示されている。
（出所）厚生労働省（2018b）から筆者が作成。データは 2017 年所得再分配調査。

が分かれている。橘木（1998）は格差の拡大を主張しているのに対して，大竹（2005）はジニ係数が所得格差をかならずしも反映しておらず，その上昇はほかに理由があると反論している（→**はじめに**）。後者の根拠はおもに2つある。

高齢化の影響

ひとつは，単独世帯を含めて世帯間で所得格差の大きい高齢層が人口全体に占める比率が高くなると，ジニ係数が高まることである。世帯主の年齢層別にジニ係数をみてみると，たしかに若年層（たとえば 30〜34 歳）より，高齢層のジニ係数のほうが高い（図 2-4）。当初所得はもちろん，再分配所得であってもその傾向が認められる。初任給は誰でもそれほど違わないのに対して，人生の後半ではそれまでのさまざまな社会経済活動が蓄積して，結果的に所得が大きくばらつくことは容易に想像できる[5]。

[5]　高齢層内でジニ係数が高い理由や，本文では言及していないが，若年層内でジニ係数が上昇している理由については，太田（2002：116-117）を参照。分析対象はやや古い年代だが，考え方は現在でも参考になる。

世帯規模縮小の影響

もうひとつは，世帯の分割によって1世帯あたりの規模が小さくなると，ジニ係数は高まることである。たとえば就職したばかりの25歳，働き盛りの50歳，そして年金暮らしの75歳の3世代の親子をイメージしてほしい[6]。それぞれの年収は，順に300万円，800万円，200万円で，かつ単純化のため，社会すべての世帯がこの年齢と年収だったとしよう。もしこの親子がひとつの屋根の下に暮らしていれば，全世帯の年収は1300万円で等しいから，ジニ係数は当然0になる。ところが，25歳の孫だけが一人暮らしをはじめると，事情は一変する。1300万円の世帯が2つに分割され，300万円と1000万円の世帯が誕生し，ジニ係数は0ではなくなるからだ。けれどもこのように世帯が分割されたからといって，所得格差が実質的に拡大したとはいえないのではないか，というわけである。

もちろんこれは極端な例だが，実際に世帯規模は縮小している。図2-5は，国民生活基礎調査のデータから，年次別に1世帯あたりの平均人数の推移を示したものである。それによれば，1990年に3.05人だったのが，2015年には2.49人に減少している。図には示されていないが，1953年には5.0人だったことを考え合わせると，約60年間で世帯規模が半減したことがわかる[7]。他方で世帯総数やその内数である高齢者世帯数は増加の一途をたどっている。

等価所得

そこで世帯規模に影響されない等価所得によるジニ係数が算出されている。**等価所得**とは，世帯の規模を考慮した，いわば世帯員1人あたりの所得のことだ。ただし，世帯所得を世帯人数で割るのではなく，世帯人数の平方根で割って求めるのが一般的である。たとえば世帯所得が400万円で世帯人員が2人のばあい，等価所得とは，2で割った200万円ではなく，1.414（$=\sqrt{2}$）

6　ここでの例は大竹（2005：11-12）を参考にした。

7　国民生活基礎調査での世帯の定義は，「住居及び生計を共にする者の集まり又は独立して住居を維持し，若しくは独立して生計を営む単身者」である。ただし，少子化によっても世帯規模は小さくなるので，その縮小のすべてが世帯分割の影響とはいえない点に留意する必要がある。

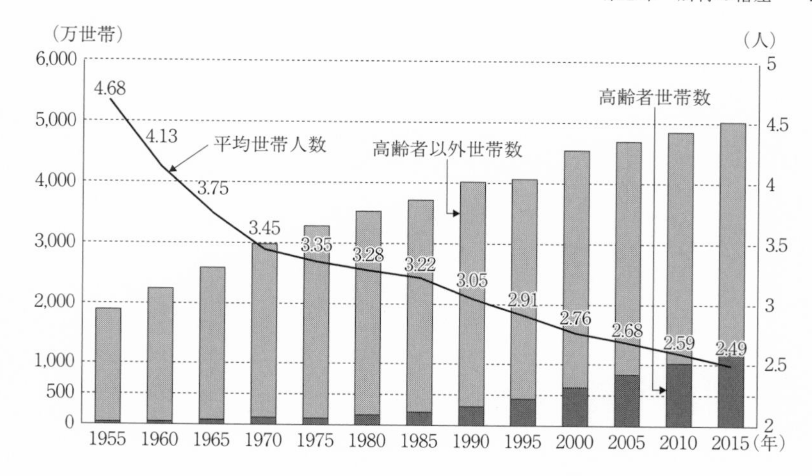

図 2-5　世帯数・平均世帯人数の推移

（注）　高齢者世帯とは，65 歳以上の者のみで構成するか，またはこれに 18 歳未満の未婚の者が加わった世帯をいう。
（出所）厚生労働省の国民生活基礎調査の世帯→年次推移第 4 表・第 7 表から筆者が作成。

で割った約 283 万円とする。なぜなら，2 人世帯の生活費は 1 人世帯の 2 倍はかからないからである。2 人暮らしだからといって冷蔵庫や洗濯機を 2 台買う必要はないだろう。したがって共有による生活費用の削減効果を勘案すれば，2 人世帯では自由に使える 1 人あたりの所得が，世帯所得の半分（÷2）より大きくなるはずだ。そこで 2 より小さい数として $\sqrt{2}$ で割っているということである。もちろん $\sqrt{2}$ でなければいけない確たる根拠はないが，OECD がこの方法によっている。

等価所得によるジニ係数

2017 年の所得再分配調査によれば，等価所得（当初所得）のジニ係数が 0.4795，等価所得（再分配所得）のジニ係数が 0.3119 である（厚生労働省 2018b）[8]。社会保障給付を含んだ再分配後の等価所得のほうが，実際の世帯

8　厚生労働省（2018b）では，「（当初所得のジニ係数－再分配所得のジニ係数）÷当初所得のジニ係数」を，ジニ係数の改善度としており，2017 年調査（等価所得）では 35.0% と算出される。そのうち社会保障による改善度が 30.8%，税による改善度が 6.0% である。この結果を見る限りでは，税よりは公的年金や生活保護（→第 4 章）など社会保障制度による部分が大きい。

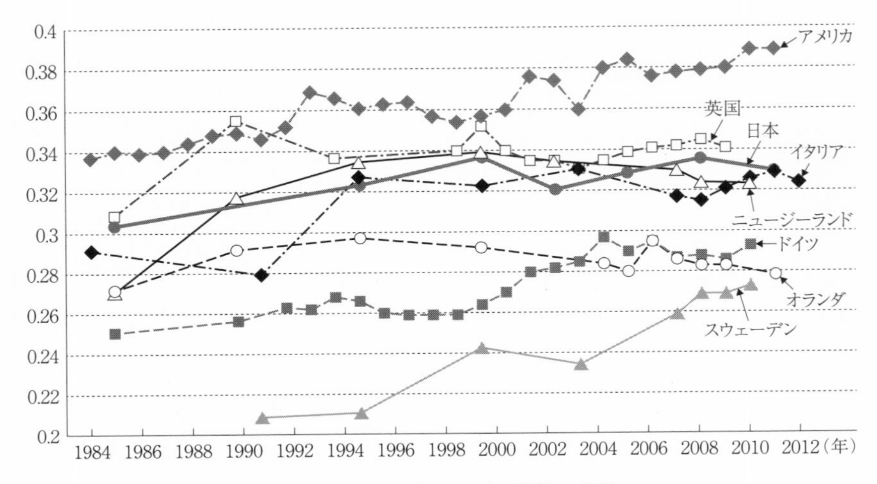

図 2-6 OECD 諸国のジニ係数の推移

（注） 縦軸の数値は等価可処分所得のジニ係数。
（出所） 厚生労働省（2017）の図表 1-3-1 から一部の国を表示。元の資料は OECD が作成。

間の格差を知るには適しているだろう。それでも 0.32 という中程度の格差があることになる。ただしその推移は 1999 年調査をピークに増減を伴っており，世帯規模を調整しない当初所得のような長期的な増加傾向とは異なる。したがって世帯規模を考慮することは重要である。

そこで等価可処分所得に着目して，OECD 諸国と比べたのが図 2-6 である[9]。国によっては再分配の制度が異なるので，国家間の比較は慎重に行う必要があるが参考にはなる。2010 年ころに着目すると，この図に掲載されている国のなかでは，日本のジニ係数は比較的高いほうに位置する。日本より高いのはアメリカや英国で，その他の国は低い[10]。

[9] 所得再分配調査における可処分所得とは，当初所得（→図 2-3 の注）から税金・社会保険料を控除し，社会保障による現金給付額を加えた額を指す。これに社会保障の現物給付（具体的には医療）を加えたのが，再分配所得である。厚生労働省（2018b）の用語の定義を参照。なお，こうした指標の算出にあたって世帯単位で行うか否かについては，白波瀬（2010：164-167）を参照。

[10] 図 2-6 のバックデータに掲載されている 16 カ国の中で，2010 年（前後）のジニ係数が日本より高いのは，アメリカ・英国のほかイスラエルとメキシコであった。

他方，総務省(2011)は，「等価可処分所得のジニ係数を国際比較すると，日本はドイツ及びフランスとほぼ同等」としている。ただし，日本のデータとしては，ジニ係数が低く出やすい全国消費実態調査のデータが用いられている。また白波瀬(2009：33-42)は年齢層ごとのジニ係数を国家間で比較したうえで，高齢化がかならずしもジニ係数の上昇に結びつかない国があることを指摘している。このように所得格差(の変化)ひとつをとっても，考慮すべきことは多い。

留　意　点

すでに述べたとおり，同じ時期のジニ係数であっても，いくつもの値が公表されていて非常にややこしい。本書では，政府機関がインターネットで公表していて入手しやすい数値をいくつか挙げておいた。このほかに研究者の論文も数多く公刊されていて，所得格差の趨勢に関する理解やその理由に関して，微妙に異なる結論に至っている。これが所得格差を調べる際に直面する現実である。

それでは，多量の情報がいわば混沌とした状態にあるとき，何に気をつければよいのだろうか。

第一にデータに関心を持つことである。誰を母集団として標本を得たか，標本の大きさはどのくらいか，分析対象者の年齢層は広いか，所得などキーとなる概念の定義はどうなっているか，などをよく確認することである(母集団と標本→コラム1)。それらはたいてい「調査の概要」にまとめられているので目を通すとよい。

第二はできるだけ複数のキーとなる指標を，それぞれの特徴を踏まえて検討することである。ジニ係数でわかるのは所得の相対的な格差であって，絶対額については何も教えてくれない。これは国家間や年次間の比較を可能にする利点でもあるが，同時に欠点でもある。(物価水準が等しい)平均所得が500万円の国家と100万円の国家とでは，たとえジニ係数が同じであっても，問題の深刻さは大違いであろう。したがって，冒頭の図2-1のような図や，上位と下位の五分位の絶対額などをあわせて確かめることが大切だ。また，本章では言及しなかったアトキンソン尺度やタイル指数など，ほかの指標をみるのもよい(→古宇田 2006)。

第三に，結論を出す前に，まずは相対立する意見の双方に耳を傾けることである。実際に，格差の存在やその拡大を主張する論者と，それに否定的な論者がいる。管見の限りでは，政府機関は後者のようにみえるから，どちらが説得的かを各自が吟味しなければならない。

データの活用

このように価値判断(格差はなくすべきか)はもちろん，事実認識(格差はどの程度あるのか)でも，唯一正しいデータや解釈があるわけではない。これは，社会科学が自然科学とやや異なる点である。そうした社会科学を怪しいと思うか，興味深いと思うかは人それぞれであろうが，いずれにせよデータを適切に利用して解釈することが求められる。

最後に，所得の格差やその変化，それらの原因を探ることだけではなく，かりに所得格差が拡大すると，どのような影響があるのかをシミュレーションすることも重要であろう。たとえばジニ係数がある数値を超えると，犯罪が増える，社会不安が増すといったことがあるのかどうかだ。

このように本書ははじめのほうの章から，留意点が長々と述べられていて，わかりやすい結論だけが書かれているわけではない。これが本書の特徴でもあるので，気長につきあってほしい。

発展 2　クズネッツ仮説とエレファントカーブ

本文では約 25 年間にわたる日本のジニ係数の推移を確認したが，もう少し長期的に国家の経済発展と所得分配の関係を示した仮説として，**クズネッツ仮説**がある。提唱者であるロシア系アメリカ人の経済学者 S. クズネッツ(1901～85)は，経済発展を 3 段階に分けた。初期段階は農業中心の社会で，ほとんどの農民が食うや食わず，つまり皆が貧しいので不平等の程度は低い。ところが工業化に伴って非農業部門の重要性が高まると，都市に居住する一部の者が高い所得を得る一方で貧しいままの者もいるため不平等度が高まる。しかしさらに産業が発展すると，社会全体の富が増加し，それを用いて所得の再配分といった社会保障制度が機能するようになるので，不平等の程度は下がり始める(Kuznets 1966＝1968)。つまり横軸を経済発展の程度，縦軸を所得不平等度とすれば，両者の関係は逆

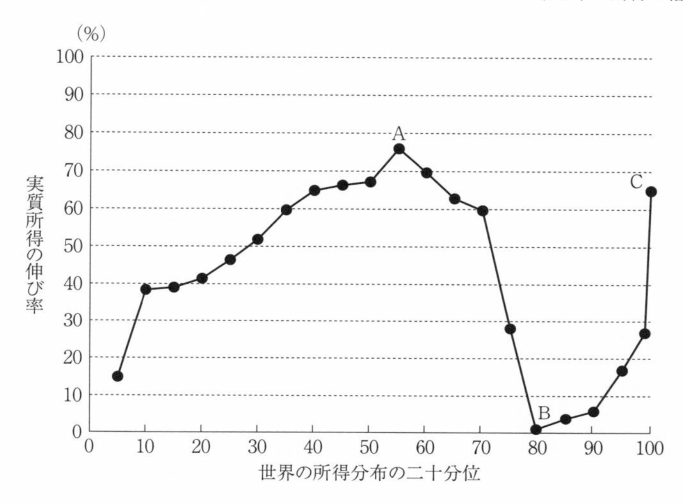

図 2-7　実質所得(二十分位)別実質所得の伸び率

(注)　横軸は世帯1人あたりの実質所得(2005年)の二十分位(C点直前は百分位のトップ1%)を，縦軸は実質所得の伸び率(1988〜2008年)を表す。A，B，Cについては本文参照。

(出所)　Milanovic(2016＝2017：13)の図1-1。筆者が表現を一部改めた。

U字型カーブで表現できる，とされる。ただし，Milanovic(2011＝2012：90)によれば，仮説をデータで検証した論文のうち支持するのは半分程度だという。

ミラノヴィッチ自身は所得とその伸びの関係を論じている。横軸を世界各国の人々の世帯所得二十分位上における位置，縦軸を1988年から2008年までの世帯の実質所得の伸び率とすると，両者の関係は図2-7のようになる。横軸の0は最貧層，100は超富裕層を意味する。第50〜60分位の人たち(中国などの中間層，図中のA)と超富裕層(グローバルリッチ，C)の所得がもっとも伸びているのに対して，日本などOECD各国の中間層(B)の所得はほとんど伸びていないことがわかる(Milanovic 2016＝2017：11〜19)。BはAより右にあるので所得水準は高いものの，縦軸上ではほぼ0なので所得が停滞しているということである[11]。左端からCまでを結んだ線は，あたかも象が鼻をもたげたようにみえるので**エレファントカーブ**と呼ばれ近年，注目されている。

なお，一国ならばまだしも世界各国の所得分布のデータをどこから入手するのか，物価水準の異なる国々の所得をどうやって比較するのか，クズネッツ仮説と

[11] 先進国における中間層の停滞という現象については，**発展5**で別の角度から考える。

エレファントカーブはどういう関係にあるのか，などの疑問を抱いた人は，本章の主旨をよく理解したといえるだろう。本文ではデータの出所や，ジニ係数を例として指標の作られ方に注意を喚起したからである。ミラノヴィッチの両書のいずれも第1章に関連した記述があるので，紐解いてみてほしい。

読書案内

◇橘木俊詔(1998)『日本の経済格差―所得と資産から考える』岩波書店

2000年前後に研究者のみならず論壇を巻き込んで繰り広げられた，格差社会に関する論争の火付け役になった書である。その後，さまざまな反響に応えて橘木(2006)が出版されているが，格差の拡大を憂慮する橘木の考えに変化はない。

◇大竹文雄(2005)『日本の不平等―格差社会の幻想と未来』日本経済新聞社

2000年ころまでジニ係数が上昇していた背景には高齢化があることを第1章で指摘している。「どの程度の格差があるのか」だけではなく，本書で言及できなかった「どのような人が所得格差の拡大を感じているのか」を第2章で分析しており興味深い。

◇古宇田千恵(2006)「分布の不平等を測る―ジニ係数，アトキンソン尺度」与謝野有紀ほか編集『社会の見方，測り方―計量社会学への招待』勁草書房

ジニ係数の求め方について詳しく書かれている。また所得から得られる満足感を組み込んだ不平等の指標であるアトキンソン尺度についても丁寧に解説されている。あわせて小西(2002)や高田(2013)も参考になる。

第３章　貧困と生活保護―貧困をどう捉えるか

第３章のポイント

①貧困とはどのような状態か（貧困線）を考える際には，生存費用を重視した絶対的貧困と，周囲の一般的な生活様式からの剥奪による相対的貧困を区別することができる。
②貧困線の指標として参考になるのは，絶対的貧困では生活保護制度における最低生活費，相対的貧困では等価可処分所得の中央値の50％の収入（年収約127万円）である。
③貧困線以下で生活する人の比率は，生活保護受給者でみれば人口の1.68％（2017年）だが，補足率が低いので実際にはその数倍と考えられる。他方，相対的貧困率は15.4％（2018年）で，OECD諸国のなかでは高いほうである。
④貧困を克服するためには，貧困を一時点ではなく過程として捉え，経済的な側面のみならず他者との関係をふくめた社会的排除や包摂の視点から考察することが重要である。

キーワード

貧困，絶対的貧困，相対的貧困，生活保護，貧困の罠，補足率，ワーキングプア，社会的排除

3-1. 貧困とは

格差と貧困

前章では，世帯間で所得額にかなり違いがあることを確認した。所得の格差に関してさらに検討すべき課題があるとすれば，まずは所得が低い人びとについてであろう。なぜなら所得が多くて困る人はいないが，少なければ生活にさまざまな支障を来すからである。貧しさゆえに健康を害したり，大学進学を断念せざるを得ないとすれば，看過できない問題となる。すなわち広い意味での貧困の問題である。

それでは格差と貧困は違うのだろうか。岩田(2007：9)は，「格差は，基本的にそこに「ある」ことを示すだけでも済む。(中略)だが，貧困はそうはいかない。**貧困**は人々のある生活状態を「あってはならない」と社会が価値判断することで「発見」されるものであり，その解決を社会に迫っていくものである」と，貧困を格差と区別し発見すべきだとしている。たしかに1950年代なかばまでは多くの国民が貧困にあえいでいたが，高度経済成長期以降1980年代末のバブル経済期にかけて，いつの間にか貧困は社会から忘れ去られていたのかもしれない。

けれども貧困を発見しようにも，そう簡単ではない。なぜなら「あってはならない」というのは明らかに価値判断を含んでいるので，意見の一致をみるのが難しいのだ。つまり貧困を考えようとした瞬間に，貧困とは何か，という問題が立ち上がる。研究者の間でも貧困研究の歴史は，貧困と貧困でない境界区分を巡る論争の歴史でもあった。どういう状態であれば，あってはならない貧困と判断すべきなのか。

貧困研究前史—ラウントリー

それを考えるうえでヒントを与えてくれる古典的な調査研究を2つだけあげておこう。ひとつはイギリスの実業家でのちに社会学者としても知られるようになったB. ラウントリー(1871～1954年)が，ヨーク市で行った調査である[1]。彼は食物，家賃，および家庭雑貨(衣服・燃料など)から生活に最低限必要な支出を算出した。なかでも食費については栄養学の当時の最新の知見を援用し，生活に必要なカロリー摂取量を満たすための費用を基準とした。

一家の稼ぎ手の低賃金・失業・死亡などから，世帯の「総収入が，単なる肉体的能率を維持するために必要な最小限度にも足らぬ家庭」(Rowntree 1901＝1975：97)を第一次貧困，飲酒・賭博あるいは無用な支出をしなければ肉体的能率を保持することはできたであろう家庭(同：130)を第二次貧困と呼んだ。そして第一次貧困に陥らない下限にあたる収入を，**貧困線(貧乏線)**としたのである[2]。1899 年の調査では，ヨーク市民の 27.8%が貧困者と判定された(Rowntree 1901＝1975：132)。彼は 1936 年と 1950 年にも再調査を行い，やはりおよそ３割の世帯が貧困であると報告している。

貧困研究前史―タウンゼント

ラウントリーは，主観的な判断に傾きがちであった貧困か否かの線引きに，生活費という客観的な指標を導入した点で画期的であった。けれどもこの考え方に異を唱えたのが，イギリスの社会学者 P. タウンゼント(1928〜2009年)である。彼にいわせれば，ラウントリーがいう貧困の範囲は狭すぎる。なぜならラウントリーが設定した貧困線は，着るものは毎日同じで，出かける際はすべて徒歩，子どもにおもちゃも買わず，新聞などもちろん購読しない，まさに生きていくのにギリギリの水準だからである。

たしかにそうした状態であっても生存には支障がないだろう。けれども「子どもたちの誕生パーティーを催さない，一ヶ月のうちで家の中でか，家をでて友人とともに食事や軽食をすることがない」(Townsent 1970＝1974：36)ような生活もやはり貧困とみなすべきではないのか。社会で一般に期待される生活習慣を維持できる収入がないならば，その家庭は社会の一員としての地位を剥奪されている(**相対的剥奪**または**社会的剥奪**という)といわざるを得ないからである。そこでどの程度の収入だとそうした剥奪がおこりやす

[1] ラウントリーのヨーク調査，その契機となったとされる C. ブースによるニューヨーク調査，および同時期の日本における月島調査については，轟・杉野・平沢編(2021：224-225)にごく簡単な解説がある。本章注 13 も参照。

[2] 第一次と第二次の２段階の貧困線があるのではなく，両者は「原因の違いによる貧困の質の違い」との解釈もある(江口・川上 2009：6)。

いかを調査し，タウンゼントは新たな貧困概念を構想したのであった。

絶対的貧困と相対的貧困

一般に生存費用を重視した貧困(の基準)は**絶対的貧困**，周囲の一般的な生活様式からの剥奪による貧困は**相対的貧困**と呼ばれ区別される(岩田 2007：43)。とくに後者は同じような生活水準であっても，貧困かどうかは社会によって異なることを示唆しており，豊かな先進諸国での貧困を再発見するのに役立つだろう。ただし絶対的貧困の定義のなかにも相対的貧困の考え方が含まれていることから，今日では両者を完全に対立的な概念とは考えなくなっている(Lister 2004＝2011：49-55)。

それでは貧困線はどう定義されているのだろうか。絶対的貧困については，貧困撲滅と持続的成長のために設立された世界銀行による定義が有名である。それによれば「国際貧困ラインを，2011 年の購買力平価(PPP)に基づき 1 日 1.90 ドル未満」(世界銀行ホームページ)と 2015 年に設定されている。

ただしこれを今日の日本にそのまま当てはめると，1 か月約 6,000 円以下で生活することになり，貧困者は非常に少なくなる。それよりは生活するのに最低限必要な費用(**最低生活費**という)について，国が設定した生活保護の保護基準ほうが目安となるだろう[3]。もちろん貧困と生活保護は別の概念であり，生活保護受給者と貧困を短絡的に結びつけることは避けなければならないが，保護基準が参考にはなる。

3-2. 生活保護制度

生活保護の原理・原則・扶助

最低生活費をみる前に生活保護制度の概要を確認しておく。現在の制度は，1950 年に施行された生活保護法に依拠している[4]。その骨格は，4 つの原理(第一～四条)，4 つの原則(第七～十条)，および 8 種類の扶助(第十一条)を

[3] 本章では，客観的な数値に基づく貧困の定義を述べるが，一般市民がどのような状態を貧困と考えているかという視点から，貧困を捉えようとするアプローチもある。たとえば青木(2010)を参照。

[4] 同法は 2020 年に一部が改正されたが，以下に述べる骨子に変化はない。

知るとわかる。

まず4つの原理とは，①国家責任の原理，②無差別平等の原理，③最低保障の原理，および④補足性の原理である。①はこの制度が憲法第二十五条の生存権に根拠があることを，②は貧窮に至った理由や過去の生活の履歴は問わないことを，③は健康で文化的な生活水準を維持するものでなければならないことを，そして④は本人（要保護者という）の資産や能力などを活用し，さらに扶養義務のある者の援助や他の法律による援助（たとえば年金）を活用してもなお貧窮する者に限ることを，それぞれ意味している。なお，生活保護に関して実際に強い扶養義務を負うのは夫婦と，未成熟な子どもに対する親だけであるとされる。兄弟姉妹，成人した子どもの老親への扶養は，余裕がある場合に限られるようだ。

つぎに4つの原則とは，①申請保護の原則，②基準および程度の原則，③必要即応の原則，および④世帯単位の原則である。①は本人，扶養義務者あるいは同居の親族からの申請があってはじめて受給対象かどうかを行政機関（実務は市町村）が審査することを，②は支給される保護費は，最低生活費全額ではなく，そこから受給者の収入充当額を差し引いた額であることを，③は働けるか，それとも病身かなど申請者の状況を勘案してもっとも適した保護を行うことを，④は大学生などの世帯分離という例外を除いて世帯単位で支給することを，それぞれ指している。なお①は，原則として申請がなければ保護されないことを，つまり国家が積極的に保護の対象者を探し出すわけではないことを含意している。

そして8種類の扶助とは，生活扶助・教育扶助・住宅扶助・医療扶助・介護扶助・出産扶助・生業扶助および葬祭扶助である[5]。それぞれが食費・被服費・光熱費，義務教育を受けるための学用品費，家賃，医療費，介護費，出産費，就労に必要な技能の修得にかかる費用など，葬儀費にあたる。こうした8つの項目に分けられた扶助ごとに，必要な額を算出し，それらを合計した額が最低生活費になる。

5　このうち医療扶助と介護扶助は原則として現物給付（医療などのサービスが現金を払わずに利用できること），それ以外は金銭給付である。

表 3-1　生活扶助額と住宅扶助額の実例

級地 算出の元になった市町村名		1 級地-1 東京都区部	2 級地-1 埼玉県熊谷市	3 級地-2 香川県さぬき市
3 人世帯(33 歳・29 歳の夫婦と 4 歳の子ども)	生活扶助	158,900	146,820	133,630
	住宅扶助(上限額)	69,800	56,000	42,000
高齢者単身世帯(68 歳)	生活扶助	79,550	72,010	65,500
	住宅扶助(上限額)	53,700	43,000	32,000
母子 3 人世帯(30 歳・4 歳・2 歳)	生活扶助	189,190	175,400	161,890
	住宅扶助(上限額)	69,800	56,000	42,000

(注)　数値は月額(円)。2018 年 10 月現在の生活保護基準により計算。児童養育加算，母子加算，冬期加算を含む。住宅扶助の最低生活費は 1 級地-1 の場合 13,000 円で，住宅費がその額を超える場合，上限額の範囲内で実費が支給される。
(出所) 厚生労働省(2019a)から抜粋して作成。一部の表現を筆者が変更した。

最低生活費

それでは最低生活費とはいくらなのか。それは，世帯を構成する人の年齢や人数，子どもがいるかどうか，また物価の高い都市部に住んでいるのかどうかなどによって異なる。そこでこうした条件を組み合わせて算出する方法(組み合わせ方式という)が，細かく指定されている。表 3-1 には，世帯と居住地域ごとに，生活扶助と住宅扶助の額を示した。居住地域のうち 1 級地-1 は都市部に，3 級地-2 はおおむね町村部にあたる。二つの扶助を合わせた額が，だいたいの最低生活費だと考えればよい。

表中でもっとも左上に位置する都市部に住む 3 人世帯(33 歳・29 歳の夫婦と 4 歳の子ども)であれば，生活扶助額を単純に 12 倍すると約 191 万円である。これに住宅扶助額を足した額が最低生活費の目安となる。東京などの都市部で，親子 3 人がこの額で 1 年間生活していくのはたいへんであろう。

生活保護者の数と比率

ここまでで生活保護の制度から最低生活費を知り，貧困線を割り出すという当初の目的は果たされたものの，参考までにこの制度の実態をもう少しみておこう。まずはどのくらいの人が，実際に生活保護を受給しているのだろうか。2017 年度(1 か月平均)は，世帯単位では約 164 万世帯，32.5‰(パーミル，1000 世帯あたり 32.5 世帯)，個人単位では 212 万人，16.8‰であった(厚生労働省 2019a)。つまり日本の人口の 1.68%が受給者ということだ。そ

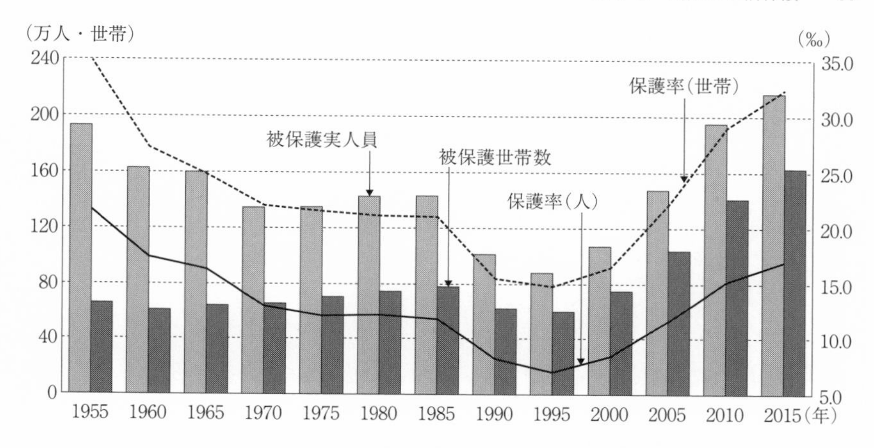

図3-1　生活保護の被保護世帯数・実人員数・保護率の推移

(注)　世帯数・人員数は各年の1か月平均，保護率は1000世帯(人)あたりの数値。
(出所) 国立社会保障・人口問題研究所の「生活保護」に関する公的統計データ一覧第1表・第16表から筆者が作成。

れらの推移を1955年以降5年ごとに示したのが図3-1である。図には示されていないが，現在の生活保護法が施行された直後の1951年は，保護人員と保護率が高かった。そののち長らく減少が続いていたが，1990年代に底を打ってから反転，近年は人数・世帯数とも過去最高を更新している[6]。

それに応じて保護費も増加している。図3-2は，扶助の種類別に2017年度の保護費の内訳を示したものである。それによると制度の骨格をなす生活扶助が全体の31.6%を占めるが，もっとも比率が高いのは医療扶助で，全体のほぼ半分を占めることがわかる。総額は3兆6611億円に達する。

これらの3/4を国が，1/4を地方自治体が分担しているが，その原資は税金であることに変わりはない。保護を受けない人が税金というかたちで費用を負担している構造があり，一部の不正受給がマスメディアで報道されたことなどから，近年は受給者や制度じたいに対して厳しいまなざしが向けられようになった。

---

[6] 1951年度は699,662世帯，2,046,646人，過去最低は585,972世帯(1992年度)，882,229人(1995年度)であった(厚生労働省2019a)。

総額　3兆6611億円				
生活扶助 1兆1570億円 (31.6%)	住宅扶助 5978億円 (16.3%)	医療扶助 1兆7810億円 (48.6%)	介護扶助 884億円 (2.4%)	その他 370億円 (1.0%)

図3-2　生活保護費負担金額の内訳

(注)　2017年度の生活保護費負担金(事業費ベース)の実績額
(出所)厚生労働省(2019a)

福祉の罠

たしかに不正受給は許されるべきではなく，総額は155.3億円に上るが，それは保護費の0.42%(2017年度)である[7]。それより問題なのは，福祉の罠と捕捉率であろう。まず**福祉の罠**(**貧困の罠**ともいう)とは，資力調査(ミーンズテスト)を条件とする生活保護などの社会福祉制度では，「一定の所得を得ると受給資格が取り消されるため，勤労意欲が削がれること」(新川2004：201)を指す。というのも，最低生活費＝収入充当額＋扶助額という関係があり，世帯ごとの最低生活費は一定なので，以前よりがんばって働いて自身の収入である収入充当額を増やすと，扶助額は逆に減ってしまう。そこで，もし最低生活費での生活水準で良いと考えるのであれば，働くのはほどほどにして(極端な場合まったく働かずに)，いつまでも保護費を受給しようとするインセンティブ(誘因)の働く可能性があるのだ(→p. 49)。これは，(就労による経済的な)自立を促す生活保護制度の主旨に反する現象である。

ただし，この現象がどの程度おきているのかを把握するのは容易ではない。そこで試みに，世帯類型別にどのような人が受給しているのかを示したのが，表3-2である。それによれば，近年の受給世帯の半数は高齢者世帯であり，母子世帯，傷病者世帯，障害者世帯をあわせておよそ85%に達する。とくに高齢者世帯数は，1975年に比べて約4倍に増加しており，それに伴って全世帯に占める比率も漸増している。これらの世帯のうち，世帯主が働いて

[7]　2017年度の不正受給件数は39,960件，1件あたりは平均38.9万円で，不正件数の46.9%は稼働収入の無申告，12.8%は稼働収入の過少申告である(厚生労働省2019b)。

表 3-2　生活保護受給世帯の状況

世帯類型	総数	高齢者世帯	母子世帯	障害者世帯	傷病者世帯	その他の世帯
世帯数・構成比率(%)[(1)]	1,632,548	53.0	5.7	11.9	13.8	15.7
保護率(‰)[(1)]	32.4	65.4	120.6			18.5
世帯数伸び率(1975 年を 100 とする指数)[(1)]	231.6	390.8	131.7	60.4	69.7	281.5
1 人世帯の比率(%)(　)は 2 人世帯[(2)]	79.8	90.9	(51.4)	82.1		66.4
世帯主が就労している世帯の比率(%)[(3)]		5.6	50.9	18.5		40.4

(注)　すべて 2017 年度の数値。保護停止中の世帯を含まないため，本文と一致しない数値がある。
高齢者世帯とは，男女とも 65 歳以上の者のみで構成される世帯か，これらに 18 歳未満の者が加わった世帯，母子世帯とは死別・離別・生死不明および未婚等により現に配偶者のいない 65 歳未満の女子と 18 歳未満のその子のみで構成されている世帯を指す。その他の世帯については，本文の注 8 を参照。

(出所)　国立社会保障・人口問題研究所の「生活保護」に関する公的統計データ一覧。(1)は第 3 表，(2)は第 5 表，(3)は第 7 表から抜粋して筆者が作成。

いる世帯は高齢者世帯で 5.6%，障害・傷病者世帯で 18.5%にとどまっている。世帯主以外が働いている世帯は少数で，またどちらの世帯類型も 1 人世帯の占める比率が 8〜9 割に達していることから，多くの世帯では(そもそも働くのが難しく)誰も働いていないと考えられる[8]。他方で，母子世帯で母親が働いている世帯は 50.9%に上るが，残りの多くは子どもが小さいために，働きたくても働けない母親だと推測される。したがって，福祉の罠が大規模におきているとは考えにくい[9]。

もうひとつの問題は，捕捉率である。**捕捉率**とは，受給基準に達している世帯のうち，実際に受給している世帯の比率(阿部 2008a：43)である。2016 年国民生活基礎調査をもとにした厚生労働省の推計によれば，捕捉率は所得

[8] それに対して全体の 15.7%を占め近年増加傾向にある「その他の世帯」は，実態をイメージしにくく，世帯主が働いている世帯が 4 割にとどまるので，福祉の罠を疑われることがある。しかし，この類型は他のどの類型にも含まれない世帯であることに留意する必要がある。岩永・卯月・木下(2018：26-27)があげた例でいえば「夫が 65 歳だが妻は 59 歳」や「40 歳の母と 15 歳と 19 歳の子ども」からなる世帯は，表 3-2 の注に記した各世帯の定義から外れているので，それぞれ高齢者世帯，母子世帯に含まれず，その他の世帯として集計される。また若年層が占める比率も低い。したがって，その他の世帯を含めても，福祉の罠が生じている可能性は低いと考えられる。

[9] 母子世帯の受給開始理由などの実態については，藤原・湯澤(2010)を参照。

のみで 22.6%，資産を考慮しても 43.3%でしかない(吉永 2019：13)。これは驚くべき数字であろう。受給できるのにしていない世帯のほうが，圧倒的に多いからである[10]。その背景には，資力調査の基準が厳しすぎる，親族の扶養義務を過度に強調している，受給していることが周囲の人々に知られるのを避けたい，あるいはそもそも生活保護の制度じたいが知られていない，といったことが考えられる。

3-3. 相対的貧困と社会的排除

相対的貧困

生活保護に関する説明が長くなったが，絶対的貧困とはどのくらいの収入で生活することなのかが，少しはみえてきた。とはいえ，1980 年代以降の生活保護基準は，むしろ相対的貧困の考え方に基づいている。なぜなら，生活に必要な費用を積み上げて決めていく(マーケット・バスケット方式という)絶対的貧困の考え方に依拠すると，どうしても基準が厳しくなりがちだからである。それだと経済成長によって社会全体が豊かになっても，受給者はその恩恵を受けにくい。そこで保護基準を，製造業に従事する労働者の平均賃金のおよそ 6 割を目途にするという方針が立てられた。

生活保護制度に限らず，社会全体の平均的な水準との相対的な比較で貧困を定義するのが，相対的貧困の基本的な考え方である。相対的である以上，どの程度とするかは一義的に定まらないが，OECD の定義が一般的とされる。すなわち，**相対的貧困**とは，等価可処分所得の中央値の 50%以下の所得で生活している状態で，これが貧困線となる。等価可処分所得とは，(当初所得＋社会保障給付(公的年金など)－(税金＋社会保険料))÷世帯人員数の平方根である[11]。等価とは，ジニ係数で説明したとおり 1 人あたりという

---

[10] 捕捉率にはこのほかにいくつかの推計があり，推計値がかなり異なる。あわせて林(2008：248)を参照。また補足率は市町村による差が大きいとされる(本田 2010：107-108)。

[11] 2019 年国民生活基礎調査では等価可処分所得の定義に軽微な変更が生じている。厚生労働省(2020a)を参照。図 3-3 の 2018 年の数値は従来の基準から算出したものである。

意味で，通常は世帯人員数ではなくその平方根で割った額を指す(→p. 26)。

その額は，2019年国民生活基礎調査によれば127万円(名目値)であった(所得額は2018年の値，厚生労働省2020a)。したがって，2人世帯であれば180万円($=127$万円$\times\sqrt{2}$)，3人世帯で220万円，4人世帯で254万円ということになる。さきほどの生活保護基準で例にあげた親子3人の場合，最低生活費の生活扶助額が約191万円だったから，それに住宅扶助を足せば，絶対的貧困でも相対的貧困でも，貧困線は似た数値になることがわかる。

相対的貧困率とワーキングプア

一人あたりの可処分所得が127万円だとして，それ以下で生活している個人は，どれくらいの比率でいるのであろうか。それが**相対的貧困率**で，等価可処分所得の中央値の50%以下で暮らす世帯員が全体に占める割合をいう。その推移は，図3-3に示したとおり，1980年代以降に漸増していたものの，近年はやや下降し2018年は15.4%であった[12]。それでも日本の6.5人に1人は相対的貧困の状態にあることになる。なかでもひとり親世帯が含まれる「子どもがいる現役世帯のうち大人が一人の世帯の貧困率」は，近年下がりつつあるが50%に近い。他国と比較すると，日本の相対的貧困率はOECD38カ国のなかで高いほうからおよそ1/3に位置している(表3-3参照)。

もちろん「相対的」貧困率であるから，その数値が高いことだけで貧困が深刻な状態にあるとは断言できない。しかし，4人家族のいわゆる手取り収入で約254万円が相対的貧困線であることを勘案すれば，座視すべき状況にはないと考えられる。まずは現行の貧困線以下で生活している人々の所得を増やし，相対的貧困率を下げる方策を早急に検討することが望まれる。

相対的貧困線以下で生活している人のなかには，働いている人が含まれる。そのため**ワーキングプア**(**働く貧困層**)という概念があらためて注目を集めている[13]。ただし駒村(2007)や道中(2009：第1章)によれば，その定義は定

[12] 相対的貧困率は，ジニ係数(→p. 22)と同様に算出の元になる調査によって値が異なる。2000年代までの比較では，上昇と下降の趨勢は一致しているものの，全国消費実態調査による数値のほうが，図3-3に示した国民生活基礎調査より低い。これは前者の調査対象に，総じて収入の低い標本が少ないことなどが影響しているとされる。内閣府・総務省・厚生労働省(2015)を参照。

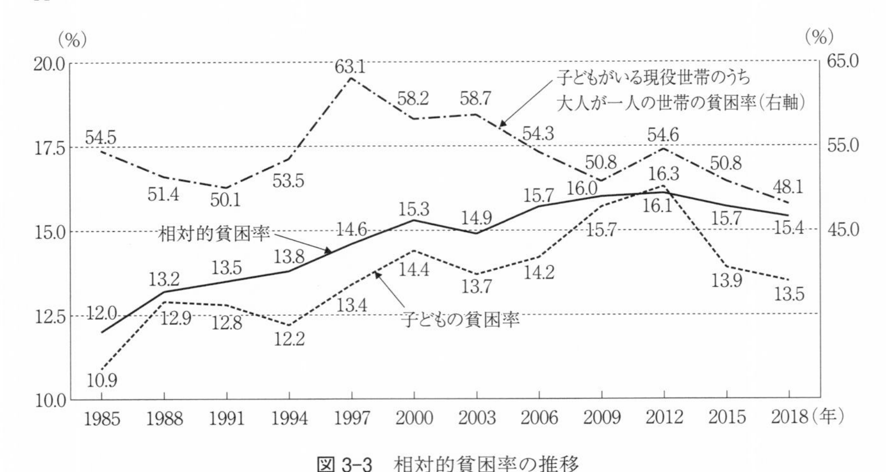

図 3-3　相対的貧困率の推移

(注)　子どもの貧困率とは，子ども(17 歳以下)全体に占める，等価可処分所得が貧困線以下の世帯に属する子どもの割合をいう。子どもがいる現役世帯(世帯主が 18 歳以上 65 歳未満)のうち大人が一人の世帯には，ひとり親と子どものほか，祖父(祖母)と子ども，18 歳以上の兄姉と子どもなども含まれる。
(出所)厚生労働省(2020a)。データは各年の国民生活基礎調査(大規模調査)。

まっていない。生活保護の最低生活費以下で暮らす者のうち働いている者，就労による収入が最低賃金を下回る者など定義が複数あるからだ。

貧困のサイクル

絶対的貧困にせよ相対的貧困にせよ，以上はある一時点での貧困者の比率である。その比率がわかったとき，貧困が同じ人物のなかで継続するか否かを区別することは，きわめて重要である。貧困率が 15%といっても，生涯に一度(たとえば学生時代のような)短期間だけ貧困を経験する人が 15%いるのと，15%の人が貧困のまま一生を過ごすのとでは，問題の深刻さがまったく異なるからだ。

この貧困の継続性という問題は早くから気づかれていた。本章の冒頭で紹

---

[13] ロンドンにおける貧困調査を行った C. ブース(1840〜1916 年)は，市民の 30.7%が貧困者であり，そのほとんどが失業者ではなく雇用された者であったことから，ワーキングプアという概念を発見したとされる(岩田 2007：16-18)。またアメリカの低賃金労働者のルポとしては Ehrenreich(2001＝2006)を，イギリスに関しては Toynbee(2003＝2005)を参照。

表 3-3　OECD 諸国の相対的貧困率

コスタリカ	20.9	スペイン	14.2	ドイツ	9.8
アメリカ	17.8	イタリア	14.2	オーストリア	9.4
ルーマニア	17.4	オーストラリア	12.4	スイス	9.2
イスラエル	16.9	ギリシャ	12.1	フランス	8.5
大韓民国	16.7	カナダ	11.8	ベルギー	8.2
ブルガリア	16.7	英国	11.7	ハンガリー	8.0
エストニア	16.3	ロシア	11.5	スロベニア	7.5
メキシコ	15.9	ルクセンブルク	11.4	デンマーク	6.1
日本	15.7	ポルトガル	10.4	チェコ	6.1
トルコ	14.4	ポーランド	9.8	アイスランド	4.9

（注）　単位は%。OECD 38 カ国のうち 2017 年または 2018 年の相対的貧困率が公表されている国について，全年齢層から算出される数値を高い順に並べた。日本は 2018 年の新基準の数値が掲載されている。
（出所）OECD のホームページから筆者が作成。https://data.oecd.org/inequality/poverty-rate.html

介したラウントリーは 100 年以上も前に，特別な技能を持たない労働者の場合，失業していなくても生涯に 3 回は貧困に陥るリスクがあると指摘している。すなわち自分が子どもだった時期，自分の子どもが成長し生活費が増大していく時期，そして自らが仕事から引退した時期である（図 3-4 参照）。

日本でもかつては，貧困世帯に限らず「総領の 15 は貧乏の峠，末子の 15 は栄華の峠」といわれた。総領とは長男のことである。長男が 15 歳で働きはじめるころは弟妹が育ち盛りを迎え，生活に貧窮しやすいことを物語っている。このように人の一生には経済的な浮沈を繰り返す周期があるようだ。これは家族周期論やライフコース論が指摘してきたことである。

パネル調査からみた貧困

とはいえ，貧困の継続性をデータできちんと確かめるのは，けっこう難しい。たしかに個人の生活履歴を尋ねればおおよそのことはわかるが，何年も前の年収額を正確に思い出せる人はほとんどいない。したがって，もっとも望ましいのは，同一個人を追跡調査するパネル調査である（→コラム 7）。

消費生活に関するパネル調査（JPSC）データを分析した岩田（2007：81-82）によれば，1994 年から 2002 年までの 9 回の調査で貧困線（生活保護基準）を一度も下回らなかった女性は，全体の 65.0% であった。残りの 35.0% は少な

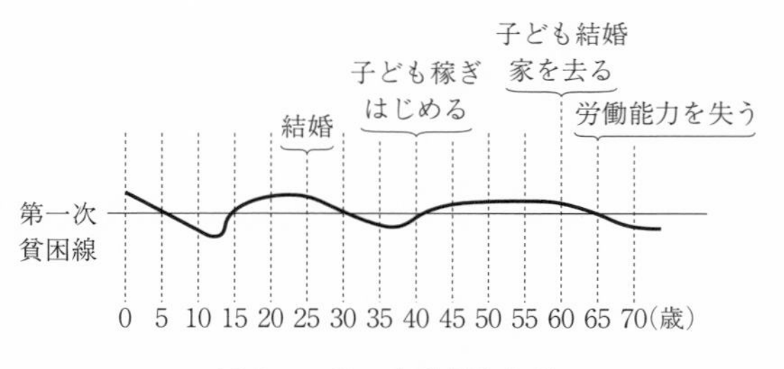

図 3-4　第一次貧困と年齢

（注）　筆者が表現を一部修正。
（出所）Rowntree(1901＝1975：152)。

くとも1回(の調査で)は貧困を経験していた。そのうち貧困が持続している(岩田のいう「持続貧困」と「慢性貧困」)のが7.8%，一時的な貧困が27.2%であった。

慶應義塾家計パネル調査(KHPS)を分析した石井(2010)と石井・佐藤・樋口(2010)によれば，2004年から2008年までに相対的貧困率が高かったのは，世帯主が無業と非正規雇用で約3〜4割に上っていた。さらにこの間，非正規雇用者は正規雇用者に比べて相対的貧困に陥りやすく脱出しにくいこと，世帯内で就業している者が減ると貧困に陥る確率が上がること，しかし世帯内で就業する者が増えても貧困からの脱出に繋がらないことを，多変量解析から明らかにしている。ただしこうしたパネルデータを用いた研究はまだ少なく，今後の展開が期待される。

社会的排除

このように貧困は，ある一時点だけではなく過程として捉えることが重要であるが，それを一歩進めて社会的排除という概念が近年注目されている。その定義はかならずしも定まっていないものの，社会的排除とは「主要な社会関係から特定の人々を閉め出す構造から生み出された現代の社会問題を説明し，これを阻止して『社会的包摂』を実現しようとする政策の新しい言葉」とされる(岩田2008：20)。その特徴は①「参加」の欠如，②複合的な不利，そして③プロセスを重視することである(岩田2008：22-32)。

コラム 3　所得控除と累進課税

所得税は年収額にいきなり税率を乗じて(かけて)所得税額を求めるわけでない。所得税に関して日本では**所得控除**が行われており，年収からある額を差し引いた(控除という)額(課税所得金額という)に税率を乗じる。控除には誰にでも適応される社会保険料控除のほか，条件のあった人にのみ適応される配偶者控除・特定扶養控除などいろいろある。

いま年収額を I，控除額を S，税率を r とする。控除を受けないときの税額は I×r，所得控除を受けたときの税額は(I－S)×r なので，控除を受けたことによる税額の減少額は両者の差である I×r－(I－S)×r＝S×r となる。式中の S が一定だとすると税率 r の高い(一般には年収の高い)人のほうが税の軽減効果は大きい。

それに対して年収額に税率を乗じてから一定額を控除する**税額控除**という方法もある。その場合の税額の減少額は I×r－(I×r－S)＝S で，式中に r は残らない。つまり軽減額は誰でも同じである。したがって年収額が低い人のほうが年収に占める控除額の比率が高いので軽減効果が大きく，結果的に税額控除は所得控除より所得再分配効果が相対的に大きいと考えられる。実際の税制は複雑なので必ずそうなるとは限らないが，日本の所得税は基本的に所得控除である。ただし，税額控除でも控除額より税額の少ない人にとって，控除の恩恵は小さい。そこでそうした人には一部を還付する**給付つき税額控除**という方法も考案されており，海外では採用している国がある。

もちろん日本の所得控除であっても，所得再分配効果のある**累進課税**がなされている。累進課税とは，所得金額が高い人ほど税率も高くなる税制である。現在は所得金額に応じて税率が 5～45%で，たとえば課税所得金額が 195 万円以下は 5%，195 万円を超えて 330 万円までは 10%，330 万円を超えて 695 万円までは 20%といったように定められている。

ただし注意すべきなのは，たとえば 340 万円に対する税額は 340 万円×0.2＝68 万円ではないことだ。正しくは 195 万円×0.05＋(330 万円－195 万円)×0.1＋(340 万円－330 万円)×0.2＝25.25 万円である。税率 20%が適応されるのは，あくまで 330 万を超えた 10 万円分についてのみである。こうした「超過累進税率」にしておかないと，課税所得金額が 330 万円の人の課税後の手取り額は 330 万円－330 万円×0.1＝297 万円，340 万円の手取り額は 272 万円で，所得金額の高い人のほうが手取り額は低くなる逆転と，境界値付近での税額の急上昇が生じてしまう。

なお，ほとんどの被雇用者は，源泉徴収制のもとであらかじめ税金が引かれた後の額を給与として受け取る。また確定申告が必要な一部の被雇用者でも，国税庁のサイトを利用すれば，控除をふくめ細かな計算を自ら行う必要はない。したがって実務的には税額の計算方法を知らなくても問題ないし，そもそも自分の昨年の税額を正確に把握していない人も多い。しかし，所得再分配を行う主体である国家の収入（歳入）のほとんどは，公債金（国の借金）をのぞけば租税である以上，税制を抜きにより公平で効率的な制度設計を行うことはできない。その意味で税金について知ることは，格差を考えるうえできわめて重要である。三木（2018）がよい導き手となるだろう。

まず①貧困は経済的資源の不足を指すことが多いが，社会的排除は関係的資源の不足を意味している。たとえば日雇い労働に従事する人は，契約したその日しか労働者として扱われず，翌日には無関係の人になってしまう。そればかりか労働条件を改善する声をあげにくいなど，社会とのつながりが弱い。無職であればなおさらである。そして②無職になったことがきっかけで，親との関係が悪化したり，離婚に至ったり，場合によっては鬱になったりするかもしれない。したがってこうした複合的な不利は，③時間の経過を追って理解する必要がある。少なくとも貧困を経済的な貧窮とだけ考えるのでは足りないことは明らかであろう。

貧困解消への２つの方向性

貧困を社会的排除と結びつけて捉えるかどうかは，貧困を解消する方策とも関わっている。ひとつは社会的排除を克服して**社会的包摂**を目指す方向である。個人が社会に包摂される契機はいろいろあるが，先に述べたとおり，働くことを通じて他者との関係が築かれることが多い。そこで宮本（2009：iv）は雇用と社会保障を結びつける**生活保障**という考え方を提案している。具体的には，やむを得ぬ事情で働けなくなったときには所得や就労のための支援を，国家が保障することを指す。もちろん今日の日本にも失業や職業訓練に対する社会保障の仕組み（→発展３）が用意されているが，就労と社会保障の連携をより強化する（アクティベーションという）点に特徴がある。なかには社会保障を受ける条件として就労を義務づける**ワークフェア**などもある。

もうひとつは就労や社会参加と社会保障を切り離す**ベーシックインカム**といった方向である。ベーシックインカムの実態は多様だが，就労の有無や所得の多寡に関わりなくすべての個人に国家が一定額の現金を給付するのが基本である。小沢(2002：167-177)の試算によれば，所得に対する税率を50%にすれば，1月あたりひとり8万円(夫婦と子ども2人なら32万円)の給付が可能で，現行より可処分所得が増える家庭もあるとしている。ただし医療保険を除いて生活保護や年金などは廃止することが前提である。したがって生活保護における資力調査も不要になるが，他方で職業訓練や生活困窮者に対する自立支援など社会的包摂の側面は弱くなる。その背後には，「働かざる者，食うべからず」との思想からの解放を読み取ることもできる。ベーシックインカムのほかにも，貧困の罠(→p. 40)を回避するために，負の所得税や給付付き税額控除などが古くから提案されている(→コラム3)。

就労と社会保障を関連付けるかどうかは大きな論点であるが，いずれにせよ貧困(のすべて)を個人の責任と考えるのではなく，社会の問題として捉える視点が重要である。

発展3　社会保障の見取り図とその考え方

社会保障の定義はいくつかあるが，「国民の生活の安定が損なわれた場合に，国民にすこやかで安心できる生活を保障することを目的として，公的責任で生活を支える給付を行う」(総理府社会保障制度審議会 1993)制度を指すと考えてよい。給付には金銭のほかサービスの提供も含まれる(現物給付という)。日本の社会保障は社会保険，社会福祉，生活保護(公的扶助)に大別され，それぞれの概要は表3-4のとおりである。

誰でも病気や失業の可能性があるので，個人(や雇用主)が保険料を拠出してそうしたリスクに備えるのが**社会保険**である[14]。ただし民間の保険会社が運営し加

---

[14] たとえば100人から成る国で，1人は1年の間に大病を患い治療に200万円かかること(リスク)が過去のデータからわかっているが，それが誰かはわからないとき，ひとりあたり保険料として2万円ずつ拠出して(被保険者となり)全員で200万円を用意しておく(リスクを共有する)のが保険である。運悪く大病になった人は，保険を運営する者(保険者)からその200万円を保険金として受け取って治療に使う(保険者と被保険者を

表 3-4　社会保障の概要

仕組み		給付			受給者の年齢	財源	制度のおもな目的
		福祉サービス	医療サービス	金銭			
社会保険	医療保険	×	◎	○	全年齢	保険料・税	病気やけがへの備え
	介護保険	◎	○	×	40 歳～	保険料・税	加齢に伴う介護への備え
	年金	×	×	◎	60 歳～	保険料・税	長生きや無職への備え
	雇用保険	×	×	◎	15 歳～	保険料	被雇用者の失業への備え
	労災保険	○	◎	◎	15 歳～	保険料	労働災害に対する補償
社会福祉	児童福祉	◎	×	×	～18 歳	税(利用者負担)	保育，親のいない児童の保護
	障害者福祉	◎	×	×	全年齢	税	障がい者の自立支援
	児童手当	×	×	◎	～15 歳	税・事業主負担	子どもを持つ親への支援
	児童扶養手当	×	×	◎	～18 歳	税	ひとり親への支援
	特別児童扶養手当	×	×	◎	～20 歳	税	障害児を育てる親への支援
生活保護(公的扶助)		○	○	◎	全年齢	税	最低生活の保障

(注)　基本的な給付に着目して整理。○は給付あり。◎は中心的給付。×は給付なし。
(出所)　左端から金銭の列までは椋野・田中(2020：1)から引用。それより右の列は筆者が同書を参考に加筆。

入が任意な損害賠償保険や生命保険に対し，社会保険は国家(や組合・地方自治体など公共的な団体)が運営し，国民は加入することが法律で義務づけられている(そのため単に保険ではなく社会保険という)[15]。

他方，貧困者への最低生活の保障が**生活保護**(公的扶助)，子どもを持つ親や障がい者などへの手当やサービスが**社会福祉**である。いずれも税を財源に国家が所得再分配の機能を果たしており保険のような事前の拠出を必要としない点では共通だが，生活保護には資力調査があり対象者が限定される(**選別主義**という)のに対して，社会福祉には社会保険と同様に資力調査がない(**普遍主義**という，ただし利用に制限がある)点が異なる。その意味で社会福祉は，社会保険と生活保護の中間に位置するといわれる。

ただしいずれの制度も実態は複雑で，また歴史的な経緯もあって，医療保険・

あわせて保険集団といい，受取額は保険者の運営費用を考えない額)。もし保険がなければ当人がひとりで 200 万円を準備しなければならないので，低所得者は治療を断念するかもしれない。また保険によって 198 万円の支出を節約できたことになる。ただし残りの 99 人は(幸運に感謝して)2 万円を拠出しただけで終わる。保険は，少ない費用で万が一のときの安心を買っていると考えられる。

15　広井(1999：105-110)は，民間保険と社会保険の区別を逆選択から説明している。

介護保険・年金には保険料のほか，財源として税金も投入され折衷的になっている[16]。そのため年金では，過去の拠出額と受け取り額との対応が明確な保険の特質を踏まえるべき（盛山 2007：236-237）といった意見もある。

税の総額と社会保険料の総額の和を国民所得で割った値を**国民負担率**という。2018年は42.5％で西欧諸国に比べれば低いが，長期的には上昇傾向にある（財務省 2019）。税も保険料も国民がかならず払わなければならないので負担（の増加）だけを考えがちだ。また社会保障関連支出が増えることは，財政を悪化させ国にとって負担でしかないという見方が一般的である（たとえば鈴木 2014）。しかし，税や保険料は，年金やさまざまサービスによっていずれわれわれに返ってくるものである。社会保障の充実は，それに従事する者の数や給与が増えることでもあるので，経済成長に資する場合もある。もちろん無駄な支出を回避することは重要だが，社会保障費であれば何でも削減すべき，という意見が正しいかどうかは熟慮すべきであろう。社会保障制度の原理については広井（1999），現況の詳細については椋野・田中編（2020），経済成長との関係については盛山（2015）が参考になる。

読書案内

◇岩田正美（2007）『現代の貧困―ワーキングプア・ホームレス・生活保護』（ちくま新書）筑摩書房，岩田正美（2017）『貧困の戦後史―貧困の「かたち」はどう変わったのか』筑摩書房

前者は貧困に関する基本的で重要な文献。子どもの貧困に関しては阿部（2008b）を参照。

◇ Lister, R.（2004）Poverty（＝松本伊智朗監訳・立木勝訳（2011）『貧困とはなにか―概念・言説・ポリティクス』明石書店）

イギリスのテキストの翻訳で，貧困の定義や測定のほか，貧困についての言説やシチズンシップ，アンダークラス，社会的排除についても解説されている。

◇本田良一（2010）『ルポ生活保護―貧困をなくす新たな取り組み』中央公論新社

母子家庭や生活保護受給者の生活がリアルに描かれている。現行の生活保護制度の問題点を指摘したうえで，釧路市の先進的な取り組みが紹介されている。

◇岩永理恵・卯月由佳・木下武徳（2018）『生活保護と貧困対策―その可能性と未来

16　医療保険・介護保険では，過剰な利用を減らすため，利用にあたって保険料とは別に自己負担がある。

を拓く』有斐閣

表題に関して豊富なデータに基づいてわかりやすく論じられている。

第4章　非正規雇用─何が問題か

第4章のポイント

①非正規雇用は明確な定義がないため，勤め先での呼称によるのが一般的だが，雇用期間の定めがある，フルタイムでない，間接雇用である，のいずれかがあてはまる働き方を指すことが多い。
②非正規雇用者数は1980年代以降，増加の一途をたどり，役員をのぞく雇用者に占める比率は38.3%（2019年）に達している。ただし性別と年齢によって比率がかなり異なる。
③この間，自営業は減少したのに対して雇用者は増加しており，そのうち正規雇用者数は2000年代に入ると安定的に推移している。したがって正規雇用が非正規雇用にすっかり置き換わったわけではない。
④非正規雇用は正規雇用に比べて，低賃金で，職業訓練を受ける機会が乏しく，正規雇用へ変わることが難しいなどの問題があるとされる。自発的に非正規雇用を選択している者が相当数いるものの，やむを得ず非正規雇用に従事している者の比率は中年男性で高い。
⑤同じ非正規雇用であっても，学生・主夫主婦・高齢者といった他者や制度（親・配偶者・年金）の庇護の下にある者と，単身者やひとり親など一家の稼ぎ主かで，問題の深刻さが異なる。

キーワード

従業上の地位，雇用形態，非正規雇用，派遣，直接雇用と間接雇用，解雇規制，不本意非正規

4-1. 非正規雇用とは

働 き 方

前章でみた貧困のゆるやかな拡大の背景には，働き方の変化があると考えられるので，本章では非正規雇用について検討する。近年，非正規雇用者が3人に1人を超えているということは，よく知られている。2019年では率にして38.3％(総務省 2020)である。この比率の分子が非正規雇用者数であることは自明だが，分母は何であろうか。日本の全人口か，それとも15歳以上の人口か。そもそも非正規雇用とはどういう働き方で，正規雇用と，また派遣・契約社員・フリーターとどこが違うのだろうか。

非正規雇用の特質や問題点を理解するには，働き方(就業状態・従業上の地位・雇用形態)の全体像をさきに確認しておくのがよいだろう[1]。これらについてはいくつかの基幹統計調査から知ることができるが，ここでは「労働力調査」を用いる。やや冗長だが，その用語の定義をみてみよう[2]。なお，労働力調査には基本集計と，その一部の対象者から成る詳細集計があるが，以下の数値は注記がない限り詳細集計による。

就業状態・従業上の地位・雇用形態

図4-1は，2019年労働力調査によって就業状態・従業上の地位・雇用形態別に人数を示したものである。図の上半分は就業状態を示している。労働力人口(6,897万人)とは，15歳以上人口のうち就業者と失業者(182万人)をあわせたものを指す[3]。うち**就業者**とは，従業者と休業者をあわせたもので，従業者とは，調査期間の1週間に賃金，給料，諸手当，内職収入などの収入

1　就業状態の調査方法は2つある。ひとつは労働力調査のように「ある特定の調査期間1週間の状態」を尋ねる方法である。もうひとつは，就業構造基本調査のように期間を特定せずに「ふだんの状態」を尋ねる方法である。

2　用語の定義は，調査と実施年によって異なることがあるので注意が必要である。基幹統計調査では「用語の解説」で説明されている。調査による非正規雇用の定義の違いについては，神林(2017：156)を参照。

3　労働力人口÷15歳以上人口が労働力(人口比)率で，62.3％になる。女性の就労でよく提示されるM字型カーブは，この労働力率を年齢別に求めたものである。

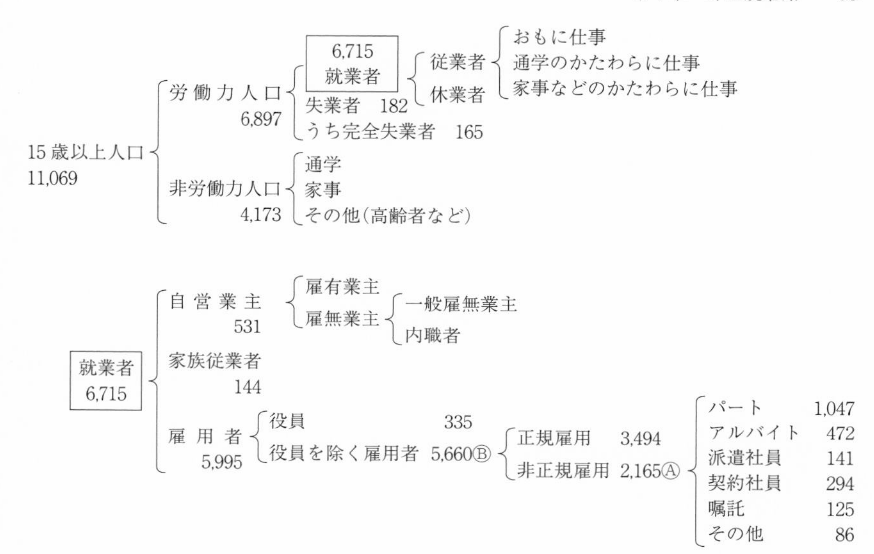

図 4-1　就業状態・従業上の地位・雇用形態別人数

(注)　単位は万人。
(出所)　総務省(2020)の総括表から筆者が作成。データは 2019 年労働力調査(詳細集計)。

を伴う仕事を 1 時間以上した者である。

他方，失業者のうち**完全失業者**とは ILO の基準に従って，①仕事がなく，調査期間の 1 週間に少しも仕事をしなかった，②仕事があればすぐに就くことができる，③調査期間中に仕事を探す活動や事業をはじめる準備をしていた(過去の求職活動の結果を待っている場合を含む)，の 3 つの条件すべてを満たす者である。つまり仕事がなくても，仕事を探していなかった人や，すぐに働き始められない人は，完全失業者には入らない[4]。

図の下半分には，就業者(6,715 万人)の内訳が示されている。従業上の地

[4]　ただし 2018 年以降の労働力調査では詳細集計に限って，③を拡張して「調査期間を含む 1 か月間に」求職活動をした者を「失業者」として完全失業者と別に集計するようになった。そのうえで，失業者ではなく，非労働力人口に数えられている者のうち，1 か月以内には求職活動を行っていないが就業を希望している者などを潜在労働力人口として，その数(2019 年は 39 万人)を推計するようになった。

位が**自営業主**とは，個人経営の事業を営んでいる者，家族従業者とは自営業主の家族でその自営業主の営む事業に無給で従事している者，雇用者とは会社，団体，官公庁または自営業主や個人家庭に雇われて給料・賃金を得ている者，および会社・団体の役員を指す[5]。

非正規雇用率

就業者の89.3%は雇用者(5,995万人)で，そのうち5,660万人が役員を除く雇用者である。表4-1の右下では，これがさらに正規の職員・従業員(以下，正規雇用という)と非正規の職員・従業員(非正規雇用)に分かれる。非正規雇用はさらに「パート」「アルバイト」「労働者派遣事業所の派遣社員」「契約社員」「嘱託」「その他」に分かれる。

したがって，冒頭の非正規率38.3%は，非正規雇用2,165万人(図中のⒶ)÷役員を除く雇用者5,660万人(Ⓑ)から算出された数値である。つまり同比率の分母は，この調査では就業者のなかの「役員を除く雇用者」だったということになる。

定義が不明確な非正規雇用

労働力調査では，正規雇用と非正規雇用などを「勤め先での呼称」で区分している。それに対してパートタイム・有期雇用労働法(短時間労働者及び有期雇用労働者の雇用管理の改善等に関する法律，2020年改正法施行)では，パートタイム労働者を「一週間の所定労働時間が同一の事業主に雇用される通常の労働者の一週間の所定労働時間に比し短い労働者」(第二条)，有期雇用労働者とは「事業主と期間の定めのある労働契約を締結している労働者」(第二条2)と定義して，勤め先での呼称に関わりなく同法の対象になるとされている。それでは「通常の労働者」とは誰を指すのか。同法に定義はないが，厚生労働省(2020b)によれば「いわゆる正規型の労働者及び事業主と期間の定めのない労働契約を締結しているフルタイム労働者」としている。

したがって一義的に定義されているとは言い難いが，一般に**正規雇用**(正

5　雇用者には，雇われている者と雇っている者の両方の意味がある。区別したいときは，前者を被雇用者，後者を雇用主と言えばわかりやすい。本章では労働力調査にあわせて，雇用者を被雇用者の意味で用いている。

社員・正職員ともいう）とは，①雇用期間に定めがなく，②フルタイムで働き，③直接雇用されているという3つの条件をすべて満たしている雇用者を，**非正規雇用**（非典型雇用，非正社員）とは，正規雇用以外の雇用者といってよいだろう[6]。つまり①'有期（雇用期間に定めがある），②'パートタイム（フルタイムでない），③'間接雇用，のいずれかに該当する雇用者は非正規雇用ということになる（直接雇用・間接雇用については→コラム4）。

労働契約で雇用期間を定める場合には，労働基準法第14条で原則として3年が上限になっている。またフルタイムは企業によって異なるが，法定労働時間（1日8時間，1週間40時間）が目安になる。他方，自営業主と家族従業者は雇用者ではないので，正規雇用・非正規雇用とは別のカテゴリーとすることが多い。

4-2. 非正規雇用の実態

非正規雇用の内訳

非正規雇用の内訳とそれぞれの人数は，すでに図4-1に示したとおりである。このうちパートは主婦，アルバイトは学生がおもな担い手となり，短期間あるいは短時間働くと考えられがちだが，パートのなかには正規雇用と同様にフルタイムで働き，管理的な業務に従事している人がいる。パートの本来の意味がパートタイム（短時間）労働であることを考えると奇妙だが，実際にそうなっている。派遣とは，派遣元と労働契約を結び，派遣先から仕事に関する指揮命令を受ける働き方である（→コラム4）。契約社員は職種や雇用期間を契約する働き方である。フルタイムが多いが，賃金は一般に正規雇用より低い。嘱託は，定年退職後の再雇用を指す場合が多い。これらのうちパートが非正規雇用のほぼ半分，アルバイトとあわせて約7割を占めている。マスメディアでよくとりあげられる派遣は，数え方にもよるが少数である。

6　上記3条件のうち，①雇用期間に定めがないことが，正規雇用者の条件に関して世界各国で共通の理解であるとされる（神林 2017：149）。

表 4-1　男女別・年齢別雇用者の雇用形態

		総数	15〜24 歳	15〜24 歳で在学中をのぞく	25〜34 歳	35〜44 歳	45〜54 歳	55〜64 歳	65 歳以上
男性	役員をのぞく雇用者(万人)	3,024	279	186	570	677	714	504	281
	正規雇用者数	2,334	146	145	486	614	651	361	75
	非正規雇用者数	691	132	40	83	63	62	143	206
	非正規雇用率(%)	22.8	47.5	21.6	14.6	9.3	8.7	28.4	73.3
女性	役員をのぞく雇用者	2,635	282	181	478	573	650	431	222
	正規雇用者数	1,160	129	127	301	277	275	139	40
	非正規雇用者数	1,475	153	54	177	295	375	292	182
	非正規雇用率	56.0	54.3	29.8	37.0	51.6	57.7	67.7	82.0
計	役員をのぞく雇用者	5,660	560	366	1,048	1,250	1,363	935	503
	正規雇用者数	3,494	275	271	788	891	926	500	114
	非正規雇用者数	2,165	285	95	260	359	437	436	389
	非正規雇用率	38.3	50.9	26.0	24.8	28.7	32.1	46.6	77.3

（出所）総務省(2020)の第 1 表から筆者が作成。データは 2019 年労働力調査(詳細集計)。

性別・年齢・学歴によって異なる非正規雇用率

このように一口に非正規雇用といっても多様であるが，2,165 万人にのぼる非正規雇用者の全体をみるとき，少なくとも 3 点に注意する必要がある。

第一に，性別と年齢によってその比率が大きく異なることだ。表 4-1 に示したとおり，男性の非正規雇用率は 22.8%(691 万人÷3,024 万人)，女性は 56.0%(1,475 万人÷2,635 万人)で，女性が非正規雇用者の数でも，役員を除く雇用者に占める比率でも，男性よりかなり多い。また 25 歳以上の女性は年齢層が高くなるにつれて非正規の比率が高まるのに対して，男性は若年層と高齢層の比率が高く，その間の壮年層は低い。

第二に，若年層(15〜24 歳)の非正規雇用者には，在学中の者が少なからず含まれていることである。その割合は同年齢層の非正規の 69.7%(男性)，64.7%(女性)にのぼる。つまり若年層のほぼ 2/3 は学生のアルバイト・パートなどということだ。学生を含む非正規雇用比率と除いた比率を併記すれば，男性で 47.5%と 21.6%，女性で 54.3%と 29.8%とかなり異なるので，関心に応じて使い分ける必要がある。

第三に，学歴の低い人のほうが非正規雇用に就く傾向があることである。佐藤(2011：69)によれば，初職(学校を出てはじめての仕事)で非正規雇用に就く比率は，男女とも中卒・高卒が高く大卒が低い。しかもこの傾向は2000年以降に成人した者にのみみられる。こうした学歴が非正規雇用に就くかどうかに影響していることは繰り返し確認されている一方で，育った家庭の豊かさの影響に関してはまだ定説がない。

典型的な非正規雇用者とは

以上から非正規雇用に従事している典型例が，大きく3グループあると推測される。学生のアルバイト，主婦のパート，そして高齢者である。したがって，非正規雇用について論じる際には，このグループを指すのかどうかをはっきりさせる必要がある。なぜならいずれかによって，おかれた状況が異なると考えられるからである。この3つのグループに属する人びとは，制度や他者の庇護を受けている可能性が高い。多くの学生は親に，主婦主夫は配偶者に，高齢者は年金によってである。それに対して，このグループ以外の人びと，たとえば壮年の男性やひとり親の女性は，庇護してくれる人がいないケースが多いだろう。

フリーター・ニートとは

非正規雇用と類似した概念にフリーターがある。これにはいくつかの定義があるが，小杉(2003：3)によれば，**フリーター**とは「15～34歳で学生でも主婦でもない人のうち，パートタイマーやアルバイトという名称で雇用されているか，無業でそうした形態で就業したい者」である。非正規雇用との違いは，フリーターは15～34歳に限定されていること，パート・アルバイトを希望する無職者を含めていること，そして学生と主婦を除いていることである。これに比較的近いのが厚生労働省による2003年の定義だが，同省は2010年以降フリーターという呼称をやめ，「パート・アルバイト及びその希望者」としている。2003年の定義によると，2003年に217万人でピークを迎え，2009年は178万人であった[7]。

ニート(NEET＝Not in Education, Employment or Training)も複数の定義

[7] フリーターとニートの複数の定義や推計数については，太田(2010：27-38)を参照。

コラム 4　派遣と請負

派遣とは，労働者が派遣元(労働者派遣事業所，多くは人材派遣会社)と労働契約を結び，派遣先(派遣元と派遣契約を結んだ事業所)から仕事に関する指揮命令を受ける働き方である(図 4-2 参照)。職場は文字通り派遣先企業だが，賃金は派遣元企業から支払われる。派遣のように，労働者が労働契約を結ぶ相手(企業など)と指揮命令を受ける相手が異なる働き方を**間接雇用**，両者が同じ働き方を**直接雇用**という。派遣以外は，パートや契約社員といった非正規雇用であっても直接雇用である。

派遣元は労働者に仕事を紹介し，かつ派遣先にその労働者を供給していると考えることができる。わが国ではながらく職業紹介は原則として国のみに許され，企業が労働者供給を事業として営むことは禁止されてきた。それは「戦前広く見られた，労働者募集人による人身売買に等しい労働者紹介・斡旋と，強制労働，中間搾取(ピンハネ)などを根絶するためであった」(高梨編 1994：88)。

けれども労働者派遣法が施行された 1986 年に，ソフトウエア開発・通訳・添乗など一部の業種に限って派遣が認められる(ポジティブリスト方式という)ようになった。それが 1999 年に建設・港湾運送・警備・医療・製造以外の職種は原則として認められる(ネガティブリスト方式という)ように改正され，さらに 2004 年には製造業への派遣が解禁され，一気に広まった。派遣先企業にとっては，手間のかかる労働者の採用や管理を自ら行わずに，必要なとき必要なだけ人材を確保できるなどのメリットがある。

職業紹介は職業安定法によって国がハローワークなどで行うほか，今日では国から許可を受けた民間企業も行えるようなった。労働者の働く企業(紹介先または派遣先)が直接，求人するのではない点は派遣と似ているが，職業紹介のばあいは労働者と紹介会社の間に雇用契約がない点が，派遣とは異なる。現在では，一定の労働者派遣の期間(6 カ月以内)を経て，直接雇用に移行すること(職業紹介)を念頭に行われる紹介予定派遣という働き方もある。

派遣と似た働き方として請負がある。**請負**とは「労働の結果としての仕事の完成を目的とするもの(民法第 632 条)ですが，労働者派遣との違いは，請負には，注文主と労働者との間に指揮命令関係を生じない点」(厚生労働省 2019c)である。つまり労働者は請負業者と雇用関係があり，その指揮命令を受ける。もし注文主から労働者が指揮命令を受けると，実態としては派遣なので違法となる(いわゆる「偽装請負」→濱口 2009：第 2 章)。請負業者と雇用関係を持たず，自らが直接，注文主と請負契約を結び業務を委託された個人は，個人事業主(や

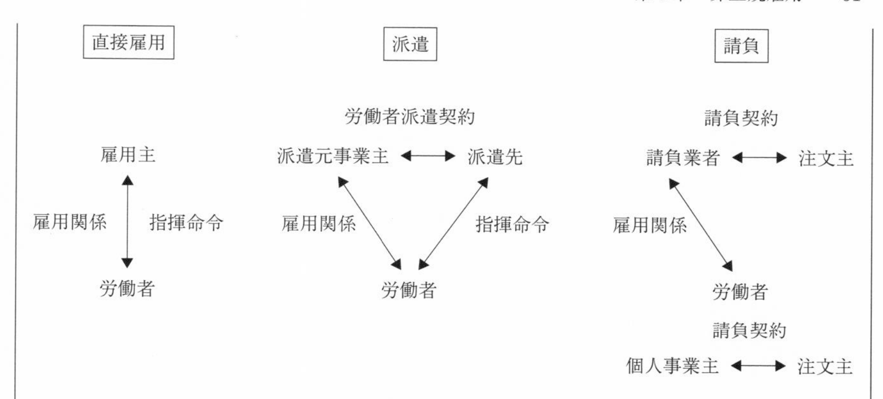

図 4-2　直接雇用・派遣・請負

（出所）厚生労働省(2019c)を参考に筆者が作成。

フリーランス)と呼ばれることが多い。

派遣で働く人は派遣元と雇用契約を結んだ労働者なので，直接雇用と同様に労働基準法といった労働法規が適応される。それに対して請負契約をした個人事業主は，労働者ではないとされるので，基本的に労働法規が適応されない。ただし，契約の如何に関わらず，働き方の実態から労働者であると判断されれば，労働法規の保護を受けることができる。

それでは「労働者」とはどんな人を指すのか。労働基準法と労働組合法で定義が若干異なるものの，前者によれば**労働者**とは「職業の種類を問わず，事業又は事務所に使用される者で，賃金を支払われる者」(労働基準法第九条)である。つまり使用者の指揮命令を受けて働いていて，かつ労働の対償として報酬を得ている人を指す。もっとも指揮命令の受け方や程度はさまざまで，個人事業主は労働者かどうか判断に迷うケースが多い。そこでこれまでの判例に基づき，仕事の依頼を断ることができないか，就業の時間や場所に拘束があるか，他社での就業が禁止されているか，などいくつかの基準ができている(→水町 2019：第8章)。仕事の内容が同じであっても，働き方によっては労働者として法律で保護されないケースがあることを知っておく必要があろう。

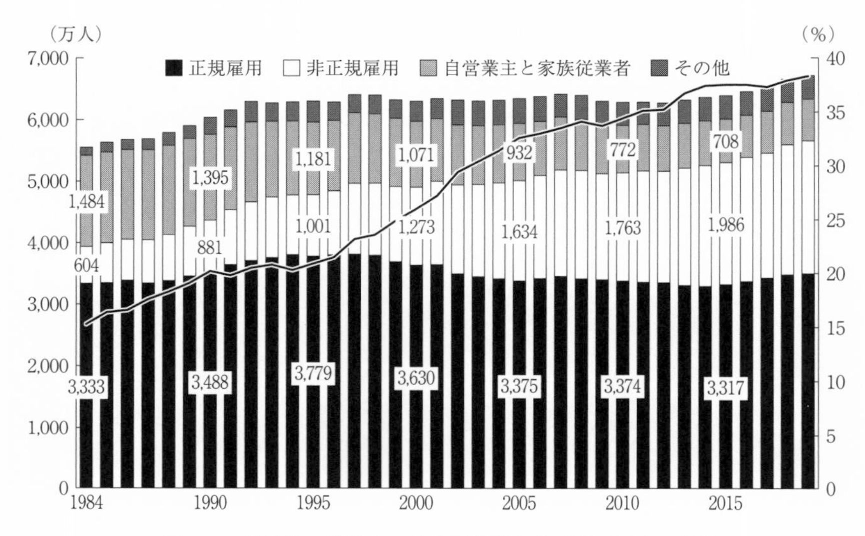

図 4-3　就業者の従業上の地位別人数と非正規雇用率の推移

（注）　各年の総計（棒グラフの高さ）は詳細集計の就業者数，表中の数値は西暦の表記がある年の該当者数，折れ線は非正規雇用率（右目盛り）を示す。その他には雇用者（役員），従業上の地位が不明の者などを含む。

（出所）総務省の労働力調査の長期時系列データ（自営業者・家族従業者は基本集計の表 4，正規雇用・非正規雇用・その他は詳細集計の表 9・表 10）から筆者が作成。

があるものの，小杉編（2005：6）は「15～34 歳の非労働力（仕事をしていないし，また失業者として求職活動をしていない）のうち，主に通学でも，主に家事でもない者」としている。他方，厚生労働省はニートとは呼ばず「若年無業者」として，小杉とほぼ同じ定義を行っている。これらの数はフリーターにもまして把握が難しいものの，小杉編（2005：7）は 2003 年に約 64 万人だったと推計している。

増え続ける非正規雇用

非正規雇用は，図 4-3 に示したとおり，増加の一途をたどっている。1984 年からの 35 年間に 3.6 倍に増えている[8]。役員を除く雇用者に占める比率は，15.3%から 38.3%になっている。なぜこれほど増加したかについては，いろいろな仮説がある。たとえば大内・川口（2014：84-86）は，非正規雇用比率

[8] 1984 年は，労働力調査で非正規雇用を呼称によって区分して集計を始めた年である。

が断続的に上昇していることから，政府による一時期の規制緩和や新自由主義的な経営運営が真の原因ではなく，家事や育児との両立を求めて短時間労働を希望し非正規で働きたい人が増えたという供給(労働者)側の要因と，ICT化により多くの業務を比較的単純な仕事に切り分けることが可能になり，また企業が将来への不確実性の増大への対応として非正規で雇いたいという需要(企業)側の双方があるという[9]。

解雇規制と非正規雇用

後者の企業側の要因では，たんに非正規雇用のほうが賃金や社会保険の負担が少ないという点だけではなく，正規雇用に比べて短期的に雇用者数を調整しやすいという点に留意する必要がある[10]。というのも，正規雇用されている者は，合理的な理由がなければ，本人の同意なく解雇されることは原則としてないからである。雇用主が経営上の理由から行う整理解雇を許容する合理的な理由とは，①真に解雇が必要な状況であること，②希望退職など解雇を回避する努力をしたこと，③解雇される者を合理的な理由で選別していること，そして④労働者や労働組合と協議していること，が判例によって確立しつつある(水町 2019：65-68)。こうした制度のあり方も，非正規雇用の増加の背景にあると考えられる。

解雇規制が強いことは，すでに正規雇用に就いている人にとっては望ましいことであるが，これから職に就こうとしている人にとってはデメリットになりかねない。というのも先行きが不透明な状況では，雇用主はいったん雇うと解雇しにくい正社員より，雇い止めしやすい非正社員を採用する誘因が大きいからである。

9　経営者の考え方を知るには，日本経営者団体連盟(1995)が参考になる。

10　非正規雇用では雇用期間が終了すれば，契約が更新されない限り雇い止めとなる。ただし，2012年に改正された労働契約法に明文化されたとおり，当該契約が無期契約(雇用期間に定めがない)と実質的に異ならないか，労働者が雇用の継続を期待する合理的な理由があると認められる場合は，有期労働契約が更新され得ることになった。また，契約期間が通算で5年を超える場合に，労働者が無期雇用への転換を申し込めば，転換されることが定められた。ただし，無期雇用の労働条件が，もともと雇用期間に定めのない正規雇用と同等となるかは確認が必要である(水町 2019：71-75)。

正規雇用と自営業の趨勢

ただし，正規雇用者が非正規雇用者にすっかり置き換わったわけでは決してない。図 4-3 に示されているとおり，正規雇用者は 1990 年代がもっとも多かったものの 2000 年代に入ると安定的に推移している。むしろ長期的に減少傾向が明瞭なのは，自営業主・家族従業者である。したがって，この間に就業者が長期的に増加していることを勘案すると，自営業が減少する分を補って余りある勢いで非正規雇用者が増えたというべきである。正規雇用は数が安定しているだけでなく，平均勤続年数もむしろ伸びる傾向にあり，男性を中心とした日本的雇用慣行(→発展 4)の中核部分は大きく崩れていないとされる(神林 2017：第 3 章)。

4-3. 非正規雇用の何が問題か

「問題」とは

非正規雇用はこのように一般的な働き方になったものの，いろいろと問題があるとされる。ただし最初に気をつけなければいけないのは，問題という言葉の使い方である。社会学では，誰にとっても自明な問題が最初から客観的にあるとは考えない。むしろ人びとが問題だと考えたものが問題になるとみなす。これが**構築主義(社会構成主義)**の考え方である[11]。それに従うと，何が問題となるかは，社会や時代によって異なることになる。

そうした考え方にたっても，非正規雇用は「問題」なのだろうか。社会現象に関して，すべての人の意見が一致するということはまずないので，厳密な意味で非正規雇用が問題であるとは断定しにくい。けれども太郎丸(2009：25)は「非正規雇用の増加をこのまま放置することは，明らかに「問題」であるということに関しては，一定のコンセンサスが得られているように思われる」と言う。

低　賃　金

あらためて非正規雇用の何が問題なのだろうか。いろいろな考え方がある

[11] 構築主義については，上野編(2001)，平・中河編(2000)を参照。

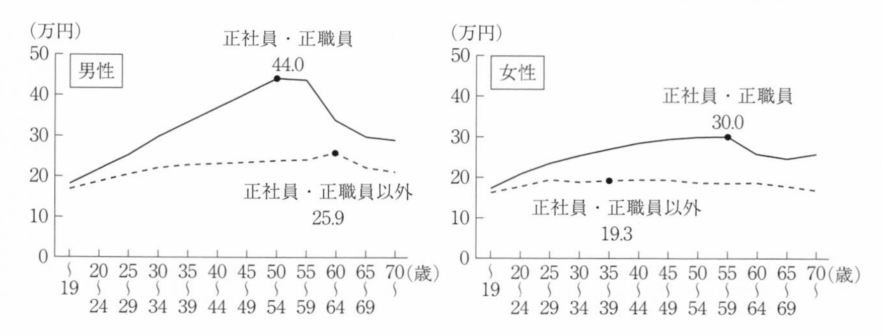

図 4-4　男女別・年齢別賃金(月額)

(注)　賃金は2018年6月分の所定内給与額から超過労働給与額を差し引いた額(税引き前)。
(出所)　厚生労働省(2019d)。データは2018年賃金構造基本統計調査。

が，ここでは3点に絞って論じる。第一は，非正規雇用者の賃金がきわめて低いことである。図4-4には，2018年賃金構造基本統計調査から年齢別に賃金を示した。それによれば，若年者は正規雇用(図中では正社員・正職員)と非正規雇用(正社員・正職員以外)とで賃金がそれほど違わないが，年齢が上がっても非正規雇用の賃金はまったくといってよいほど上昇しないため，年功型の男性では働き方による差が大きくなる。

ただし，こうした図をみたときに注意しなければいけないのは，この図だけでは非正規期雇用であることが低賃金の原因であるかどうかはわからないことだ。なぜなら，賃金に影響する要因は仕事の内容・労働時間や労働者の性別・年齢・学歴・勤続年数・技能など多岐にわたるからである。

非正規雇用の賃金が低いといっても，非正規雇用者にはもともと労働時間の短い者や学歴の低い者が多く含まれているかもしれない。この点に関する太郎丸(2009：73-76)の分析によれば，性別・年齢・学歴・労働時間および役職の影響をすべて除去しても(つまりそれらの条件が同じ人どうしを比べても)，正社員はパート・臨時の1.9倍，契約・嘱託の1.6倍，派遣社員の1.4倍の賃金を得ていた。逆にいえば，パート・臨時であることによって，賃金が53%(1÷1.9)，約半分になるということである[12]。要するに，非正規

12　これらは働き方が異なる人の賃金を比較した結果だが，同じ人(男性)が正規から非正

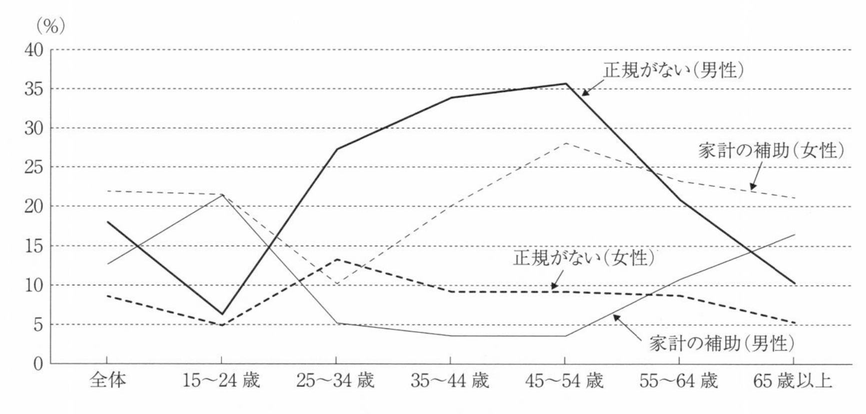

図 4-5　男女別・年齢別非正規雇用に就いたおもな理由

（注）「正規の職員・従業員の仕事がないから」「家計の補助・学費等を得たいから」が，それらをふくめ 7 つの理由に占める比率を男女別・年齢別に示した。
（出所）総務省(2020)の第 3 表から筆者が作成。データは 2019 年労働力調査(詳細集計)。

という働き方じたいが低賃金になっている可能性が高いということだ。単身者やひとり親を含め，一家の稼ぎ主が非正規雇用であれば，問題はより深刻であろう。

不本意非正規

第二は，本当は正規雇用に就きたかったにもかかわらず就けなかった人が一定数いる点である。フリーターという言葉が一般化しはじめた 1990 年代初頭までは，とくに若年者は正社員になれるのに，あえて自由気ままな非正規雇用を選んでいるのだから，とくに問題はないという考え方があった。

しかしさまざまな調査を通じて，そうした志向を持つ者は少数であることがわかってきた。太郎丸(2009：13-14)は「正規雇用に就くことを欲しているにもかかわらず，やむを得ず非正規雇用についている人々」を**不本意非正規**と名づけ，その比率が 1990 年以降上昇していることを示した。2013 年以降の労働力調査(詳細集計)では非正規雇用者に，いまの雇用形態に就いた理由を尋ねるようになった。そのうち「正規の職員・従業員の仕事がないか

規へ変わると賃金が下がるが，非正規から正規へ変わっても変化しない，というパネルデータを用いた分析結果もある(有田 2016：3 章)。

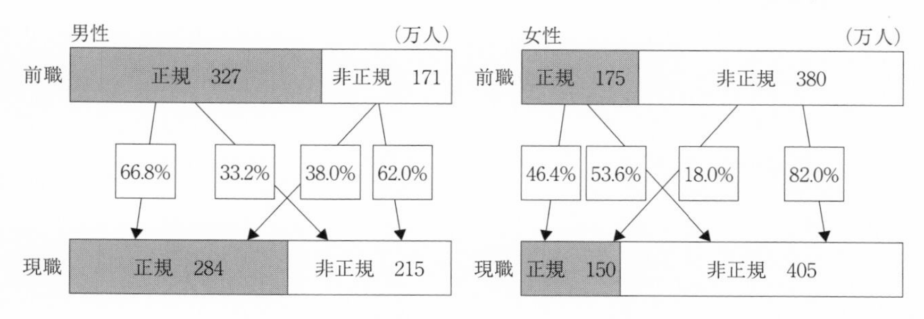

図4-6　男女別転職者の従業上の地位の変化

（注）　2007～2012年に転職した役員を除く就業者（男性499万人，女性555万人）について従業上の地位の変化を示した。
（出所）総務省（2013）。データは2012年就業構造基本調査。

ら」がおもな理由と答えた人の比率をみると，男性の35～44歳で33.9%，45～54歳で35.7%とほかの理由より高くなっている（図4-5）。この年齢層の男性は非正規雇用数じたいは少ないものの（→表4-1），不本意非正規が高い比率で存在していることがわかる。

非正規から正規への移動

第三は，非正規雇用から正規雇用への移動がしにくいと考えられる点である。もしそうだとすると，（とくに学校を出た直後の）就職で非正規雇用に就くことは，袋小路に迷い込むようなリスクを伴うといえる。それとも非正規雇用は正規雇用への踏み石なのだろうか。

2007年～2012年に転職を経験した1,053万人に関してみると，前職が非正規雇用者のうち男性は38.0%，女性は18.0%がこの間に正規雇用に就いていた（図4-6）。残りの者は同じく非正規雇用へ転職していた。他方で前職が正規雇用者のうち男性は66.8%，女性は46.4%が（別企業の）正規雇用へ転職していた。つまり，非正規雇用から正規雇用への移動率は，正規から正規への移動率に比べて男女とも低いことがわかる。

ただし，この移動表では，正規雇用を希望しながら非正規雇用に転職せざるを得なかったのかまではわからない。したがって，あくまで参考に過ぎないものの，非正規雇用から正規雇用への移動には，いろいろな障壁があることがうかがえる。

こうした状況の下で，非正規雇用から正規雇用へ転職したのは，転職前の2～5年間，同じ企業で働いた経験がある者だということが，さきほどの就業構造基本調査からわかっている(玄田2008)。その理由は，数年間同じ企業に定着していたという経歴が，採用してもすぐには辞めずそれなりに能力があるというシグナルになるからだという。

非正規雇用を考える視点

以上3点のほか，職場において技能を高める訓練の機会が少ない，雇用保険・健康保険・年金などの社会保障を受けにくいなど，非正規雇用にはいろいろな問題がある。1990年代以降，非正規雇用が増加するに伴って，学生や主婦など他者の庇護の下で補助的に働く者のほかに，一家の稼ぎ手(breadwinner)が非正規従事者になる家庭が目立ちはじめたため，非正規雇用が社会「問題化」したと考えられる[13]。

とはいえ，非正規雇用のすべてが悪いわけでも，問題なわけでもない。正規雇用がどれほどよいのかをあわせて検討する必要があるし，自ら希望して非正規雇用に就いている人も確実に存在する。したがって最初から非正規雇用を問題だと決めつけることは適切ではない[14]。

しかし雇用の安定は働く者にとって大きな魅力であるばかりでなく，社員のやる気を高め組織への愛着を高めるなど雇用主にとってのメリットも大きいはずだ[15]。2021年からすべての企業に適応された「同一労働同一賃金」ひとつとっても，実質的な意味での実現は容易ではなく，非正規雇用が貧困に結びつきやすい点を勘案すれば，非正規雇用(の拡がり)という「問題」を，

13　戦後の長期間にわたって日本の社会保障(→発展3)は，男性の稼ぎ手が安定的に雇用され，女性が家事や育児を担うことを前提としていた(宮本2009：47-48)。そのため，この前提から外れる非正規雇用の男性稼ぎ主やひとり親女性などへの支援は手薄になりがちであった。

14　佐藤・小泉(2007)は，正社員と非正社員は意外と共通性が高いことを，小倉(2013)は正社員のおかれた厳しい状況を指摘している。ただし，熊沢(2007)のように非正規雇用を批判的に捉える論調が多いように思われる。

15　河西(2011)が，正社員の賃金を下げて全契約社員を正社員化した広島の企業の事例を興味深く報告している。

広い視野から真剣に検討することがいまなお求められている。

発展4　メンバーシップ型雇用と日本的経営

本文では非正規雇用を中心に働き方を見てきたが，正規雇用をふくめて日本の雇用は欧米と比べてどんな特徴があるのだろうか。とくに日本的経営との関係を，濱口(2009：序章，2013)に基づいて考えてみよう。**日本的経営**とは，終身雇用(正確には長期雇用)・年功型賃金・企業別労働市場が特徴とされる。

あらためて雇用とは「当事者の一方が相手方に対して労働に従事することを約し，相手方がこれに対してその報酬を与えることを約すること」(民法623条)である。その労働の種類を職務(ジョブ)と言い，欧米では雇用契約でその内容を明確に定めることが通例である。それに対して日本では，職務を明確にしないまま会社という組織の一員(メンバー)となる。前者をジョブ型の，後者をメンバーシップ型の雇用と呼ぶ[16]。

ジョブ型の場合，企業のなかにある多くの種類の仕事を職務として切り出して，それぞれの職務ごとに労働者を採用し従事させる。したがって，採用は前任者が離職したときに限られ，技術革新などでその職務が必要なくなったときは原則として解雇される。というのも雇用契約で職務が特定されているので，ほかの職務に従事させることができないからである。賃金は熟練度に応じて上昇することはあるものの，職務ごとに決まる(同一労働同一賃金)。賃金を含む労働条件に関する交渉は，職務ごとに企業を超えて構成される産業別労働組合を通じてなされる。

それに対して**メンバーシップ型**の場合，職務を特定せずに採用するので，特定の職務が必要なくなっても，解雇せずに配置転換によって雇用を維持しようとする(**→長期雇用**)。労働者はこのように複数の職務を経験するので，職務ごとに賃金を決めようとすると誰もが賃金の高い職務に就きたがり，柔軟な配置転換ができなくなる。そこで賃金を職務から切り離し，勤続年数や年齢に応じて決める(**→年功型賃金**)。このように賃金は企業を跨ぐ職務ごとではなく企業ごとに決まるので，労働組合も企業ごとに構成される(**→企業別労働組合**)。こうして雇用がメンバーシップ型であることから，日本的経営となる理由が説明される。

以上の特徴はメンバーシップの入口である採用やその後の処遇にも反映されている。大卒者の場合，文系と理系，総合職と一般職といった区分はあるものの，具体的な職務は未定のまま内定を得ることが多い。職務に必要な技能は，入社後

---

[16] ゴードン(2012)にヒントを得てジョブ型・メンバーシップ型と命名したのは濱口だが，この2類型は田中(1980)など多くの成果に基づくものである(濱口2013：26，58)。

のOJT(→p. 117)によって獲得していく。したがって，職務能力で採否を決めるのが難しいため，一般的な能力の代理指標とされる学校歴(どこの大学を卒業したから)が重視されやすい(→発展7)。入社後は配置転換によって当該企業の内部の事情には精通するものの，特定の職務の専門性を高める機会は少ないので，より条件の良い他社へ転職することは難しい。そのため成果だけでなく，会社への忠誠心などで評価されがちな社内での出世競争が激しくなる。

ただし，こうした日本におけるメンバーシップ型雇用の重要な例外が，非正規雇用である。非正規雇用者は，職務が限定され，勤続年数が長くなっても職務訓練を受ける機会は乏しく，賃金はほとんど上昇しない(→p. 64)。そもそも企業のメンバーシップを有していないので，企業別労働組合に入れない。企業がリストラをおこなう際には，組合員である正社員の雇用を維持するため，非正規社員をまず雇い止めすることが多い。

もっとも，1980年代に日本的経営が賞賛されていたころでさえ，終身雇用といえるのは，典型的には大企業に勤める男性の基幹的な正社員だけであり，公務員を含めても日本の雇用者の1/3程度だったと指摘されている(野村 1994：37)。したがって，正規雇用が中心の日本的経営が近年になって急に変容したわけではない。また長期雇用や年功型賃金は，前述した労働者の持つ技能の特殊性から，ジョブ型の社会にも見られる(小池 2005：第4-6章)。さらに西欧でも有名大学卒業生の優遇や解雇規制が，他方で日本でも中途採用がある。よって，以上の説明はあくまで特徴を強調したモデルだと考えたほうがよい。そうした点に留意は必要だが，あらためて日本がメンバーシップ型であることを意識すると，私たちにとっては当たり前である在学中の就活や毎年春の一斉入社が，世界的には珍しいことに気づく。こうした比較社会論を踏まえた雇用関係の歴史的な説明については今井(2021)を参照。

読書案内→p. 88

第５章　社会階層と階級—人びとをどう分けるのか

第５章のポイント

①階級という概念に影響力があったマルクスによれば，人々は生産手段を持つごく少数の資本家階級と，自らの労働力を資本家に売ることによって生活せざるを得ない労働者階級に最終的に分かれる，とされた。
②実際には資本主義が発展すると，所有と経営の分離が生じ，上記２つの階級のほか専門・管理・事務などの新中間階級が生まれるとともに，小商店主・小工業者・自作農などの旧中間階級が残った。
③現代では階級のほかに，社会的諸資源の保有量に基づく階層という概念が用いられる。本書では職業に基づく階層であるSSM総合職業分類(8分類)をおもに使う。戦後の約60年間で，農業階層が著しく縮小し，専門・管理・事務階層が拡大している。
④階層帰属意識(自分がどの層に属するか)に関して，日本では９割が中流と答えたことから「1億総中流」と言われた。しかしそれは日本以外でも観察される現象である点に留意が必要である。
⑤職業階層については無職者の扱いが難しい，資産が反映されていない，非正規雇用者を別の階層とするべきか，など検討すべき課題が残されている。

キーワード

階級，剰余価値，所有と経営の分離，階層，アンダークラス，SSM総合職業分類，職業威信スコア，地位の非一貫性，中間層

5-1. 階級論・階層論の登場

マルクスの階級論

前章までは，個人間や世帯間にある結果の不平等について検討してきた。本章では，社会階級(以下では階級という)と社会階層(階層)という視点を導入する。それがなぜ有用なのかは，階級という考え方の歴史を知るのがよい。

階級というアイディアの創出と普及にもっとも影響力があったK.マルクス(1818～83年)によれば，人びとはおもに資金と生産手段の有無によっていずれかの階級に分かれる。**生産手段**とは，生産活動に必要な土地・原料・設備などを指す。それらを有する者(ブルジョアジー)から構成されるのが当時の**資本家階級**，持たない者(プロレタリアート)からなるのが**労働者階級**である。労働者は元手も生産手段も持ち合わせないので，自らの労働力を資本家に売ることによって賃金を得て生活するほかない。

Marx and Engels(1848＝1971：48-56)によれば，2つの階級が成立する以前の19世紀の西欧，つまり初期の資本主義社会には，資本家とも労働者ともいえない人びとがいた。小さな商店や工場を営む者，わずかばかりの自分の農地を持つ農民である。彼らに他人を多く雇うほどの資力はないものの，資本家に雇われる必要もなかった。彼らはのちに**旧中間階級**と呼ばれるようになる。もともと資本家階級と労働者階級の中間に位置していたからである。

ところが資本主義が発展し，企業間の競争が激しくなると，彼らのごく一部は資本家の仲間入りを果たすものの，ほとんどは資本家の会社や大地主との競争に敗れて，自分の店や農地を失う。そうなると労働者として雇ってもらわないと生きていけないので，資本家の軍門に降らざるを得ない。この現象は**両極分解論**といわれる。

資本家階級と労働者階級の対立

こうして人びとが資本家か労働者のいずれかに収斂するようになると，両者の対立が激化する。現在の労働基準法にあたる法律はない時代なので，資本家は労働者を，生存が何とか維持される程度のきわめて低い賃金で酷使した。そして生産力が増大しても，労働者の賃金は上昇しなかった。なぜなら，労働者の背後には，大量の失業者がいたからである。彼らは仕事にありつくことに必死だったので，どんな安い賃金でも喜んで働いた。つまりすでに雇われている労働者が賃上げを要求できる環境ではなかったのだ。こうして労働者全体がますます貧困化していく**絶対貧窮化論**といわれる現象が生じた。

労働者や失業者は，はじめは競争相手であり，彼らの利害は対立していた。けれども労働者はしだいに，自らの真の敵が自分以外の労働者や失業者ではなく，資本家であることに気づくようになる。富める者がますます富み，貧しき者がいつまでも悲惨な状況にあるのは，資本家が諸悪の根源だからだ，と。そこで見ず知らずの労働者や失業者であっても，対資本家という利害が一致した仲間であるとの認識を持つに至った[1]。これが階級としての労働者の原点である。他方，資本家どうしも競争相手であるとともに，労働者を統制するという点では共通性が高まった。こうして資本家階級がかたちづくられるようになる。

剰余価値と搾取

マルクスの考えでは，労働者は自らの生存を維持するのに最低限必要な賃金に相当する額を超えて，生産することができる。その結果生み出されるのが**剰余価値**で，それは本来，労働者が手にすべきものである。けれども，さきほど述べたように労働者は資本家に対して弱い立場にあるので，資本家が横取り（**搾取**という）してしまう。それが資本家階級の富の源泉である。この状態を打破するには，もはや革命によって資本家を打倒し，労働者独裁の社会をつくるしかない。

けれども実際にそうはならなかった。20世紀に入って資本主義がさらに発展すると，企業の経営は資本家自らの手ではなく，経営の実務に詳しい者に任されるようになる。彼らの多くは雇われの身であり資本家ではないものの，経営に関する専門的な知識を背景に，高い報酬を得るようになった。こ

---

[1] マルクスの考えでは，階級は分析者の視点だけでなく労働者自身によっても意識される。その階級意識は，経済闘争である即時的階級の段階から，やがて政党を組織し資本家との政治闘争である対自的階級へ至るとされる。

れがいわゆる**所有と経営の分離**である。こうして経営者を補助し大量の労働者の管理を行う者，専門的な仕事を行う者，おもに事務や販売に従事し雇用された非肉体労働者が登場する。いわゆる**ホワイトカラー**である。彼らはのちに，さきの旧中間階級と区別して**新中間階級**と呼ばれるようになった。

階層論の登場

さらに仕事にとって技術や能力の重要性がより高まり，職業も多様化してくると，しだいに学校制度が整備されて学歴が企業の採用に使われるようになった。同時に労働者もそれなりに豊かになり，かならずしも一枚岩ではなくなる。そうなると，生産手段の有無に着目している階級の概念では，もはやうまく人びとを捉えきれなくなってきた。

そこで階級の代わりに登場したのが階層という考え方である。それにはロシア生まれでのちにアメリカに亡命したP. ソローキン（1889～1968年）の貢献が大きい。Sorokin（1927）は，社会的資源の保有量によって人びとを階層に分けた。資源の種類に応じて，貧富の差による経済階層，権力・名誉・支配の程度による政治階層，そして職業による職業階層を区別している。

また階層という考え方では，階層間の移動が前提となっている。誰しも子どものうちは親の属する階層で育つが，働くようになれば自らの職業などによって階層が決まる。貧しい家庭で育った者が富裕層の仲間入りを果たしたり，のちに没落したりといったように，人は一生のうちに異なる階層を経験することが想定されている。マルクスの生きた時代であれば，階級移動は少ないと考えられていた。その例外がアメリカであり，ソローキンの階層論はアメリカ社会を念頭においてかたちづくられた。

階級と階層の違いと共通性

あらためて階級と階層の違いを，盛山ほか（1990：15-18）を参考に，わかりやすさを優先しあえて単純化して整理しておこう。階級は生産手段の有無という生産関係に着目しているという意味で一元的で，階級ごとに人びとの生活様式が異なっており，階級間の利害対立と支配的階級による搾取を前提にしている。それに対して，階層は層を分ける基準が複数あるという意味で多元的で，層の数も２つあるいは３つとは限らず，層の境界は定義によって異なるなど操作的である。しかも異なる階層間での利害対立は，実際にはあるかもしれないが，前提とされていない。

ただし，階級にせよ階層にしろ，人びとを個人でみるよりも，いくつかの大きな集合体としてみたほうが，個人と社会をよりうまく観察できるという発想に基づく。つまり同じ階級や階層に属する人々には何らかの共通性(同一の階級内あるいは階層内の同質性)があるとともに，階級や階層が異なれば人びとの意識や行動が異なる(階級間あるいは階層間の異質性)と想定されているということだ。

また階級も階層も元来は社会を分析する者が考案した概念であることに変わりはない。とくにマルクスは，生産様式(資本家と労働者という生産関係と，生産力)が，人びとの生活様式や意識の違いを規定していることを強調していた。経済的な基盤(**下部構造**という)が政治や文化(**上部構造**という)を規定しているといってもよい。こういった抽象的な命題を具体的に検証するためには，階級という考え方が必要だったのである。

5-2. 現代の階層・階級

現代の階層

以上は，階級や階層という考え方が出てきた背景である。つぎに今日の日本における使い方を確認しておこう。まず階層については，ソローキンの考え方がほぼ踏襲されている。富永(1986：242-247)によれば，社会には多くの人が欲しがるが，すべての人が手にすることはできない稀少な**社会的諸資源**がある。資源には，階級が想定している経済的資源(お金や土地など)のほかに，勢力(他人を支配する力)や威信(他者からの尊敬や信望)からなる関係的資源と，文化的資源(知識や教養)が考えられる。これらの資源は人によって相対的な保有量が異なると考え，量に応じて人びとを区分する。その保有量が同じか似ている人びとの集合体(の全体と個々の層)を**階層**という。その際，おもに経済的資源に着目すれば所得階層・資産階層，文化的資源に着目すれば学歴階層，それらをあわせ持つものとしては職業階層を想定できる。

けれども実際に用いられることが多いのは職業階層である。その理由は，職業こそがその人の状態(大げさに聞こえるかもしれないが人生)をもっともよく反映していると考えられるからである。所得階層が用いられることもあるが，所得(の違い)は職業(の違い)をある程度，反映しているとみなせる。たしかに，はじめて会った人について，われわれはみた目や年齢とともに「何をしている人か」に興味を持つのではないだろうか。無意識のうちにその人の職業を気にしているのだ。

多次元な職業

そこで職業をどう捉えるかが問題となる。ひとくちに職業といっても，少なくとも５つの側面があることをまず確認しよう。図5-1は，1995年SSM調査の調査票で職業を尋ねる欄である。ここで着目する５つの側面とは「従業上の地位」「従業先事業の種類」「従業員数」「本人の仕事の内容」および「役職名」である。

このうち「従業先事業の種類」は，会社の事業内容を示すもので，いわゆる産業分類のことである(たとえば製造業，サービス業など)。その会社の規模を表すのが「従業員数」である。そして同じ会社のなかに，経理を担当している人，工場でテレビを組み立てている人，社内を清掃している人など，さまざまな人がいる。そうしたひとりひとりの仕事の内容を指すのが，「本人の仕事の内容」で，職種といわれることもある。職業分類の用語でいえばそれぞれ‘受付・案内事務員’‘電気機械器具組立工’‘清掃員’にあたる。そして同じ‘電気機械器具組立工’でも，正社員なのかパートなのかを区別するのが「従業上の地位」だ。最後に会社のなかでの地位(職階という)を表すのが「役職名」である。

５つの側面のうち，中核をなすのは「本人の仕事の内容」である。ついで「従業上の地位」が重要である。‘経営者，役員’として従業員に指示・命令する側にいるのか，それとも‘一般従業者’として従う側にいるのか，がわかるからだ。近年では正規雇用かどうかを分ける重要性が高まっているのは，前章で述べたとおりである。また日本では企業規模によって，賃金や福利厚生に差があることが知られているので，「従業員数」も重視されている。

問4 〔回答票2〕あなたの現在のご職業について，お聞きします。
　　a　あなたのお仕事は大きく分けてこの中のどれにあたりますか。〔以下同様にb〜fまで聞く〕

a あなたのお仕事は大きく分けてこの中のどれにあたりますか。	従業上の地位	該当するものに○をつける	1（ア）経営者，役員 2（イ）常時雇用されている一般従業者 3（ウ）臨時雇用・パート・アルバイト 4（エ）派遣社員 5（オ）自営業主，自由業者 6（カ）家族従業者 7（キ）内職→eのみ聞いて問7へ 8（ク）学生→問7へ 9（ケ）無職→問7へ 19　わからない
b さしつかえなければ勤め先の名前を教えてください。	従業先の名前	△△会社 ○○支店 （出張所） と，事業所単位で記入すること	〔具体的に記入〕〔派遣社員は派遣会社を勤め先とする〕
c そこは，どのような事業をいとなんでいますか。	従業先事業の種類	野菜の販売，自動車の製造，薬品の卸売，衣服の小売，旅館経営等と具体的に	〔具体的に記入〕 □□　99　わからない
d 従業員(働いている人)は，会社全体で何人ぐらいですか。 〔家族従業者も含める〕	従業員数	該当するものに○をつける	1（ア）1人 2（イ）2〜4人 3（ウ）5〜9人 4（エ）10〜29人 5（オ）30〜99人 6（カ）100〜299人 7（キ）300〜499人 8（ク）500〜999人 9（ケ）1000人以上 10（コ）官公庁 19　わからない
e あなたは勤め先でどのような仕事をしていますか。	本人の仕事の内容	経理，運搬，仕入れ，○○組み立て等と，職種が分かるように詳しく	〔具体的に記入〕 □□□　999　わからない
f 何かの役職についていますか。〔ついている場合〕具体的な名称を教えてください。また，それはこの中ではほぼどれに相当しますか。	役職名	具体的に記入，該当するものに○をつける	〔具体的な役職名を記入〕 1（ア）役職なし 2（イ）監督，職長，班長，組長 3（ウ）係長，係長相当職 4（エ）課長，課長相当職 5（オ）部長，部長相当職 6（カ）社長，重役，役員，理事 9　わからない

図5-1　SSM調査における職業に関する質問と回答欄

（注）　2005・2015年調査も，職業に関する基本的な質問は1995年調査と変わりない。
（出所）1995年SSM調査（A票）

表 5-1　SSM 職業大分類

SSM 職業大分類	SSM 職業分類の例
専門(47)	建築土木技術者　医師　看護師　裁判官　小学校教員　音楽家　宗教家など
管理(10)	管理的公務員　会社団体等の管理職員　国会議員　会社役員　船長など
事務(24)	営業・販売事務員　会計事務員　集金人　自衛官　警察官　郵便外務員など
販売(19)	小売店主　飲食店主　販売店員　保険外交員　バーテンダー　ホテル支配人など
熟練(43)	理容師・美容師　料理人　自動車組立工・整備工　印刷作業者　電気工事作業者など
半熟練(26)	電車・機関車運転士　自動車運転者　船員　縫製工・裁断工　金属溶接工など
非熟練(12)	土工・道路工夫　運搬労務者　採鉱員・採炭員　清掃員など
農業(7)	農耕・養蚕作業者　林業作業者　植木職・造園師　漁業作業者など

（注）（　）はそれぞれの大分類に含まれる職業分類（職種）の数（計 188）。管理職は課長（相当）職以上を指す。
（出所）SSM 調査研究会（2006：101-106）。

SSM 職業大分類

これらのうち「本人の仕事の内容」だけを基準にした分類としては，総務省（2010）が作成している「日本標準職業分類」や，国勢調査の「職業小分類」がある。さらにそれらを参考に SSM 調査研究会（2006：20-24）が作成したのが SSM 職業分類（小分類）で，188 の職業に分けられている[2]。図 5-1 の e 欄の回答がそのいずれにあたるかを特定する作業を職業コーディングという。こうして確定した 188 の職業を「仕事において必要とされる知識や技能の種類と程度によって」8 つ（その他を含めれば 9 つ）に括り直したのが，**SSM 職業大分類**（SSM 旧 8 分類）である（SSM 調査研究会 2006：101-104）。8 つとは‘専門的職業’‘管理的職業’‘事務的職業’‘販売的職業’‘熟練的職業’‘半熟練的職業’‘非熟練的職業・単純労働者’および‘農林的職業’である（表 5-1）。熟練・半熟練・非熟練というのは耳慣れない言葉で，その区分や「半」「非」といった名称が適切かは疑問だが，必要とされる技能の水準，仕事上の裁量の範囲，一人前になるまでにかかる期間などによって 3 つに分けたとされる。なお，最初の 4 つは**ホワイトカラー**，あとの 4 つは**ブルーカラー**といわれることもある。

[2] SSM 職業分類（小分類）は 1975 年と 1995 年に改訂されている。本書に収録したのは 1995 年版に軽微な修正を加えたものである。1975 年版については，安田・原（1982：87-110）を参照。

表5-2　SSM総合職業分類

SSM総合職業分類	SSM職業大分類	従業上の地位	規模(従業員数)
専門	専門		
大企業ホワイトカラー(大W)	管理・事務・販売	経営者・役員	官公庁[(1)]
		被雇用者	官公庁・民間企業300人以上
中小企業ホワイトカラー(中小W)	管理・事務・販売	被雇用者	民間企業300人未満
自営ホワイトカラー(自営W)	管理・事務・販売	経営者・役員	官公庁以外[(2)]
		自営業主・自由業者・家族従業者	民間企業300人未満
大企業ブルーカラー(大B)	熟練・半熟練・非熟練	被雇用者	官公庁・民間企業300人以上
中小企業ホワイトカラー(中小B)	熟練・半熟練・非熟練	被雇用者	民間企業300人未満
自営ブルーカラー(自営B)	熟練・半熟練・非熟練	自営業主・自由業者・家族従業者	
農業	農業		

（注）　本書では(1)を官公庁・民間企業300人以上，(2)を民間企業300人未満で分類している。(　)は略称。
（出所）原・盛山(1999：xix)を基に表現を一部改めた。

SSM総合職業分類

他方，「本人の仕事の内容」「従業上の地位」「従業員数」の3つの側面を組み合わせた職業分類が，**SSM総合職業分類**である(SSM調査研究会2006：105)。こちらも‘専門’‘大企業ホワイトカラー’‘中小企業ホワイトカラー’‘自営ホワイトカラー’‘大企業ブルーカラー’‘中小企業ブルーカラー’‘自営ブルーカラー’および‘農業’の8つに分類されている(表5-2)。

SSM職業大分類あるいはSSM総合職業分類が，職業によって階層を分類した職業階層の代表的例である。表5-3は，SSM総合職業分類でそれぞれの階層に属する人数の比率である。第1回SSM調査が行われた1955年には，男性では農業が4割を占めていたもののその後に急減し，代わって専門や大企業ホワイトカラーが増加している。いまのところSSM総合職業分類が，正規と非正規を区別していない点を除けば，比較的うまく社会現象を捉えていると考えられるので，以下ではこれをおもに用いる。

表 5-3　SSM 総合職業分類における各階層の比率

	男性							女性			
調査年	1955	1965	1975	1985	1995	2005	2015	1985	1995	2005	2015
専門	6.8	6.7	7.3	9.7	12.1	12.8	16.7	10.5	12.4	17.6	20.8
大 W	8.7	14.2	14.7	17.2	17.3	17.5	17.3	10.3	12.7	11.4	16.8
中小 W	5.0	8.4	11.1	12.3	12.8	12.4	11.4	19.2	21.7	22.7	21.2
自営 W	10.0	12.1	11.5	11.4	13.0	9.4	6.9	11.0	16.4	9.9	7.4
大 B	7.8	11.3	10.3	9.8	9.0	8.3	12.6	4.9	4.7	5.3	6.4
中小 B	8.9	15.9	19.1	21.2	19.3	23.1	22.4	24.4	19.4	23.4	21.7
自営 B	12.1	10.7	10.2	10.6	10.2	9.9	8.3	7.1	5.2	4.2	2.9
農業	40.8	20.6	15.8	7.9	6.2	6.5	4.3	12.5	7.4	5.5	2.9

（注）　数値は調査年ごとの%。対象者は 20～69 歳。女性は 1985 年以降に調査対象になった。
（出所）三輪・石田(2008：78)の表 2 より抜粋。2015 年は筆者が作成。

職業威信と職業威信スコア

さきに社会的資源には威信が含まれると述べた(→p. 75)が，それは職業にもあてはまる。**職業威信**とは，職業に対する人々の主観的な評価である。たとえばある職業は多くの人から尊敬されている，自分も就いてみたい，あるいはなくてはならないのに軽んぜられているなど。そうしたそれぞれの職業に対する社会的評価を一次元上の数値で表したのが**職業威信スコア**である。ただし分析者がかってに数値化しているわけではない。複数の職業に対する一般市民の主観的な評価を調査して作成されている。

調査票の質問は，「ここにいろいろな職業名を書いた用紙があります。世間では一般に，これらの職業を高いとか低いとかいうふうに区別することもあるようですが，いまかりにこれらの職業を高いものから低いものへ順に 5 段階に分けるとしたら，これらの職業はどのように分類されるでしょうか。それぞれの職業について，「ア．最も高い」「イ．やや高い」「ウ．ふつう」「エ．やや低い」「オ．最も低い」のどれか 1 つを選んでください。」(1995 年 SSM 調査の職業威信票)である。回答者は，リストに書かれた 56 の職業ひとつひとつについて，上記の選択肢ア～オから 1 つを選ぶ。

それぞれの職業について，選択肢アを選択した場合は 100，イには 75，ウには 50，エには 25，オには 0 を与えて，全員分の平均をとったのが，各職業の職業威信スコアである(実際のスコアは都築(2000：40)を参照)。スコアの最高は90.1，最低は36.7である。この56種類のスコアをもとに，類似の職業には同じ値を与えて，さきほどのSSM小分類の188職種すべてに職業威信スコアが設定されている。

職業威信スコアの特徴と留意点

この職業威信調査は1975年にも行われている(そのスコアは直井(1979：446，499-503)を参照)。1975年のスコアと1995年のスコアの相関係数は，0.967ときわめて高い(都築2000：42)[3]。したがって人びとの職業ひとつひとつに対する評価は，かなり安定していると考えられる。さきのSSM総合職業分類でいえば，どちらの調査でも専門や大企業ホワイトカラーに属する職業のスコアが高い傾向にある。

ただし職業威信調査における職業に対する評価のパターンが，人びとの間で一致している(すべての人が職業AをBより高く評価する)程度は低くもないが高くもない(太郎丸1998：25)。したがって，表5-1のSSM総合職業分類は，専門を頂点とした唯一の序列とまではいえない。

そもそも職業を数値化するなどとんでもない，と思う人もいるだろう。たしかに職業に貴賤はない。職業は威信のほかにもさまざまに特徴づけられ，このスコアをもって職業の格付けをなし得るものではないし，なすべきでもない(都築2000：40)。職業威信スコアで測定されているのは，職業に対する評価の一部に過ぎない。スコアがそれぞれの職業やそれに従事している人びとを貶めることがないよう留意すべきである。

地位の非一貫性

けれども人びとが職業をどう評価しているのか，それと階層がどう関連しているのかについての研究は重要だと考えられる。その一例が**地位の非一貫性**という考え方である。職業を職業威信スコアで，学歴を教育年数で，所得を年収額でいずれも数値化すると，それらを同時に考慮して，ひとりひとり

---

[3] 相関係数とは，2つの数値化された変数XとYについての線型の(直線的な)関連の強さを－1～1で表した数値である。Xが大きいときYが小さいとき－1，XとYが無関係のとき0，Xが大きい(小さい)とYも大きい(小さい)とき1に近づく。

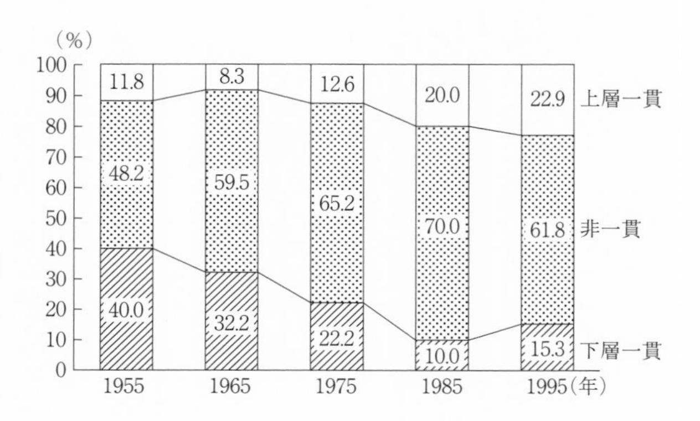

図 5-2　階層クラスター構成の変化

(出所) 原(2000a : 31)。

の地位を定めることができる。そのとき「職業威信」「学歴」「所得」の高低が一致しない人を地位が非一貫であるといい，いずれも同じか近い位置にいる人を地位が一貫であるという。たとえば社会的な威信は低い職業に就いているものの所得だけは高い人は，地位が非一貫である。他方，医師のようにいずれも高い人は，地位が一貫しているといえる。

もともとは地位の非一貫者は明確なアイデンティティを持ちにくいなど社会の不安定要因になる，という議論から始まった(今田 1989 : 167)。けれども日本では，地位が非一貫である人が多いことは，それだけ社会的な資源が一部の人に集中せずに分散していることを表すと考えられている。つまりそれは平等な社会の証左となりうる。

図 5-2 は 1955～1995 年の 5 回の SSM 調査から，学歴・収入・職業威信の 3 資源について，クラスター分析を用いて保有パターンを 3 つに区分し，人数の比率を示したものである(原 2000a : 30-32)。このうち上層(下層)一貫は 3 資源がすべて高い(低い)グループ，非一貫は一貫しないグループを指す。それによれば，1985 年までは非一貫が増加していたことから，日本社会の平等化がうかがわれる。他方で学歴社会化が進行すると学歴・職業・所得の相関が高まると予想されるので，地位の一元(一貫)化が進むとの指摘も

表 5-4　階級分類

資本家階級	従業先規模が5人以上の経営者・役員・自営業者・家族従業者
新中間階級	専門・管理・事務に従事する被雇用者(女性と非正規の事務を除外)
労働者階級	専門・管理・事務以外に従事する被雇用者(女性と非正規の事務を含める)
旧中間階級	従業先規模が5人未満の経営者・役員・自営業者・家族従業者

（出所） 橋本(2018a：126)。

表 5-5　SSM データによる階級構成の推移

	男性							女性			
調査年	1955	1965	1975	1985	1995	2005	2015	1985	1995	2005	2015
資本家階級	6.4	8.4	7.2	7.9	10.6	8.0	7.4	4.6	6.7	4.5	4.5
新中間階級	15.4	21.4	24.0	28.7	32.2	30.3	32.7	7.8	11.3	16.0	20.5
労働者階級	21.2	36.0	38.3	38.5	37.0	42.2	44.6	58.9	59.2	63.3	65.0
旧中間階級	57.1	34.1	30.4	24.9	20.1	19.5	15.3	28.7	22.8	16.1	10.0

（注）　数値は調査年ごとの%。対象者は 20〜69 歳。女性は 1985 年以降に調査対象となった。
（出所） 橋本(2018a：127)。

ある(近藤 2019：180)。

日本の階級分類

今日の日本では，どちらかといえばこれまで述べてきた階層を用いた分析が多いが，もちろん階級を使った研究もある。古くは大橋編(1971)による階級分類が著名であったが，近年では橋本(2018a：126)が‘資本家階級’‘新中間階級’‘労働者階級’および‘旧中間階級’の4つに階級を分類している(表 5-4)。表 5-5 はその分布の推移である。さらに橋本(2018a：130-137)では，労働者階級のうち 59 歳以下で，パートの主婦以外の非正規労働者を**アンダークラス**として取り出し，階級に準ずる扱いをしている[4]。そして資本家階級→新中間階級→正規雇用の労働者階級→アンダークラスの順に，より下位の階級を上位の階級が搾取するとしている。とくにアンダークラスは「著しく所得が少なく，貧困率が高いのみならず，男性では未婚者，女性では離死別者が多く，安定した家族関係を形成できずにいる人々が多い」(橋本 2018a：145)。

[4] 2012 年就業構造基本調査から，労働者階級は全体の 62.5%を占め，そのうち正規労働者が全体の 35.1%，パート主婦が 12.6%，アンダークラスが 14.9%(929 万人)と推計されている(橋本 2018a：127)。

ただし，表5-4をみれば，これらの階級分類が，さきのSSM調査における「本人の仕事の内容」「従業上の地位」「従業員数」の3つから作成されていることがわかる。つまり階級分類とはいえ，もとのデータは階層分類と同じで，分け方が異なるということだ。その意味で橋本の階級分類と，階層分類であるSSM総合職業分類などが，まったく異質なものとは考えにくいし，どちらかが正しく他方が間違いとはいえない。

5-3. 階層帰属意識と階層分類の課題

階層帰属意識

本書では，格差について客観的な側面の解明に専念し意識については原則として扱わない(→p. 11)が，例外的に階層(階級)帰属意識についてみておく。**階層(階級)帰属意識**とは，自分がどの階層(階級)に所属しているかについての意識を指す。ただし日本人の中で自らがどの階級(たとえば労働者階級)に所属しているかを意識している人はほとんどいないだろうから，階層帰属意識を尋ねる調査が多い。

日本では2000年ころまで長らく「1億総中流」の社会と言われてきたが，その根拠とされたのは，本章で検討してきたような階層や階級の客観的な分類ではなく，階層帰属意識であった。内閣府の国民生活に関する世論調査では，「お宅の生活の程度は，世間一般からみて，どうですか」を毎年尋ね，「上，中の上，中の中，中の下，下，わからない」から1つを選択させている。1969年調査では，中の上が6.8%，中の中が51.7%，中の下が29.6%で，合計88.1%に上った。そこで当時の人口が約1億人だったことから，「1億総中流」という表現が生まれたのであろう。

1億総中流は本当か

当時の日本は高度経済成長のただなかであったため，それは市民の間でも違和感なく受け入れられたようだ。その後「中」の総計が9割に近い傾向は長年続いている(図5-3)。ただし，ここから中流が9割にも達するのは日本だけだと早合点してはいけない。統計数理研究所が行った国際比較調査によ

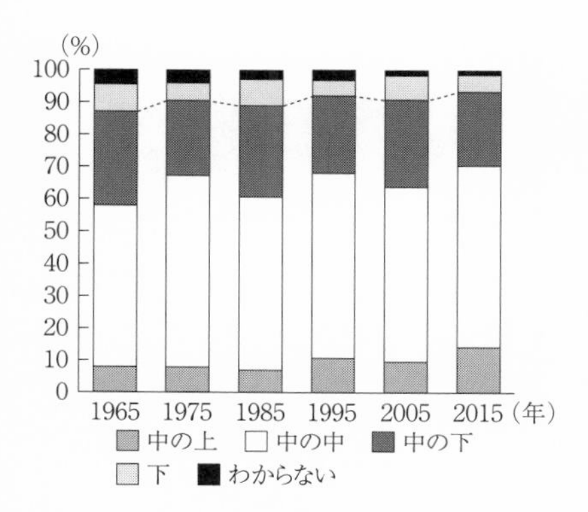

図5-3　年次別階層帰属意識(生活の程度)の分布

(注)　「上」は2015年(1.3%)を除いて1%未満のため，表示を省略した。
(出所) 内閣府の国民生活に関する世論調査の各年の結果から筆者が作成。

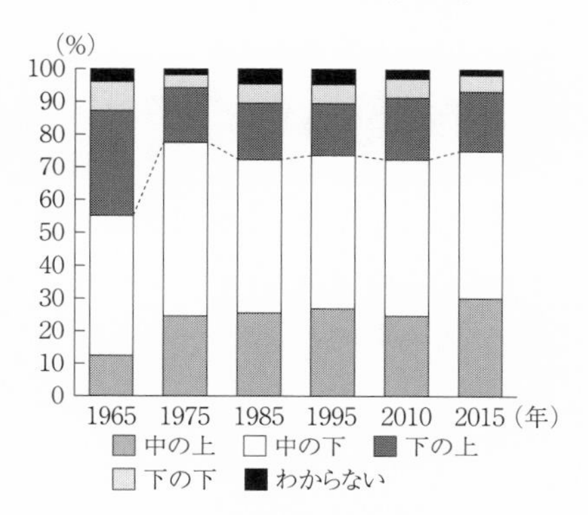

図5-4　年次別階層帰属意識の分布

(注)　「上」は2%未満のため表示を省略。2010年は25〜60歳の男性，それ以外は20〜69歳の男性の回答。
(出所) 2010年までは神林(2015：27)から，2015年は筆者が作成。2010年はSSP調査，それ以外はSSM調査。

れば，対象国ではどの国でも「中の中」が50%を超えてもっとも多く，中の総計は9割前後になっていたからである[5]。つまり「日本だけが中流意識が強いわけではない」(林1995：52-54)。

さらに，中流が9割ということじたいも再考したほうがよい。回答の選択肢を変えるとこの比率が変わるからだ。SSM調査では「かりに現在の日本の社会全体を，5つの層に分けるとすれば，あなた自身は，このどれに入ると思いますか」を尋ね，「上，中の上，中の下，下の上，下の下，わからない」からから1つを選択してもらっている。質問文が異なるとはいえ，中の上と中の下をあわせた比率は，1975年以降は約7割であって，9割には達していない(図5-4)。意識は収入や職業などより測定が難しく，いずれがより的確なのか吟味が必要であろう[6]。

[5] 調査対象国はイタリア(1992年に調査)，フランス・ドイツ(1987年)，オランダ(1993年)，イギリス(1987年)，アメリカ・日本(1988年)で，回答の選択肢は国民生活に関する世論調査と揃えてある(林1995：53)。
[6] 中流意識については橋本(2020)，階層帰属意識については数土編(2015)で詳細な検討がなされている。

階層・階級分類の課題

本章の最後に，階層・階級分類(以下まとめて階層という)の課題をあげておく。第一はどのように女性を階層に位置づけるかである。とくに職業階層の場合には，職業に就いていない者の分類が悩ましい。もちろん無業者は女性に限らないものの，結婚や出産を機に労働市場から一時的にせよ退出した女性はいったいどこの階層に入るのだろうか。結婚している場合は，配偶者である夫と同じ階層とするというのがひとつの考え方だが，いくつかの方法が提案されている(原・盛山 1999；188-192)。この問題は，階層を個人と世帯のいずれを単位に決めるべきか，というより本質的な問題とも関わっている。

第二に，職業階層に代わる所得階層の測定である。無業者を階層で位置づけるには「無業層」という階層を作るか，所得で捉えることが考えられる。ただし後者の場合も，所得だけで経済的な位置が把握しきれるのかという問題がある。できれば所得というフローのほかに資産というストックを勘案したいところがある。とはいえ，それは容易ではない。とくに不動産のように時価がわかりにくい資産の額を，簡便な調査によって正確に把握するのは至難の業である。

第三に，増加の一途をたどる非正規雇用の位置づけである。SSM 職業大分類にしても総合職業分類にしても，正規雇用者を前提に作られたため，非正規雇用者が被雇用者としてひと括りにされている。しかし第 4 章でみたとおり，同じ職業に就く者であっても非正規雇用者は正規雇用者より賃金が低く異質な部分がある。したがって「非正規雇用」を独立した階層とみなすことも可能であろう。橋本の階級分類はすでに正規か非正規か考慮されているものの，SSM の総合職業分類はそうではないので，さらに検討を重ねる必要がある。

発展 5　先進国における中間層・中流の「没落」と民主主義

本文では意識のうえでの「1 億総中流」にからくりがあることを示したが，所得ではどうだろうか。それに答えるにはまず**中間層**や中流(英語ではいずれも

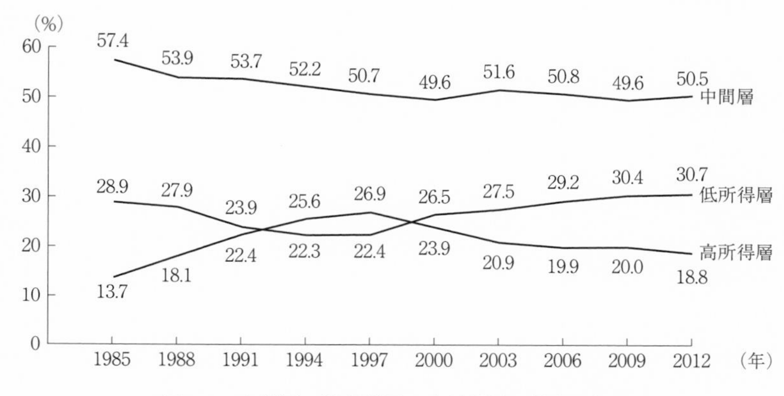

図 5-5　中間層・低所得層・高所得層の割合の推移

（原注）『国民生活基礎調査』集計結果より筆者推計。
（出所）篠崎(2015：210)。

middle class)とは誰なのかを特定しないといけない。経済学者による定義はいろいろだが，篠崎(2015)は国民生活基礎調査における等価可処分所得の中央値(1985 年は 216 万円)の 0.75 倍(162 万円)から 1.67 倍(361 万円)までを中間層とし，これらの境界値を固定したうえで，低所得層・中間層・高所得層それぞれが全体の人数に占める比率の推移を示した(図 5-5)。それによれば中間層の比率は低下傾向にあるものの，2000 年以降はあまり変化していない。むしろバブル経済が崩壊した 1991 年以降では，低所得層の増加が顕著である。この点は日本のほかのデータでもくりかえし指摘されている。

以上は各層の規模の変化だが，アメリカでは中間層の経済力の低下とごく少数の富裕層への富の集中を指摘する論調が目立つ。Temin(2017＝2020：viii)によれば，中間層(中位家計所得の 2/3 倍から 2 倍まで)の家計総所得に占める比率が，1970 年の 62％から 2014 年の 43％へ低下した一方で，上位層は 29％から 49％へ上昇したという。Reich(2010＝2011：22〜23)も中間層の経済力の停滞を強調している。Piketty(2013＝2014：303)は，所得のトップ 10％層の総所得に占める比率が 1980 年から 2010 年にかけて上昇していることを示し，富裕層への課税強化を主張している。

日本でも，所得税はたしかに累進課税制(→コラム 3)になっているものの，金融資産への税率は所得にかかわらず一定なため，金融資産を多く持つ富裕層に有利な税制となっている。そのため富裕層よりも，中間層のほうが実質的な税率が高いとされる。そこでより公平な税制を目指して，欧米と同様に富裕層への課税を強化すべきという意見もある。

中間層がこのように注目されるのは，思想的に穏健で民主主義の守護者と見なされてきたからだと考えられている。もっとも Milanovic (2016＝2017：197) によれば，中間層が民主主義を擁護するのはそうした美徳が備わっているからではない。富裕層からは支配されないために，貧困層には自分のたちの資産を奪われないようにするためだ。最終的には数の支配による民主主義を「多数派」である中間層が選択しているということだろう。

ただし中間層は歴史的には民主主義を破壊するファシズムの支持者だとする異論もある。Fromm (1941＝1965：234-243) によれば，1920 年代におけるドイツでは，労働者階級の地位が向上した一方で，おもに小商店主・職人・ホワイトカラーからなる下層中産階級は第 1 次大戦によるインフレのため資産を失い，不安や無力感が広がった。それらを克服するため権威ある者に追従する権威主義的パーソナリティが生まれ，全体主義ナチスの支持に結びついたという。

こうしてみると経済学者が着目する所得だけではなく，社会学者が着目する階層・階級にも留意し，中間層を一括りにせず自営(旧中間階級)か被雇用(新中間階級)に分けて考えることも重要であろう。橋本(2020：第 5 章)で関連した議論が展開されている。さらに日本の中間層も「数の支配」が可能なのであれば，なぜ自らに不利な税制を選挙によって覆さないのか。身の回りには，解くべき謎(問題)が満ちている。

読 書 案 内(第 4 章)

◇小杉礼子(2010)『若者と初期キャリア―「非典型」からの出発のために』勁草書房

筆者は早い時期からフリーターやニートなどの非正規雇用に関して，データに基づく分析と政策提言をしてきた。神林(2017)はこの分野の最新の研究書で読み応えがある。

◇太郎丸博(2009)『若年非正規雇用の社会学―階層・ジェンダー・グローバル化』大阪大学出版会

社会学者である著者は，非正規雇用者が正規雇用者と比べて所得が低い理由を，社会階層論の視点から説明し，非正規雇用者を階層として捉えることを主張している。

◇阿部正浩・松繁寿和編(2014)『キャリアのみかた 改訂版―図で見る110のポイント』有斐閣，水町勇一郎(2019)『労働法入門 新版』岩波書店

前者は労働経済学，後者は労働法の格好の入門書である。非正規雇用に限らず働くこと全般について，重要なトピックが解説されている。大内・川口(2014)は，雇用に関する理論が具体的な事例とともに論じられている。

◇鹿嶋敬(2005)『雇用破壊―非正社員という生き方』岩波書店，本田一成(2010)『主婦パート―最大の非正規雇用』集英社

前者は非正規雇用のさまざまな働き方をしている人へのインタビューを中心に，後者はパートの大半を占める主婦に焦点を絞って，それぞれ実態を興味深く描いている。

読 書 案 内(第５章)

◇原純輔・盛山和夫(1999)『社会階層―豊かさの中の不平等』東京大学出版会

階層について最初に熟読すべき書。階層と学歴・職業との関連のほか，階層意識や女性の階層的位置など，階層に関する基本的な論点が簡潔にまとめられている。

◇橋本健二(2001)『階級社会日本』青木書店

階級という考え方から今日の日本における不平等を論じた書で，ローマーやライトの階級論もわかりやすい。アンダークラスについては橋本(2018b)，階級全体については橋本(2018c)を参照。

◇Edgell, S.(1993), *Class*(＝橋本健二訳(2002)『階級とは何か』青木書店)

階級のほか階層について，またウェーバーの階層や身分についての議論，翻訳書のないゴールドソープの階級論，中間階級・アンダークラスなどが解説されている。

◇Savage, M. et al.(2015) *Social Class in the 21st Century*(＝2019，舩山むつみ訳『７つの階級―英国階級調査報告』東洋経済新報社)

ウエブ調査から，経済資本・文化，資本・社会関係資本に基づき７つの階級を描出した異色の書。

第6章　世代間移動—階層は再生産されるのか

第6章のポイント

①親と子の階層(SSM 総合職業分類)を組み合わせた世代間移動表から，親子間でどの程度，階層移動や再生産(非移動)が生じているかがわかる。2015 年 SSM 調査データで男性 20～69 歳の調査対象者を子どもとしたとき，その親との世代間移動表では，73.3%の親子で階層移動が生じていた。

②親子間で各階層の分布(大きさ)が変化したことを勘案した循環移動率は 52.9%で，過去の SSM 調査と比べて高い。したがって，このデータと階層分類から見る限り，親子間でそれなりに階層移動があり，近年とくに再生産の傾向が強まったとは考えにくい。

③ただし，だからと言って，子どもの階層が親の階層と独立な(関連がない)わけではない。とくに専門階層・自営ホワイトカラー階層・自営ブルーカラー階層・農業階層は，オッズ比が高い。つまり階層の閉鎖性が強く，相対的に再生産の程度が高い。このうち「自営」と農業の再生産については，資産の直接的な継承によると考えられるのに対して，専門階層は子どもの学歴を媒介とした再生産が想起される。

キーワード

世代間移動，階層移動，再生産(非移動)，絶対移動，構造移動，循環移動，相対移動，オッズ比

6-1. 世代間移動とは

世代間移動と再生産

前章まで所得と職業を中心に，貧困と非正規雇用にも言及しながら，結果の不平等に関して検討してきた。第6章以降は，結果の不平等を生じさせる機会の不平等について分析する。本章での機会の不平等が具体的に何を指すかは後述する(→p. 100)ことにして，まず階層が親子間で再生産されているかどうかをみてみる。再生産にはいくつかの意味があるが，ここでは子どもの階層が親の階層と同じことを指す。階層と身分は異なるが，江戸時代の武士の子どもは武士，平人(町人と百姓)の子どもは平人をイメージすればよい。他方，再生産がおこっていなければ，子どもの多くが親と異なる階層に属しているだろう。

一般に親の階層は子どもにとっては出身階層にあたるので(→p. 6)，親の階層と子どもの階層が異なる場合，**階層を(世代間)移動した**という。したがって再生産とは世代間移動が生じなかった場合である(よって**非移動**ともいう)[1]。このように世代間で再生産がおきているかどうかと，世代間移動がどの程度あるかを検討することは表裏一体である。

世代間移動表

表6-1は，調査対象者本人を2015年に20～69歳の男性に限って，その職業階層と父親の職業階層との関連を示したものである。こうした表を**世代間移動表**といい，社会階層の研究で主要な分析対象になっている。ここでの職業階層は，前章でふれたSSM総合職業分類を用いた。表側(表の一番左の列)には父親の職業階層(つまり子どもにとっての出身階層)が，表頭(表の一番上の行)には子どもの職業階層が，それぞれ8つに分類されている。

したがって表には8×8=64のセル(桝目)がある。全体では表の右下に示

---

[1] ここでの分析は，図1-1のパスcだけではなくパスa→bも含んだものである。このうちa→b，つまり出身階層から到達階層への移動に学歴がどう関わるかと，世代間移動の趨勢に関する理論仮説については，第10章で検討する。

表6-1　世代間移動表

	子どもの職業階層								計	縦%	流出再生産率(%)	オッズ比
	専門	大W	中小W	自営W	大B	中小B	自営B	農業				
父親の職業階層 専門	① 65	38	14	9	7	14	5	1	② 153	7.2	③42.5	4.284
大W	85	76	47	14	30	38	11	3	304	14.4	25.0	1.766
中小W	36	44	26	15	16	34	6	2	179	8.5	14.5	1.328
自営W	41	37	24	62	16	29	17	3	229	10.8	27.1	7.335
大B	30	43	21	9	43	29	11	0	186	8.8	23.1	2.389
中小B	45	56	55	15	72	150	24	11	428	20.2	35.0	2.402
自営B	34	36	27	17	32	75	72	6	299	14.1	24.1	4.789
農業	④ 18	34	32	12	43	91	39	⑤ 71	⑥ 340	16.1	20.9	17.786
計	354	364	246	153	259	460	185	⑦ 97	2118			
%	⑧16.7	17.2	11.6	7.2	12.2	21.7	8.7	4.6		100.0		
流入再生産率(%)	⑨18.4	20.9	10.6	40.5	16.6	32.6	38.9	73.2			26.7	

（注）　調査対象者本人(子ども)は2015年調査時に20～69歳(1946～1995年生まれ)の男性。子どもは調査時の職業(学生・無職は含まない)，父親は調査時までのおもな職業から職業階層を分類。そのため父親に関しては，調査時に無職，離別，死亡していたケースを含む。職業階層はSSM総合職業分類(→表5-2)。オッズ比は当該階層とそれ以外の階層から算出。
（出所）2015年SSM調査データから筆者が作成

されているように2118ケースの親子(この表では親子ともに男性なので正確には2118組の父と息子，2118人と表記する場合もある)が分析対象とされており，それぞれの親子は64のセルのどこかにかならず含まれる。たとえば，父親が農業階層で，子どもが専門階層の場合(つまり子どもが農業から専門へ階層移動したケース)は，表中④のセルに該当し，そうした親と子どもが18人(組)いることを示す。

6-2.　世代間移動はどの程度あるか

全体移動率

この表から再生産がどの程度生じているかを知ることができる。再生産とは本人と父親の職業階層が一致するケースなので，表の左上から右下の対角線上の8つのセル(表の網掛け部分)が該当する。その合計は565人(＝65＋76＋…＋71)で，これが全体に占める比率(**再生産率・非移動率**)を求めれば26.7％(＝565÷2118×100，0.267と小数点で表記されることもある)になる。他方，対角線から外れたケースの合計は1553人(＝2118－565)で，全体の残り73.3％を占めている。これを**全体移動率**(**粗移動率**，**事実移動率**)という。

以上から再生産率は26.7％，ほぼ4人に1人ということがわかった。これを高いと感じるか低いと感じるかは人によって異なるだろう。けれども残りの7割強で階層移動が生じていることを勘案すれば，少なくとも社会全体で再生産が起きている，あるいは世間を二世が席巻しているというのは無理がある。

再生産の二つの側面

ただし以上はあくまでも社会全体の結果であって，再生産がとくにおこりやすい職業階層があるかもしれない。そこで職業階層ごとに再生産率を算出してみる。その過程で再生産率は職業階層ごとに二つあることに気づく。専門階層を例にとれば，ひとつは父親が専門階層である子どものうち，子ども本人も専門階層である比率(42.5％＝65÷153，表中③)で，**流出再生産率**(**非流出率**)という。もうひとつは子どもが専門階層のうち，父親も専門階層であった比率(18.4％＝65÷354，表中⑨)で，**流入再生産率**(**非流入率**)という。

どちらの再生産率も分子は同じ(65，表中①)だが，分母が異なる。言い換えれば，流出再生産率は父親からみて子どもが同じ職業階層であるのに対して，流入再生産率は子どもからみて父親も同じ職業階層であったという違いがある。前者を職業階層の継承，後者を世襲という場合もあるが，人によっては逆の使い方もあり得る。それでは，どちらが「再生産」のイメージに近いでろうか。これも人によって意見が分かれると思われる。

重要なことは，再生産率が二つあることを知らないと，どちらをイメージするかで結論が変わってしまうことだ。流出再生産率だけを再生産率だと思っている人は，専門階層はその率がほかのどの職業階層よりも高いので，再生産が(相対的に)起こりやすい階層だと判断するはずだ。他方，流入再生産率のことだと思っている人は，専門階層はその率がむしろ低いほうなので，再生産はあまり起こっていないと考えるだろう(→p. 169)。

二つの再生産率が極端に異なる階層としては農業階層があり，流入再生産率が農業に次いで高い(新規参入が少ない)階層として自営ホワイトカラー階層と自営ブルーカラー階層がある(表中の流出再生産率と流入再生産率を参照)。専門階層を含めてこの4つの階層は注意が必要で，のちに論じる。

職業階層の大きさの変化

このようにややこしく，いっけん奇妙なことが起こるのは，父親と子どもの世代で，職業階層の大きさが変化したからである。表6-1の右の列には，親の各職業階層の人数とそれが全体に占める比率が示されている(これらを**周辺分布**という)。あらためて表の下方にある子どもの職業階層の周辺分布と見比べると，同じ職業階層であっても，人数・比率が異なることに気づく。

それがもっとも顕著なのは農業階層である。父親の世代は340人(表中⑥)だったのが，子どもの世代では97人(表中⑦)に激減している。農業階層は世代間で縮小した階層ということになる。逆に専門階層は153人から354人に増加している。戦後，第一次産業から第二・第三次産業への転換と，それに伴う農山村から都市への人口移動を考えれば当然の結果であろう。他方で，中小企業ブルーカラーのようにあまり変化していない階層もある。

こうした職業階層の伸縮という現象のため，さきの(8つの階層をあわせた)全体移動率だけでは世代間での階層移動のしやすさを完全には把握できないことが，古くから指摘されている。というのも全体移動率には，世代間で階層の大きさが変化したために，いわば構造的に移動せざるを得なかったケースが含まれているからである。

構造移動率

そこでそうしたケースの数や比率を実際に求めてみよう。縮小した職業階層の代表として農業に着目すると，父親が農業階層であった340人(表中⑥)のうち，その子どもが農業を引き継いだ(と思われる)のは71人(表中⑤)である。この父子ともに農業のセルに入ることができる人数の，理論上の最大値は97人である。なぜなら子ども世代で農業に従事しているのは合計97人(表中⑦)なので，その一部分である⑤のセルに入ることができる人数は，ど

コラム5　SSM 調査

正式には社会階層と社会移動に関する全国調査(Social Stratification and Social Mobility Survey，略称 SSM)という。1955 年の第 1 回調査から 2015 年の第 7 回調査まで 10 年ごとに，全国の研究者からなる調査委員会によって実施されている。各調査の対象者は，第 3 回調査までは 20～69 歳の男性，第 4～6 回調査以降は 20～69 歳の，第 7 回は 20～79 歳の男性と女性である。標本は全国から層化多段抽出法によって無作為抽出されている。各回の設計標本数，有効回収数，回収率は表 6-2 のとおりである。調査方法は，他記式個別面接法(調査員が対象者の自宅を訪問して調査票を読み上げその場で回答してもらう調査)が基本であるが，第 6 回からは(対象者自身が調査票に記入し調査員が数日後に自宅へ回収に行く)留置票が付け加わった。

質問内容は多岐にわたるが，メインは個人の学歴・職業・収入と社会意識である。なかでも学歴と職業は本人のみならず父親・母親および配偶者に及んでいる。さらに本人については，初職(学校を出た後はじめて就いた職業)から現職(調査時の職業)に至るまで，従業先・仕事の内容(職種)などが変わるごとに，職業履歴を尋ねている(調査票の一部は→p. 77)。1 回限りの調査を除けば，これ

表 6-2　SSM 調査の概要

回(調査年)	種別	設計標本数	回収標本数	回収率(%)
第 1 回(1955)	区部	1,500	1,138	75.9
	市部	1,500	1,230	82.0
	郡部	1,500	1,309	87.3
第 2 回(1965)		3,000	2,158	71.9
第 3 回(1975)		4,001	2,724	68.1
	職業威信	1,800	1,296	72.0
第 4 回(1985)	A 票	2,030	1,239	61.0
	B 票	2,030	1,234	60.8
	女性	2,171	1,474	67.9
第 5 回(1995)	A 票	4,032	2,653	65.8
	B 票	4,032	2,704	67.1
	職業威信	1,675	1,214	72.5
第 6 回(2005)		13,031*	5,742	44.1
第 7 回(2015)		15,605*	7,817	50.1

(注)　*は有効抽出数を表す。
(出所)　原(2000b：xvi)から転載。第 6，7 回については筆者が加筆。

だけ詳しい職歴データは日本には他にない。こうしたデータが7回分蓄積されていることから，社会階層や社会移動を分析するうえで，欠くことができない貴重なデータとなっており，海外の研究者にも利用されている。なお，1955, 75，95年には，職業威信(→p. 80)についても調査されている[2]。

これらの研究成果は，各回の報告書のほか，1975年調査については富永編(1979)，1985年は直井ほか編(1990，4冊)，1995年は原・盛山(1999，→第5章読書案内)や原ほか編(2000，6冊)，2005年は佐藤ほか編(2011，3冊)，2015年は白波瀬ほか編(2021，3冊)にまとめられている。

また東京大学社会科学研究所附属社会調査・データアーカイブセンターのSSJDA(Social Science Japan Data Archive)において，2005年調査までは個票データ(→p. 13)が公開されている。それを用いれば学生も指導教員の指導のもと，卒論などで分析することが可能である。

んなに多くても97人を超えることはないからだ[3]。したがって父親が農業階層の340人のうち，243(＝340－97)人の子どもは，農業階層に入れないことになる。言い換えれば理論上は，この子どもたちは農業以外の職業階層へ出て行かざるを得ない。

このようなケースを，農業階層から他の職業階層へいわば強制的に移動せざるを得なかったと考えて**強制移動**という。もっとも強制移動といっても，該当者が誰かから強制的に農業に就くことを阻止されて仕方なく他の職業に就いたわけではない。世代間で職業の構造(人数構成)が変化したことによって階層移動をせざるを得なかったとみなすということである。その意味で**構造移動**ともいう。この強制移動を8つの階層で足しあわせて2で割ると433人で，これが全体に占める比率が**構造移動率**(**強制移動率**，**非類似指数**ともいう)である。算出式は，

$$(|354-153|+|364-304|+\cdots+|97-340|)\div 2\div 2118=20.4\%$$

[2] 職業威信について2015年SSM調査では調査されなかったが，基本的に同じ方法で2016年に調査がなされている。元治編(2018)を参照。

[3] 周辺分布(子どもが農業の計97人)はこの世代間移動表を作る前に決まっていたので，所与と考える。

である[4]。

循環移動率

そのうえで全体移動率73.3%から構造移動率20.4%を差し引いた52.9%を，**循環移動率**（または**純粋移動率**）という。これは職業階層が世代間でどの程度，開放的であるかの指標のひとつとされている。「開放的」とは，子どもが自由に親の階層から移動できる程度を表す。

循環移動率は別の方法で求めることができる。農業階層を例にとれば，子どもが農業の97人（表中⑦）のうち，父も農業であった71人（表中⑤）を差し引いた26人（＝1＋3＋…＋6）は，父親が農業以外の，いわば新規参入者である。これを農業の循環移動量と考える。逆に拡大した専門階層では，父親が専門の合計153人（表中の②）から，父子ともに専門の65人を差し引いた88人が，専門の循環移動量にあたる。こうして循環移動量を8つの階層で算出し，その和1120人が全体に占める比率を求めれば，やはり循環移動率となる。算出式は，

$$((153-65)+(304-76)+\cdots+(97-71))\div 2118=52.9\%$$

である。また以上より，

全体移動量（率）＝構造移動量（率）＋循環移動量（率）

である。全体移動量（1553人）のなかで，構造移動量（433人）と循環移動量（1120人）の比は約3：7で，循環移動のほうが多い。

移動率の推移

ただし，循環移動率がいくつであれば世代間移動がしやすい開放的な（あるいは再生産が生じている閉鎖的な）社会かといった基準はない。また循環移動率が50%超といっても，高いのか低いのか判断しにくいであろう。そこで過去のSSM調査データから，全体移動率・構造移動率・循環移動率の推移を示したのが図6-1である。それによれば，男性は1955年から1965年にかけて構造移動率が急上昇している。すでに述べたように，これはおもに

[4] 絶対値の和としているのは，そうしないと拡大した階層と縮小した階層が相殺されて0になってしまうからであり，2で割るのは，周辺度数を2回使っているからである。

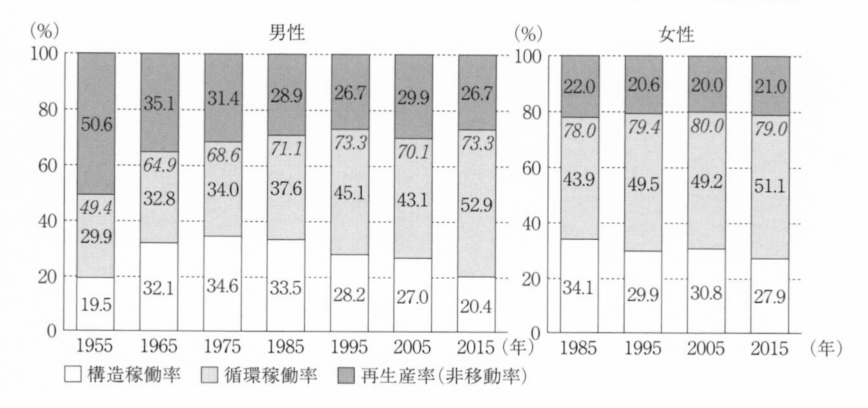

図 6-1　SSM 調査における移動率の推移

（注）　各調査年で対象者本人(子ども)は20〜69歳。職業階層はSSM総合職業分類。女性は1985年以降に調査対象となった。斜字は全体移動率。
（出所）三輪・石田(2008：80)表3より抜粋し，表現を筆者が一部改めた。循環移動率と2015年の各数値は筆者が加筆。

農業階層がいちじるしく縮小して，農家出身の子どもが他の職業に就いたことによる。それに伴って全体移動率も同じ時期に高まった。その後，構造移動率は減少に転じるものの，全体移動率は2005年を除いて漸増している。階層構造の開放性の指標である循環移動率も，同様に2005年を除いてやはり漸増している。

すでに述べたとおり，最新の2015年データでは，社会全体での再生産の比率は26.7%で，個々の職業階層の大きさが世代間で変化したことを勘案しても(循環移動率が50%を超えていることからも)，専門階層など一部を除いて，それほど大規模な再生産が起きているとはいえない。したがって，少なくともこの表から判断する限り，格差社会が声高に叫ばれはじめた2000年以降，日本の階層構造が急激に閉鎖化したという結論を導くことはできない。むしろ，戦後の日本社会における移動率はそれなりに高いレベルを維持してきたといってよいだろう。

6-3. 世代間移動に親の階層はどう影響するか

本人の階層に影響する父親の階層

この結論は昨今の日本社会が格差社会だと考えている人にとっては，意外かもしれない。ただし，それでは子どもの職業階層は父親の職業階層と関連なく(自由に)決まっているかといえば，決してそうではない。それを理解するために，かりに両者に関連がなかったとすれば，どんな表ができるかを考えてみよう。たとえば本人と父親がいずれも専門階層の一番左上のセル①は，何人になるだろうか。答えは25.6人である。なぜなら本人の世代で専門階層が全体に占める比率は16.7%(表中⑧)で，それを父親が専門階層である153人(表中②)に乗じて求められる値が，関連がないときの期待値だからだ。言い換えれば，本人が専門階層である比率が，父親の職業階層が何であっても⑧の比率(16.7%)で等しいとき，本人と父親の職業階層は関連がない(独立である)と判断される。

しかし現実には表中①は65人もいる。無関連であれば25.6人だったはずだから，それだけ父親が専門階層だと子どもも専門階層になりやすいということがいえる。逆に父親が農業階層だと子どもが専門階層なのは，56.8人いてもよいところが実際には18人しかいない。この場合は，子どもは専門階層になりにくいということだ。

こうした検討をすべてのセルについて行ってみると，表全体として父親の職業階層が子どもの職業階層に影響している(無関連ではない)ことが確かめられる。子どもは父親(の職業階層)を選べない以上，これは不平等であろう。本章の冒頭で予告した，世代間移動から見た機会の不平等とは，このことである。

オッズ比

世代間移動に関して，実際に観察される全体移動率や循環移動率を**絶対移動**(本章6-2)，機会の不平等すなわち父親の階層が子どもの階層に影響することを**相対移動**(本章6-3)として区別するのが，近年の世代間移動研究での

表6-3　専門階層のオッズ比を算出するための世代間移動表

父親の職業階層	子どもの職業階層 専門	専門以外	計	オッズ
専門	① 65	② 88	153	0.739
専門以外	③289	④1676	1965	0.172
計(オッズ比)	354	1764	2118	(4.284)

（注）　表6-1を再構成した。

定石である。このうち相対移動について，社会全体ではいま述べたように，父親の職業階層と子どもの職業階層の関連の有無を確かめればよいが，各職業階層のなりやすさについてはオッズ比がよく用いられる。

たとえば専門のオッズ比を求めるには，8行×8列の表6-1を2行×2列の表6-3へ作り替える。そのために父子いずれも，大企業ホワイトカラーから農業までの7つの職業階層は，「専門以外」としてひとつにまとめる。そうすると，「子ども＝専門，父親＝専門以外」の数は，289(＝85＋36＋…＋18，表6-4の③)となる。同様に他の2つのセルの人数を算出する。こうしてできた表6-3で，「父親＝専門，子ども＝専門」(65 ①)と「父親＝専門，子ども＝専門以外」(88 ②)の比0.739(＝65÷88)を父親が専門のオッズという。同様に「父親＝専門以外，子ども＝専門」(289 ③)と「父親＝専門以外，子ども＝専門以外」(1676 ④)の比0.172(＝289÷1676)を，父親が専門以外のオッズという。さらに両者の比4.284(＝(65÷88)÷(289÷1676)＝65×1676÷88÷289)を，オッズとオッズの比なのでオッズ比という[5]。

オッズ比とは，父親が専門以外の子どもに比べて父親が専門である子どもがどの程度，専門になりやすいかを示している[6]。なりやすさに違いがない

[5] オッズ比は(65÷289)÷(88÷1676)でも求まる。また関心に応じて，専門職以外をひと括りにせずに，たとえば専門と大企業ホワイトカラーのオッズ比を求めることもある。その場合のオッズ比は(65÷38)÷(85÷76)＝1.529となる。

[6] (65÷153)÷(289÷1965)＝2.889をリスク比という。ここで153＝65＋88(①＋②)，1965＝289＋1676(③＋④)で，65÷153は父親が専門である者のうち子どもも専門である者の比率である。この比率と，父親が専門でない者のうち子どもが専門の者の比率と

とき，オッズ比は１となる。他方，１から離れるにしたがって，なりやすさの違いが大きいことを表す。

ただし，表6-3で①②の行と，③④行を入れ替えてオッズ比を求めると0.233となる。これと，さきほどのオッズ比4.284と逆数(1÷4.284＝0.233)の関係にある。同じ表から２つオッズ比が出てくると混乱するので，いずれも自然対数をとって正負の符号を無視すると，1.455というひとつの値で表現できる。そのため対数オッズ比だけを表示している文献もあるが，意味するところは同じである[7]。なお，対数オッズ比のばあい，なりやすさに差がないときは０で，(絶対値が)大きくなるほど，なりやすさの違いが大きいことを示す。

オッズ比が大きい４つの職業階層

相対移動の視点から見ても，さきに注意を喚起した専門(オッズ比が4.284)・自営ホワイトカラー(7.335)・自営ブルーカラー(4.789)・農業(17.786)の４つの職業階層は，他の階層に比べてオッズ比が大きく，再生産が生じやすいことが示された。

問題はなぜそうなるかである。まず農業階層は，親の農業を継ぐ子どもは少ないので流出再生産率は低い(20.9%)が，農業をしている子ども世代のほとんどは親も農業をしていたため流入再生産率はきわめて高い(73.2%)[8]。近年は規制がしだいに緩和されてきたとはいえ，農地の売買にはさまざまな制約があるので，農業への新規参入は容易ではなく，農地の買い手も残ったほかの農家が多いようだ。そのため結果的に農業階層は世襲や同業者による継承が多くならざるを得ない。

の比が，リスク比である。オッズ比に比べ，リスク比のほうが直感的に理解しやすいであろう。ただし，オッズ比のほうが，より応用的な分析方法に適応しており，後ろ向きデータでも算出でき，周辺分布の変化の影響を受けないためよく用いられる。リスク比とオッズ比については津田(2013：68-71)，影響を受けない理由は竹ノ下(2013：94-96)を参照。

7　対数は関数電卓がないと通常は求められない。自然対数とは，e(ネイピア数2.7183…)を底とする対数のことで，log e 4.284＝1.455，log e 0.2334＝－1.455である。

8　農業階層には林業や漁業も含まれるが，継承のメカニズムが異なるためここでは農業を念頭に論じている。

自営ホワイトカラーというのは実態が見えにくい名称だが，実際に多い職種は中小企業の経営者・小売店主・飲食店主などである。ここでの経営者はいわゆるオーナー社長であることが多く，小売・飲食店主は文字通り自営業主を指す。会社や商店が，親から子へ継承されるというのが典型的なケースである。自営ブルーカラーには土木建築請負師や大工が多い。これらの「自営」階層では，農業にとっての農地と同様に，物的あるいは金融資産の直接的な継承が再生産をもたらしていると考えられる。また農業ほどではないが，流入再生産率が高く新規参入は相対的に少ない。

専門階層の再生産の背景

これらは比較的イメージしやすいのに対して，わかりにくいのは専門階層の流出再生産率がすべての職業階層でもっとも高い(42.5%)ことだ。つまり親が専門階層だと，子どもも専門階層になりやすい。専門職に就くには，多くの場合，大卒でかつ何らかの職業資格を有することが必要条件となっている。この学歴や資格は，先の物的資産のように親から子へ直接的に継承することはできない。また金融資産も多いほうが有利であろうが，大卒や専門職という地位をじかに買うことは困難である。

それにもかかわらず実際に流出再生産率が高いのは，子どもの学歴を媒介とした間接的な継承が生じているからだと考えられる。具体的には，専門階層の親はその経験や知識から経済的に無理をしてでも子どもを大学へ進学させるので，結果として子どもが専門職に就きやすくなるということだ。もちろんこのメカニズムは親が専門職でなくても起こりえるが，そのボリュームが専門職の親子間ではとくに大きい。要するに専門階層の再生産を考えるには，子どもの学歴に着目することが重要だということである。そこで，次章以降は学歴に着目して機会の不平等についてさらに考えてみる。

留　意　点

ただしその前に，世代間で階層が再生産されているか，という冒頭の問いに対して留意すべき点を列挙しておく。第一に，再生産という言葉の意味である。本章での再生産はあくまでも職業階層の再生産である。つまり親と子が同じ職業階層に属するということであって，それはかならずしも同じ職業であることを意味しない。たとえば父が医師で，子どもが小学校の先生でも，いずれの職業も専門職なので再生産が生じていたことになる。ふつう世襲というときは，父子ともに医者(あるいは小学校の先生)であることをイメージするだろうが，そうとは限らない。

第二に，同じ親子のデータを分析しても，職業階層をいくつに分けるかによって，再生産がおきているかどうかの判断が異なってくる。極端なことをいえば，職業階層の区分を細かくしてひとつひとつの職業にしてしまえば，再生産は上記のような同職であるケースに限定され，再生産はほとんど生じていないという結論になるだろう。逆に，職業階層の数を2つにすれば，再生産と判断される可能性が高くなりやすい。

第三に，本章での開放性(の程度)には，父子間での移動の距離が考慮されていない。たとえば，父が農業で子どもが専門になったケースと，父が大企業ホワイトカラーで子どもがやはり専門になったケースとでは，世代間での移動のしやすさが異なっていると考えられる。これを仮に移動距離というならば，後者のケースより前者のほうが，移動距離が長い(移動に多くの障壁がある)と予想される。それを勘案するには，各職業階層どうしのオッズ比(→注5)を求めるなど工夫が必要である。

第四に，本章の分析はあくまで職業階層の再生産についてであり，所得階層で同様の分析を行えば再生産の程度が高いとの結論の出る可能性がある。そうした研究は多くないが吉田(2011)が参考になる。したがってここでの結果だけをもって，日本社会では再生産があまりないと結論づけることはできない。

発展6　EGP分類

本文で用いているSSM調査における総合職業分類は，日本における階層分類であるが，国際比較で事実上，標準となっているのはEGP階級分類である(Erikson, Goldthorpe and Portocarero 1979)。これは1970年代にヨーロッパ諸国の階級移動に関する比較研究のとき用いられて以降，ゴールドソープの分類に何度かの修正を加えてしだいに確立されてきた。EGPでは「交換可能な財産と市

表 6-4　ゴールドソープの階級図式(改訂版)

1	階級Ⅰ・Ⅱ：すべての専門職，経営者と管理職(大規模所有者を含む)，上級技術者とノンマニュアル労働者の監督者
2	階級Ⅲ：行政・企業の単純ノンマニュアル被雇用者・店員，その他の施設職員
3	階級Ⅳab：小規模所有者，自営職人，その他自営の非専門職(第一次産業を除く)[a]
4	階級Ⅳc：自作農，小自作農，その他第一次産業の自営業者
5	階級Ⅴ・Ⅵ：下級技術者，マニュアル労働者の監督者，熟練マニュアル労働者
6	階級Ⅶa：半熟練・非熟練労働者(第一次産業を除く)
7	階級Ⅶb：農業労働者，第一次産業のその他の労働者[b]

(注)　a) 可能な場合は，被雇用者のいる者といない者をそれぞれⅣa，Ⅳbと区別する。
b) ローマ数字と添字による表示はゴールドソープによる(Erikson and Goldthorpe 1992：37)。
階級Ⅰ・Ⅱ：サービス階級(1)
階級Ⅲ・Ⅳab・Ⅳc：中間階級(2，3，4)
階級Ⅴ・Ⅵ・Ⅶa・Ⅶb：労働者階級(5，6，7)
(出所) Goldthorpe(1987：305)，日本語訳がEdgell(1993＝2002：51)にある。

表 6-5　各調査年男性回答者現職のEGP 9 階級分類の構成比率　(単位：%)

			1965年	1975年	1985年	1995年	2005年
1	Ⅰ	*Higher service*	6.2	8.4	10.3	14.5	14.0
2	Ⅱ	*Lower service*	12.2	13.4	16.0	17.0	15.5
3	Ⅲ	*Routine clerical/sales*	13.3	13.9	13.8	11.7	13.0
4	Ⅳa	*Small employer*	11.7	8.3	7.0	13.8	10.3
5	Ⅳb	*Independent*	5.5	7.7	10.1	3.8	3.5
7	Ⅴ	*Manual foreman*	4.8	5.2	6.7	8.0	8.1
8	Ⅵ	*Skilled manual*	10.2	12.0	10.4	10.6	11.4
9	Ⅶa	*Semi-Unskilled manual*	16.3	16.0	18.2	14.7	18.1
11	Ⅳc	*Farmers/Farm workers*	19.9	15.2	7.5	5.8	6.0
		計(人)	1,965	2,532	2,214	2,182	2,202

(出所) 鹿又・田辺・竹ノ下(2008：91)。

場で役に立つ知識／技能の所有」(Edgell 1993＝2002：49)の程度によって分類されている。表6-4にその7分類や3分類を示した。

EGPは総合職業分類に似ているものの，監督者は部下の数によって階級が異なるなどの違いがみられる。また最上位のサービス階級とは，サービス業に従事しているという意味ではなく，もともとは「資本家に「奉仕する(サービス)」している」(Edgell 1993＝2002：55)者に由来している。SSM職業大分類でいえば，専門職と管理職にほぼ相当する。表6-5には，日本の1965～2005年SSM調査の男性回答者を，EGPの基準で分類したときの構成比率を示しておいた。世代間移動の国際比較については石田(2003)がわかりやすい。

読書案内

◇盛山和夫(1994)「社会移動データの分析手法」東京大学教養学部統計学研究室編『人文・社会科学の統計学』257-279頁，東京大学出版会

全体移動率やオッズ比のほか，本書では言及できなかった開放性係数(安田係数)，さらには時点の異なる複数の世代間移動表を分析する際に用いられることの多い対数線型分析についても解説されている。

◇三輪哲・石田浩(2008)「戦後日本の階層構造と社会移動に関する基礎分析」三輪哲・小林大祐編『2005年SSM日本調査の基礎分析―構造・趨勢・方法』(2005年SSM調査シリーズ1)，73-93頁，2005年SSM調査研究会

1955年から2005年までの6回にわたる社会階層と社会移動に関する全国調査(SSM調査)データを用いて，世代間移動の主要な指標について簡潔にまとめてある。2005年以前のSSM調査データでの世代間移動表も掲載されている。SSMデータで社会移動を考えたい人にとっては必読文献である。なお，2015年調査ではこれらの指標に関する同様の報告書は作成されていない。

◇安田三郎(1971)『社会移動の研究』東京大学出版会

本章で言及した事実移動，強制移動，純粋移動という用語は，著者の安田が考えた表現である。また独自の開放性係数を提唱している。今日からみると方法論のうえでは古い部分もあるが，社会移動に関わる視野の広さは未だにまったく色あせていない。600頁を超える浩瀚な書であるが，社会移動を本格的に研究したい人にとっては，一度は挑戦すべき文献である。

第７章　学歴社会―学歴によって到達階層は異なるのか

第７章のポイント

①学歴とは，個人が受けた教育段階の違い(大卒か高卒かなど)と，同じ段階で卒業した学校の違いを指す。後者は学校歴ともいわれる。

②学歴社会とは，個人を社会的に選抜し処遇する際に学歴が重視され，社会的地位(到達階層)に対して学歴の影響が相対的に大きな社会を指す。

③初職(学校卒業後にはじめて就いた職業)や現職(40歳代職)，賃金や年収が学歴によって異なるので，日本は学歴社会だといえる。学歴と職業の関連は，戦後の長期間にわたってかなり安定している。

④学歴社会が成立し持続している理由は，機能主義理論・紛争理論・制度論的組織論などいくつかの社会学理論で解釈できる。また学歴が所得に影響する理由は，大別すれば人的資本理論とスクリーニング理論などの経済学理論で説明される。

⑤戦後の約60年間で大学進学率が10％代から50％超に上昇した。そうした高学歴化が大卒インフレをもたらすのか，大卒プレミアムが維持されるのか，人々が学歴社会をどう評価しているのか，などが注目される。

キーワード

学歴，学校歴，学歴社会，賃金プロファイル，機能主義理論，紛争理論，人的資本理論，スクリーニング理論，情報の不完全性

7-1. 日本は学歴社会か

階層移動と学歴

前章の議論によって，今日の日本で出身階層と到達階層がほぼ一致するような再生産がおきているわけではないものの，出身階層は到達階層に影響しており，一部には閉鎖的な階層があることが示された。とくに専門階層は相対的に閉鎖性が高い。こうした出身階層と到達階層の関連(図1-1におけるパスa→b)を理解するには，学歴が到達階層にどの程度影響するのか(パスb)，それはなぜかを知ることが重要である(→パスaについては第8章)。というのも，世代間での階層移動の重要な手段(経路)として，学歴が想定されるからである。学歴と到達階層の関連についての検討は，広義の**学歴社会論**に含まれる。

ここでいう**学歴**には，第1章で述べたとおり，最終的に受けた学校教育段階の違い(たとえば高卒か大卒か)と，同じ教育段階での卒業した学校の違い(どの学校を卒業したか)の双方を指す。とくに後者の意味に限定したいときは**学校歴**という。一般には「○○大出身」といった学校歴のことを学歴といっているばあいがあるので注意が必要だ。

学歴社会

学歴社会とは「学歴が人々を評価し，社会的に位置づける手段として，他の何にもまして重視される社会」(天野 1998：158)である[1]。このうち学歴が人々を評価するとは，社会的な選抜に着目して，たとえば企業が誰を新入社員として採用する(昇進させる)かを選ぶ基準として，性別・年齢・能力・コネ(勤続年数)などよりも，学歴が重視されることを意味する。また社会的に位置づけるとは，学歴取得後の処遇に着目して，学歴の高い者が高い地位や階層に到達することが多いことを意味する。こうした選抜と処遇の双方を選抜される個人の側からからみれば，個人の社会的地位・到達階層に対して学

---

[1] 教育や学歴には，個人の能力を高め地位を決める側面と，能力や地位を示す側面がある。天野(1983)は前者を地位形成機能，後者を地位表示機能として区別している。

歴の影響が相対的に大きな社会が学歴社会ということになる。

さきの基準のうち，学歴と能力とはとくに関連が強そうに思える。けれども，能力はきわめて多義的で実際に測るのが難しい概念なので，単純に学歴＝能力(学歴が高い人は能力も高い)とはいいきれない。そこで能力主義と学歴社会は重なりあうものの区別したほうがよい。

そのうえで日本は学歴社会なのだろうか。それを選抜に着目して検証するのは困難である。というのも，かりに大卒女子だけが企業に採用されたとしても，企業としては能力を重視して採用したら，それがたまたま大卒女子と重なっていたということもありうるからだ。採用結果だけから採用基準を探るのは難しい。それに対して処遇に着目すれば，データで検証することが可能である。そこで初職・現職(40代職)・賃金が，学歴によって異なるかどうかを確かめてみよう。

初　　職

表7-1では，学歴を中学卒，高校卒，専門学校・高専・短大卒および大学・大学院卒の4つに区分し，それぞれの学歴ごとに初職(学校を卒業後の最初の職業)の職業階層(SSM総合職業分類)の比率を示した。各学歴で比率を横に足すと100%になる。対象者は2015年に35～49歳(1966～80年生まれ)だった人である。中卒者では中小企業ブルーカラーが，高卒者では中小企業ブルーカラー(男性)か中小企業ワイトカラー(女性)が，そして大学・大学院卒では専門と大企業ホワイトカラーが多い[2]。

もし学歴と初職が関連していなければ(＝独立であれば)，たとえば男性の大学・大学院卒の専門の比率はいくつになるであろうか。世代間移動表のときと同じように，周辺分布(計の行の比率)はこの表を作る前に決まっているので所与と考える。そうすれば先の答えは，周辺分布と同じ16.0%であることがわかるはずだ。けれども実際は32.5%もいる。他方で高卒(や中卒)でも専門が16.0%いてもよいはずなのに，実際には1.7%しか(1人も)いない。このように学歴と初職が関連していないと仮定したときの期待値(大卒の専

[2] 女性の専門学校・高専・短大卒で専門の比率が高いことには，看護師，保母，幼稚園教員の多さが反映している。

表 7-1　男女別学歴別職業階層(初職)

	学歴	専門	大W	中小W	自営W	大B	中小B	自営B	農業	計	縦%
男性	中学	0	0	17.1	0	2.9	77.1	0	2.9	35	3.9
	高校	1.7	13.6	14.5	0.6	23.5	42.9	2.3	0.9	345	38.7
	専門学校・高専・短大	16.0	10.5	21.5	1.1	9.4	38.7	1.7	1.1	181	20.3
	大学・大学院	32.5	34.3	14.6	0.9	8.2	8.5	0.3	0.6	329	37.0
	計	16.0	20.1	16.1	0.8	14.2	30.7	1.3	0.9	890	100.0
女性	中学	4.0	4.0	36.0	0	4.0	52.0	0	0	25	2.1
	高校	5.9	23.9	43.5	0.9	9.7	15.8	0.5	0	444	38.2
	専門学校・高専・短大	33.5	26.5	26.0	0.5	0.9	12.1	0.5	0	430	36.9
	大学・大学院	32.6	37.5	23.1	0.8	1.1	4.5	0	0.4	264	22.6
	計	22.1	27.5	32.2	0.7	4.4	12.6	0.3	0.1	1163	100.0

（注）　2015 年調査時に 35～49 歳(1966～80 年生まれ)について，学歴別に初職の職業階層(SSM 総合職業分類，→表 5-2)の比率(%)を示した。0 は該当者なしを示す。
（出所）2015 年 SSM 調査データから筆者が作成。

門であれば 329×16.0％＝52.6 人)と，実際の観測値(107 人)が異なるので，初職と学歴が関連しているといえる[3]。

現職(40 歳代職)

ただし，学歴と初職が関連しているのはなかば当然といえる。日本では学校を卒業と同時に就職する人が多く，採用も初職のばあい学歴別になされることが多いからだ。そこで 40～49 歳の男性だけを取り出して，学歴別に(初職と同じ分類の)職業階層の比率を示したのが表 7-2 である。一般に 40 歳代は，かりに何度か転職をした個人であっても，その人の生涯を代表するような職業に就いていることが多いとされる。

表 7-2 の 2015 年の欄(1966～75 年生まれ)から読み取れる傾向は，さきほどの表 7-1 と基本的に同じである。学歴が高い者のほうが，専門や大企業ホワイトカラーに就いている者の比率が高い。

3　この関連は標本であるデータで観察されたものである。それが母集団(全国の 1966～80 年生まれの男性)でもいえるかどうかは，カイ二乗検定によって確かめる必要がある。まず各セルで(観測値－期待値)÷期待値を求め，32 すべてのセルの和を算出すると χ^2(カイ二乗値)＝307.693 となる。有意水準を 5%としたき自由度 21 で，このカイ二乗値は，関連がないとする帰無仮説の限界値 32.67 を超えている。したがって母集団でも学歴と初職に関連があると判断される。ただし期待値が 5 以下のセルがあるとカイ二乗検定は正しく行えないので，職業階層区分を合併して検定をやり直す必要があるが，それでも結論は変わらない。

表 7-2　出生年別学歴別職業階層(現職)

調査年(出生年)	学歴	専門	大W	中小W	自営W	大B	中小B	自営B	農業	計	縦%
1975 (1926～35)	中学	1.5	4.8	4.5	9.1	13.9	25.7	14.2	26.3	331	52.4
	高校	9.1	19.7	13.6	19.7	7.1	11.1	8.1	11.6	198	31.3
	大学	27.2	26.2	16.5	19.4	1.0	1.0	6.8	1.9	103	16.3
	計	8.1	13.0	9.3	14.1	9.7	17.1	11.1	17.7	632	100.0
1995 (1946～55)	中学	1.0	1.9	6.7	4.8	10.6	52.9	19.2	2.9	104	16.0
	高校	6.7	22.5	14.3	13.5	11.1	17.3	10.2	4.4	342	52.7
	大学	27.1	29.6	19.2	14.3	2.5	4.4	2.0	1.0	203	31.3
	計	12.2	21.4	14.6	12.3	8.3	19.0	9.1	3.1	649	100.0
2015 (1966～75)	中学	0	0	13.0	4.3	4.3	43.5	30.4	4.3	23	3.9
	高校	8.3	16.5	10.6	4.7	16.5	32.4	8.6	2.4	339	57.3
	大学	34.3	29.1	12.2	8.7	6.1	4.8	2.6	2.2	230	38.9
	計	18.1	20.8	11.3	6.3	12.0	22.1	7.1	2.4	592	100

(注)　1975年，1995年，2015年SSM調査における40～49歳の男性について，学歴別に調査時点の職業階層の比率(%)を示した。0は該当者なしを示す。高校には専門学校，大学には高専・短大を含む。

(出所)　1975年，1995年は原・盛山(1999：50)の表2-2から一部表記を改めて掲載。2015年は同年SSM調査データから筆者が作成。

学歴による賃金の違い

こうした従事している職業の違いは，所得(ここでは被雇用者の賃金に限定)にも反映していると考えられる。図7-1は年齢層ごとの賃金を学歴別に示したものである。これを**賃金プロファイル**(または**賃金カーブ**)という。男女とも50歳代までは年齢とともに賃金が上昇し，その後はおおむね下降するものの，同じ年齢層では高校→大学→大学院の順で賃金が高くなっている。他方で，専門学校と短大・高専の上下は性別と年齢層によって異なる。また男女とも，学歴が高いほうが賃金カーブの傾きが大きい(年齢とともに賃金の上がり方が大きい)[4]。厳密には学歴ごとの賃金の分散(平均からのばらつき)と学歴間の分散を比較する必要があるものの，ひとまず学歴によって賃金が平均的には異なるといってよい。

[4]　賃金カーブの傾きは男性のほうが大きく，年齢層と学歴が同じであれば賃金額も男性のほうが高い。さらに(この図には示されていないが)労働経験年数の違いを考慮しても，男女間には依然として賃金格差がみられる。阿部・松繁(2014：99，165)を参照。

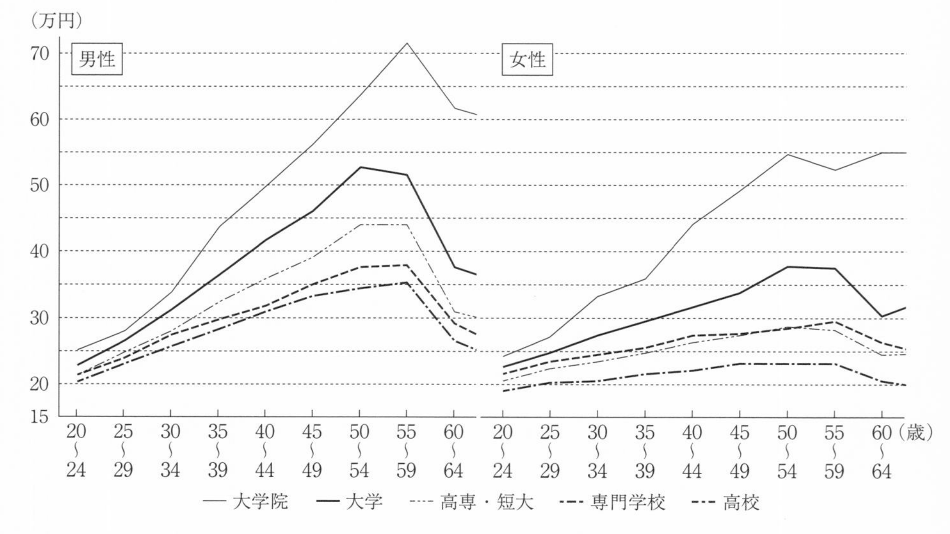

図 7-1　男女別・年齢別・学歴別賃金

（注）　縦軸は賃金で，2020 年 6 月の所定内給与額(手当などの超過労働給与額を含まない税引き前の額)を指す。賃金構造基本統計調査は，2020 年調査から一部の調査事項などが変更され，学歴区分が詳しくなった(大学院が大学・大学院から，専門学校が高専・短大から独立)。

（出所）厚生労働省(2021)から筆者が作成。データは 2020 年賃金構造基本統計調査。

7-2.　なぜ学歴社会なのか—社会学による解釈

機能主義理論

なぜ戦後の日本社会は学歴社会なのであろうか。以下では，日本に限らずいわゆる先進国が，近代化の過程で学歴社会へ変容し，それが深化した理由について，社会学の基礎的な理論や学説による解釈をまずみてみる。

ひとつは**機能主義理論**による解釈である。社会学でいう機能には，社会の要請に個人が呼応して貢献するという側面がある。つまり近代社会では技術の高度化に伴い，職務に必要な技能も高まる。社会の発展には高い技能を習得した人材を養成する必要があり，それは基本的に中等または高等教育を中心とした学校教育を通じてなされる。ただしとくに高等教育を受けるにはさまざまな費用がかかる。そこで人びとを高等教育に誘導するには，学歴に応じて処遇に差をつけておく必要があるので学歴社会が出現する。

そのことは機能のもうひとつの側面である，社会によって個人の欲求が充足されるという側面を考えるとわかりやすい。他のことを犠牲にして受験勉強をして高い費用をかけて大学に行っても，高卒と同じ仕事にしか就けないことがわかっていれば，よほどの勉強好きでない限り進学しないだろう。そこで，単純化していえば，大卒はホワイトカラーで高賃金，高卒者はブルーカラーで低賃金というように，学歴と職業・所得が対応するようにしておけば，高い賃金・処遇に惹かれる人は大学に行き自らの欲求を満たすことができるというわけである[5]。

けれども機能主義によるこの説明はトートロジー(同語反復)にも思える。「大卒はホワイトカラーで高賃金」である理由を知りたいのに，「ホワイトカラーで高賃金を目指す人は大卒になる」と言っているように受け取れるからである。機能という概念を用いたこの説明の是非はともかく，ここでの要点は，職務に求められる技能の高度化が学歴社会の進展と関連しているということである。

紛争理論

もうひとつの主要な理論である**紛争理論**(**葛藤理論**ともいう)は，こうした機能主義の説明に対して批判的である。なぜなら機能主義が主張するほど学歴と技能は対応していないからだ。たとえばR.コリンズは同じ職種(仕事)に就くときに求められる最低学歴がしだいに上昇する傾向を指摘している。仕事じたいが難しくなったのであれば機能主義の説明でよいが，仕事が変わっていないのに要求される学歴だけが上昇しているのは機能主義では説明できない(Collins 1979＝1984：7-10)。

それに代わる彼の説明はこうである。社会には多くの人が望む高い地位や職業があり，人びとはそれを巡って闘争している。その紛争はM.ウェー

[5] 本文での学歴社会に関する議論は，社会的不平等や社会階層の成立に関するDavis and Moore(1945)の議論やそれに対するTumin(1953)の批判を参考にしている。両者の論争と機能主義理論についてはEisenstadt(1971＝1982：22-26)や岩木(2010)を参照。

バーのいう身分集団間でおもに繰り広げられる。社会で支配的な身分集団は，高い地位や職業に就くための学歴要件を引き上げることによって，自らの優位性を保とうとする。なお，コリンズは身分集団としてWASP(白人のアングロサクソンでプロテスタント)を例に挙げている(Karabel and Halsey ed. 1977＝1980：110-114)が，広義には階級を含めて考えてよい。つまり経営者や弁護士などもともと支配的な地位を独占していたWASPが，それらを自らの子孫に引き継がせるためには，他の身分集団からの参入を阻止する必要がある。その手段として学歴を用いているというのである。

機能主義と紛争理論の違い

機能主義は近代化とともに世代間移動が活発化し，階層間の対立は深刻化しないと考えているのに対して，紛争理論はどちらかといえば階層の再生産を強調し，対立は不可避であるとする。こうした社会に対する見立てが学歴の捉え方にも反映している。

機能主義によれば，高い学歴を得ることは誰にでも開かれた，つまり庶民にとっては階層上昇の手段であるが，紛争理論にいわせればそれは表面的な理解である。なぜなら支配的な身分集団や階級は，採用時の学歴要件や職業試験の内容を自らの子孫に有利なように再定義するなどして，庶民の進出を排除しようとするからである。こうした発想はP. ブルデューにも引き継がれている(→第8章)。

制度論的組織論

以上の理論とは異なる視覚から，**制度論的組織論**による説明もある[6]。近代社会には技術上の必要性や効率性とは無関係に，組織が受容せざるを得ない合理化された制度の規則やフォーマルな構造が存在する。組織はそれらを取り込み，同型化することによってはじめて社会的な正統性を獲得し，生き残りの可能性を高めることができる，という。

たとえば経営学が台頭して専門的な知識の重要性が社会で広く認められる

6　日本語で読める制度論的組織論についての文献は限られているが，佐藤・山田(2004)が参考になる。なお本文で述べたのは社会学における制度論的組織論であり，経済学における新制度学派とは別の視点である。後者についてはChavance(2007＝2007)を参照。

ようになると，企業の重要な経営判断は，たたき上げの経営者の勘によってではなく，MBA（大学院の経営学修士号を取得した者）が下すことが暗黙のルールになる。いくら効率的な企業であっても，高卒者ばかりではどこかいかがわしい会社のようにみえてしまうからだ。そこで企業は，社会的に正統性の高い MBA を採用することに熱心にならざるを得ない（Meyer and Rowan 1977）。こうして技術的な要請とは別に，組織の一部に高い学歴を有する者が必要になってくる。

ただしこのような組織への制度的規則の取り込みは「儀礼と見かけ」であるから，MBA が本当に企業に貢献しているかを分析すれば食い違いが顕わになる可能性がある。そこで「査察と評価」を回避し，MBA の技能と成果は関連しないという「脱連結」を想定し，MBA は当初のねらいどおりの働きをしているという「信頼の論理」によって組織の安定が図られる（竹内 2016：284-287）。

もっともこう言われても，すぐには納得できないかもしれない。とくに身分集団が日本人にはイメージしにくいし，制度論の話はできすぎではないか。しかも３つの理論はそれぞれ微妙に違うことを説明しようとしているようにも思える。とはいえ，機能主義理論が技能を，紛争理論が身分集団間や階級間の紛争を，制度論が社会的正統性のある制度を，それぞれ学歴社会の背景とみなしていることを強調しておきたい。

後発効果

ここまでみてきたのはどの社会にも該当する汎用的な理論であるが，他方でドイツや日本などに特化した仮説もある。R. ドーア（1925～2018）は近代化の後発国である両国でむしろ学歴社会の浸透が先発国よりも早く進んだことを**後発効果**といっている（Dore 1976＝1978：61-67）。

近代化の先発国であるイギリスなどでは，長い時間をかけて近代化が少しずつ進展したので，貴族などのかつての支配的な階級と庶民階級の間でのさまざまな紛争の結果，しだいに新中間階級が形成されてきた。そのため学歴が地位決定の決め手になるのには長い時間がかかっている。それに対して日本では明治維新以降の急激な近代化のなかで，技能の高い者を急いで養成する必要に迫られていた。それには社会の各層からふさわしい人材を，学歴によって選抜するのが早道で，結果的に学歴社会化の進行が速かったという。

7-3. なぜ学歴が所得や就職に影響するのか —経済学による説明

人的資本理論

以上はいずれも社会学の理論や学説であるが，それと関連のある経済学の理論の考え方もみておこう。まず機能主義理論と共通性が高いのが人的資本理論である。資本という用語はいくつかの意味で使われているが，ここでは近代経済学での生産の3要素，つまり労働・土地・資本のひとつとして用いている。その意味での資本とは過去の生産物のストックであり，新たな生産のための手段でもある。通常は機械や設備をイメージすればよい。かつては資本といえばこうした物的資本だけが想定されていたが，人間じたいも資本であるという考えが1950年代以降に広まった。

人的資本とは学校教育や職場訓練によって個人が習得した能力や技術のことである(Becker 1975＝1976：11-14)。そこでは投資としての教育が重視される。一般に教育には，教育を受けること自体を目的とする消費としての側面と，将来の高い地位や所得のための手段としての投資の側面がある。たとえば大学で難解な講義を聞くことが，将来何の役に立たなくてもただただ楽しいという人は，教育を消費していることになる。通常の教育には双方の側面があるものの，**人的資本理論**では投資としての教育によって人的資本が蓄積され，限界生産性が高まると想定する。したがって教育を受けた期間が長い人ほど，つまり高学歴な人ほど，生産性が高いので高い所得を得る。

スクリーニング理論

人的資本理論はきわめて常識的でわかりやすい。けれどもこの理論は，完全競争(労働市場で性別やエスニシティーなどによる差別がないこと)と完全情報(雇用主は求職者の職務能力を完全に把握できること)を前提にしている。しかし両者は実際には成り立たないであろう。とくに職務能力は筆記試験や面接を何度かしたくらいではなかなか把握できないし，正確に知ろうとすれば費用がかさむ。そこで**シグナリング理論**では，職務能力の代理指標（シグナル）として雇用主が学歴を用いると想定する（Spence 1974）。代理指標として学歴や学校歴が選ばれるのは，それが安価で比較的正確だからである。学歴は履歴書をみればわかるし，過去の採用者の実績からどの学歴や学校歴の者が優れているかは，だいたい見当がつく。

シグナリング理論では，どちらかといえば生得的な潜在能力を強調し，職務に必要な能力は学校教育（だけ）ではなくむしろ入職後の訓練で高まると考える。そして「大卒は高賃金，高卒は低賃金」という採用条件だけを提示しておけば，求職者の潜在能力が見分けられるという。なぜなら，潜在能力が高い者は低いコストで高い学歴（大卒）を得られると仮定されているからである。逆に潜在能力が高くない者は，かりに無理して大学に進学しても（卒論が書けなくて）留年するなど進学後のコストが高いので，そういう人は大学に行かないはずだ，と。

大胆な仮定に基づく理論であるが，これを応用した仮説として**訓練費用理論**がある（Thurow 1975＝1984：108–114）。日本の企業のように仕事内容を未定のまま（たとえば「総合職」として）採用するばあい，職務能力それじたいは測りにくい。いきおい学歴や学校歴などの一般的な能力で選抜せざるを得ないが，そのとき重視されるのは，入職後の**OJT**（On the Job Training, 職務についたまま行う技能向上のための職場訓練）における費用の安さである。大切なのは何を学んできたかではなく，新しいことを素早く，そして忍耐強く身につける力だ。それはどこか受験勉強と似ている。

シグナリング理論と訓練費用理論は**スクリーニング理論**と総称されるが，いずれも大学を個々人の職務能力や潜在能力の高さを識別する装置とみなしている（→発展7）。したがって選別さえできればよいので，人的資本理論と異なって，学校教育は技能や生産性を高めるとは限らないという。それにもかかわらず個人としては，自らの能力が高いことをシグナルとして雇用主へ送るには大学進学が合理的である。こうして学歴稼ぎ競争が激化する。ただしいずれの理論も高い学歴が高い所得をもたらすという点では一致しており，かならずしも排反（両立不可能）ではない[7]。

7-4. 学歴社会の評価とそのゆくえ

学歴社会批判

このように学歴が利用されるのには合理的な理由があるものの，一般的に学歴社会は評判が悪い。原・盛山(1999：59-62，72-77)は，おもな批判の論点を以下の4つにまとめている。

①競争の非人間性という病理：過酷な受験競争があるために，初等中等教育においては偏差値中心の指導がなされる。そのためひとりひとりの個性や能力の発達が阻害されるばかりか，落ちこぼれや登校拒否の背景要因となっている。②メリトクラシーからの逸脱：学歴と「実力」は別であり，学歴主義が本来の実力主義や業績主義からずれてしまっている。③不平等の形成と維持：学歴じたいは業績であってもいったん獲得すると一種の身分と化して，低い学歴だと収入の低い下積み生活を余儀なくされる。④現代社会秩序の再生産：学歴社会はよいという価値観が学校教育を通じてすり込まれているので，批判的な意識が形成されない。

原・盛山(1999：73)は，これらの批判は部分的に当たっているとしながらも，それにもかかわらず学歴社会がなくなるどころかむしろ強化される傾向があるとして，こう述べている。「そろそろ発想を転換すべきなのであろう。学歴社会はただたんに簡単に壊せないだけでなく，人びとにとって決して悪いものではないのである。それは(中略)人びとの希望や夢や欲望と分かち難く結びついているのである」。

大学進学率の推移

学歴社会への批判は「受験競争」といわれた2000年ころまで多く聞かれたようだが，実態としての学歴社会はその後どう変化しているのだろうか。それを考えるには，大学などの高等教育機関への進学率の推移を確認しておく必要がある[8]。図7-2によれば，大学進学率は1955年以降，1960年・75

---

[7] 人的資本理論とシグナリング理論の詳細な比較は荒井(2002：第4,5章)，シグナリングを強調した議論としてはCaplan(2018＝2019)を参照。

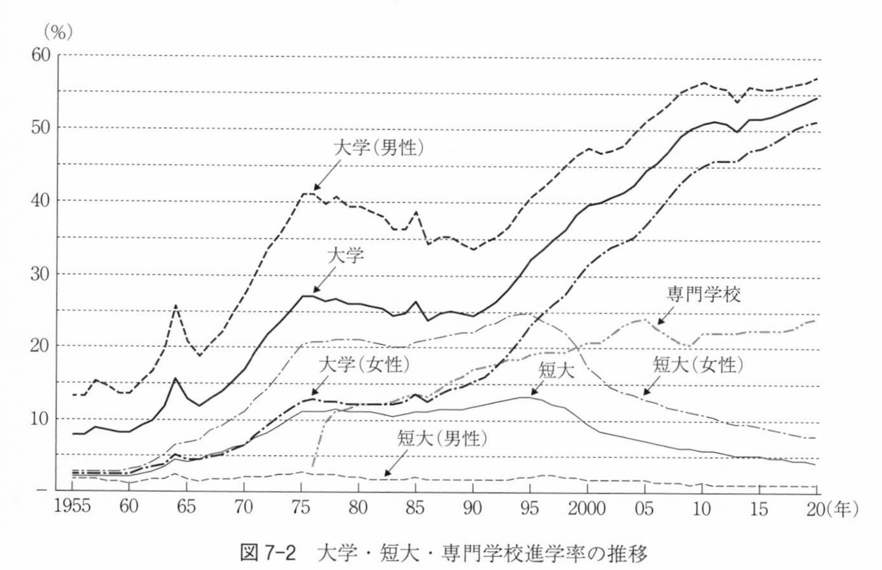

図7-2　大学・短大・専門学校進学率の推移

（注）　専門学校は1976年発足。
（出所）文部科学省の学校基本調査の年次統計総括表4，表9から筆者が作成。

年・90年ころを境に4つの時期に分けることができる。それぞれエリート期・第一次拡大期・停滞期・第二次拡大期である。M.トロウ(1926〜2007)は，大学進学率を3段階に分け，15%までをエリート型，15〜50%をマス型，50%を超えるとユニバーサル型とした(トロウ 1976：63-67)。日本は第一次拡大期にエリート型からマス型に，第二次拡大期の途中でユニバーサル型に突入したことになる。そして専門学校と短大を含めれば，いまや18歳人口の85%弱が高等教育機関に進学している。

大卒インフレか大卒プレミアムか

こうして大学進学率が上昇すると，かつては一握りのエリートであった大卒者がごくありふれた存在になるので，大卒インフレ(大卒の価値が相対的に低下すること)が起こるという見解がある。これは大学進学率が1970年代

[8] 大学だけを高等教育(higher education)と見なし，短大や専門学校などを含めるばあいは中等後教育(tertiary education)ということもある。

コラム6　国勢調査と学歴分布

国勢調査は1920年以降1945年を除いて5年に1回，西暦の末尾が0か5の年の10月に，国が行ってきたもっとも重要な基幹統計調査である[9]。対象者は外国人を含む国内に常住している人すべてで，全数調査である(→コラム1)。調査内容は，国籍・配偶関係・居住地・就業状態・仕事内容・世帯員数・住居の種類などである。調査票の配布単位は世帯であるが，回答の単位は個人である。紙の調査票はA4判表裏1枚だが，2015年以降は全国でインターネットによる回答も可能になった。得られたデータは，法定人口の確定を通じて比例代表区の議員定数や地方交付税額の算出，あるいは将来の人口推計など行政機関や民間で多岐にわたって利用されるとともに，他の基幹統計調査(→コラム2)の基礎となっている。

学校基本調査から算出された大学進学率(→第7,8章)は，ある年の大学(短大)進学者数が3年前の中学卒業者数に占める比率を表すので，社会全体(たとえば20歳以上の人口総数)のなかに大卒者が占める比率(ここでは大卒者率とする)とはとうぜん異なる。国勢調査では(1960年以降の西暦末尾が0の大規模調査のみだが)学歴を尋ねているので，大卒者率を算出できる。男女別・年齢層別・地域別でも算出が可能である。さらに全数調査なので母集団分布として利用可能だ。研究者が行う標本調査における学歴分布(大卒者率)が，母集団分布と乖離していないかどうかを，国勢調査を用いて確認できるのである。

このように国勢調査は有用なのだが，近年は調査拒否や，調査に応じても学歴などを回答しない人が無視できない規模で生じている。なぜ全数調査なのか，記名式である必要があるのか，など市民から多くの質問や意見が寄せられている。さらに学歴の選択肢に「専門学校」がないため回答しにくいといった問題がある。その点で標本調査ではあるものの標本が大きい，基幹統計調査である**就業構造基本調査**は，専門学校を選択肢に加えて学歴を尋ねているので，国勢調査の代用として有用な場合もある。とはいえあくまで代用であり，学歴以外の項目で国勢調査の果たす役割はきわめて大きい。国は先の市民の質問や意見に総務省統計局のホームページで答えているが，国勢調査への市民の理解がさらに深まり，安定的に実施されることが望まれる。ここで掲げた公的統計については松井(2008)が，国勢調査については佐藤(2015)がくわしい。

---

[9] 第6回にあたる1945年は実施されなかったが，代わりに1947年に臨時の調査が行われている。

に50%に達したアメリカで，以前から指摘されていた(Freeman 1976＝1977)。他方で，大卒プレミアム(大卒であることの利点，通常は収入の増加を指す)は低下するどころか上昇しているという見解もある(矢野 2015：153)。その背景には，知識社会化が進展しているので大卒者の受け皿である専門職の需要が増加あるいは維持されていることがある。

表7-2の最右列を見ると，大卒者率が1975年から順に16.3%→31.3%→38.9%と上昇したものの，大卒者が専門職に従事している比率は27.2%→27.1%→34.3%と推移しており，大企業ホワイトカラーもほぼ同じ傾向が認められる。つまり学歴と職業階層との結びつきは，ほとんど変わっていない。高学歴化と結果的に歩調をあわせて，この2つの職業階層が拡大したからである。もし拡大しないにも関わらず大卒者の供給だけが増えていれば，大卒者の一部は他の職業階層に溢れ出し，この2つの職業階層に就いた者の比率は下がったはずである。このデータを見る限り男性では大卒プレミアムは維持されているようだ[10]。

学歴がすべてではないが…

ただし専門職が無限に拡大することはあり得ないので，いずれ大卒プレミアムが減少するかもしれないし，学歴は能力のシグナルとして万能ではない。採用後の内部昇進においては情報の不完全性がかなり解消するので，学歴や学校歴が作用しにくくなるか，するとしても，その意味が採用時とは変わってくる可能性が高い。したがって，人びとの選抜やその後の処遇がすべて学歴に左右されているとはいえない。そもそも学歴は個人の一側面であって，学歴が低くても立派に活躍している人は多い。

けれども，そうだからといって，学歴は仕事と関係ないとか，能力を示す機能がないと考えるのは無理がある。それゆえ学歴社会は，さまざまな批判にもかかわらず存続し続けている。その是非は第10章以降でふたたび検討することにして，次章では学歴の違いがなぜ生じるかを考える。

10　大卒者の増加に伴いその内部での差異，つまり学校歴が初職や現職に影響していることが予想される。この点に関しては平沢(2011，2021b)を参照。

発展７　学校から職業への移行と情報の不完全性

ほとんどの若者は学校を出ると仕事に就く。それを**学校から職業への移行**（トランジション）という。日本ではメンバーシップ型雇用（→発展４）が主流なので，ジョブ型と異なって職務が不明確なまま在学中に採用が内定し，職務能力は入職後のOJT（→p. 117）を通じてなされることが多い。OJTは一斉に行うほうが効率的なので，新入社員は毎春一括採用される。つまり学生は卒業と同時に就職する。これを**間断のない移行**という。日本人にとっては当然の光景だが，世界的にはかなり特殊である。海外では卒業後に就職活動を行い，ときには非正規職を転々としながら，自分にあった安定的な就職先を見つけていく。その間に無職期間もあるため，若年者の失業率は日本より明らかに高い[11]。他方で日本の雇用主は，在学中のアルバイトを除けばまったく職務経験のない若者から採用者を決めなければならないため，学生の職務能力に関する**情報の不完全性**が高い。

そこで日本における若年労働市場では，それに対処するための慣行がある。たとえば高卒者の就職では，高校が優秀な生徒を校内で選抜して企業へ推薦し，企業は推薦された生徒をそのまま採用する**実績関係**がかつては機能していた[12]。雇用主は，生徒とふだん接している学校の先生のほうが良質な情報を持っているとみなしていたからだ。高校は不適格な生徒を推薦すれば，翌年から推薦依頼が来なくなることを知っているので，企業の信頼に応えようとする。労働市場における生徒の就職という行為が，学校と企業という組織間の関係に「埋めこまれている」（Granovetter 2017＝2019）のである。他方，大卒就職ではおもに工学系の学部で学校推薦が行われているものの，大学内部での選考にかなりの手間がかかるうえに高校ほど教員と学生の距離が近くないので，主流は大学を介在させない自由応募である。

本文で言及したスクリーニング理論は，自由応募においてなぜ有名大学（図7-3では銘柄大学）の卒業生が非銘柄大学の学生に比べて，とくに大企業に採用されやすいかをある程度うまく説明する。図の横軸は学生の質を，縦軸は相対頻度（学生数）を表す。企業は過去の採用実績から，それぞれの卒業生の職務能力の分布が，大学（群）ごとに図のような釣鐘型になっていることだけは知っているも

11　ただし間断のない移行が主流の日本では，ひとたび移行に失敗すると「問題のある者」とみなされやすい。とくに卒業時期がたまたま不景気であったためなど，個人に起因しない理由で内定が得られなかった学生には不利益が大きい。

12　1980年代の実績関係の実態と理論的背景については苅谷（1991），その後の変化については本田（2005）が示唆に富む。また大卒就職に関しては苅谷・本田編（2010），学校経由の就職については小川（2018）が詳しい。

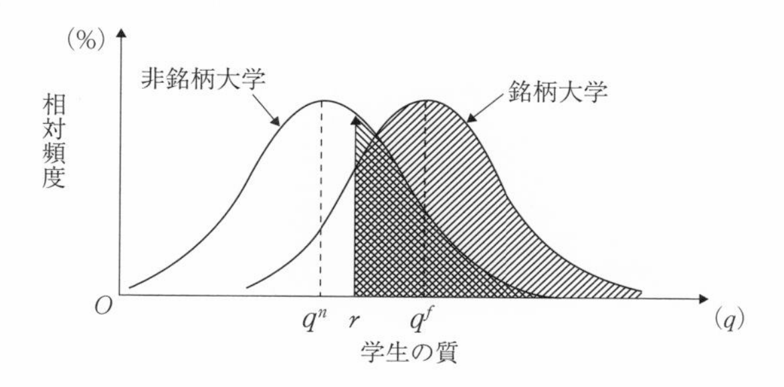

図 7-3　企業からみた学生の質と相対頻度のモデル図
（出所）清家・風神(2020：150)。

のの，情報が不完全なために学生ひとりひとりの職務能力は不明だと仮定しよう。つまり実際に応募してきた学生の大学名はわかるが，横軸上のどこに位置するかはわからない。このとき企業が，最低でも r より高い能力(図で r より右側)の学生を採用したいならば，銘柄大学(左下がりの斜線)の学生を選ぶほうが合理的である。なぜならそれに該当する学生数が，非銘柄大学(右下がりの斜線)より多い(面積が広い)からである。

ここでの要点は，情報が不完全で肝心な職務能力がわからないため，その代理指標として大学名を(とくに初期の)選抜で用いていることである。その結果うまくいくこともあるが，失敗することもある。銘柄大学だからという理由で採用したものの，実際には能力が q^n という“はずれ”の学生を摑んでしまうことや，逆に非銘柄大学というだけで能力が q^f と高い学生を取り逃がすことがあるからだ。これが**統計的差別**といわれる現象である。この例では，企業が合理的に採用活動をすると，非銘柄大学の学生が不利益を被ることがある。学校から職業への移行は，こうした経済学的な発想と中段でみた社会学的な発想が交錯する研究分野であり注目を集めている。

読 書 案 内

◇Karabel, J. and A.H. Halsey eds. (1977) *Power and Ideology in Education*（＝潮木守一・天野郁夫・藤田英典編訳(1980)『教育と社会変動—教育社会学のパラダイム展開　上下』東京大学出版会)

階層と教育についての論文集で，出版から時間がたっているが，未だに内容は色あせていない。近年の動向を知りたいときは，同じ著者らによる Halsey et al.(1997＝2005)，Lauder et al.(2006＝2012)へ読み進むとよい。

◇天野郁夫(1982)『教育と選抜』第一法規出版

本文で触れたドーアの後発効果のみられる日本の近代化と学歴社会の浸透を，広い視点から歴史的に跡づけた書。著者の著作はどれも示唆に富むが，学歴に関しては天野(1992)が読みやすい。

◇竹内洋(2016)『日本のメリトクラシー増補版―構造と心性』東京大学出版会

本文でとりあげた理論を使いながらも筆者独自の視点で，受験・就職・昇進における学歴や学校歴の意味を読み解いている。経済学とは異なった社会学の視角とその面白さを実感できるだろう。

◇矢野眞和(2015)『大学の条件―大衆化と市場化の経済分析』東京大学出版会

大学の市場化に反対し公共投資を充実させることは，大学進学機会の平等化と大学の大衆化をもたらし望ましいという。データに基づく緻密な論理展開で読み応えがある。小塩(2002，2003)は経済学の視点から日本の学校教育を考察している。

第8章　機会の不平等(1)
—出身階層によって学歴は異なるのか

第8章のポイント

①出身階層を父親の職業階層(SSM 総合職業分類)で捉えたとき，専門や大企業ホワイトカラーの父親を持つ子どものほうが，大学進学率が高い。つまり高等教育を受ける機会は平等ではない。
②こうした不平等は程度の差こそあれ多くの国で観察される。そこで階級文化，文化資本論，学校の内部解釈説，知能遺伝説などいくつかの仮説が古くから提起されている。
③日本では階層特有の文化を想定して高等教育を受ける機会の不平等を説明するのは難しいため，代わりに出身家庭の経済状況(所得や暮らし向き)に着目する経済仮説と，文化的な背景(親の学歴)に着目する文化仮説を想定してデータで検証した。
④その結果，子どもの学校での成績を考慮しても，出身階層が子どもの学歴に影響していた。さらに地域格差やジェンダー格差など多様なメカニズムを検討する必要がある。

キーワード

進学機会の不平等，選択と制約，階級文化，文化資本論，教育支出の私的負担，経済仮説，文化仮説，直接効果

8-1. 出身階層によって学歴は異なるのか

進学機会の不平等

前章で戦後の日本が学歴社会であることが明らかになった。学歴の高い者のほうが，平均的には所得が高く，専門職や大企業のホワイトカラーに就きやすい。もちろんそうした職業に就くことをすべての若者が望んでいるわけではないだろう。しかしこれらは社会で稀少な地位なので，それに繋がる高い学歴を得るチャンスがすべての人に開かれているかどうかが問われる。図1-1でいえばパスaの検討にあたる。

高い学歴(学校歴)を得るかどうかに影響しそうな原因はいろいろ考えられる。それらを本人の意思で変えることができる**選択的**(**業績的**)な要因(たとえば学校での成績)と，変えることができない**生得的**(**属性的**)な要因(たとえば性別・年齢のほか出身階層・育った地域)に分けるのが定石である(→第10章)。とくに後者に関していえば，誰しも生まれ落ちる家庭や親の階層，つまり出身階層を選ぶことはできない。出身階層によって高い学歴を得る機会が異なるとしたら不平等であろう。これが**高等教育を受ける機会の不平等**の問題である。

父親職業階層別の高校進学率

出身階層は，父親(または母親)の職業や学歴，あるいは育った家庭の所得で捉えることができるが，前章までの議論をふまえて，図8-1の左上には父親の職業階層(SSM総合職業分類)別に本人(子ども)の高校進学率の推移を示した[1]。分析対象者は1930～89年に生まれた女性で，図の横軸は彼女らの出生コーホートを示している。縦軸は高校進学率(高校以上の学歴を有する者の比率)である。

図中の折れ線は本人ではなく父親の職業階層別に作られていることに注意しながら図をみると，年長者(図の左寄り)のコーホートのなかでは父親の職

---

[1] 図8-1と図8-2の作成は原・盛山(1999：18-19)に倣ったが，横軸は調査年ではなく出生年に変更して作成された。

業階層によって子(娘)の高校進学率にかなりの違いがあったものの，1950年以降生まれではその差がほとんどなくなっていることがわかる。近年の高校進学率は95%を超えているので，出身階層によって差が生まれにくい。これを天井効果という。もし進学率が100%に達すれば，出身階層間の格差は生じない。

父親職業階層別の大学進学率

他方，図8-2は同じ方法で父親の職業階層別に本人(男性)の大学進学率の推移を示したものである。もっとも年長のコーホート(1930〜39年生まれ)では，父が専門職であると約6割が大学に進学していたのに対して，父が農業や中小企業ブルーカラーだと1割に達していなかったことが示されている。もちろん進学率の上昇に伴って，全体として折れ線は右上がりになっている(→図7-2)。その結果，もっとも年少(1980〜89年生まれ)のコーホートでは，父が農業や中小企業ブルーカラーであっても，2割弱の者が大学に進学するようになった。けれども年長コーホートでみられた出身階層間の大学進学率の差は，より年少のコーホートでもやや縮小したに過ぎない。

つまり大学進学率が上昇したにもかかわらず，出身階層によって大学進学率に顕著な差があり続いているのである。専門をはじめとするホワイトカラーの父親を持つ者の進学率が高い(どのコーホートでも図の上側にある)傾向が変わっていない。それは全体として男性より進学率が低い女性でも同じである。

変わらない大学進学機会の不平等

これは出身階層間の格差がほぼ解消された高校進学率とは，明らかに異なる点だ。そのことを原・盛山(1999：18)は，「豊かさの進展とともに「基礎財」の分布の平等化は進むけれども「上級財」の分布の方は不平等のままにとどまる」と表現している。基礎財とは戦後日本社会では中等教育(つまり高卒)，上級財は高等教育(大卒など)を指す。

ただし留意すべき点がふたつある。ひとつは，出身階層間の格差がない状態とは，進学率が100%になるとき，つまりすべての子どもが大学に行くときだけに実現するのではない点だ。子どものなかには大学進学を希望しない

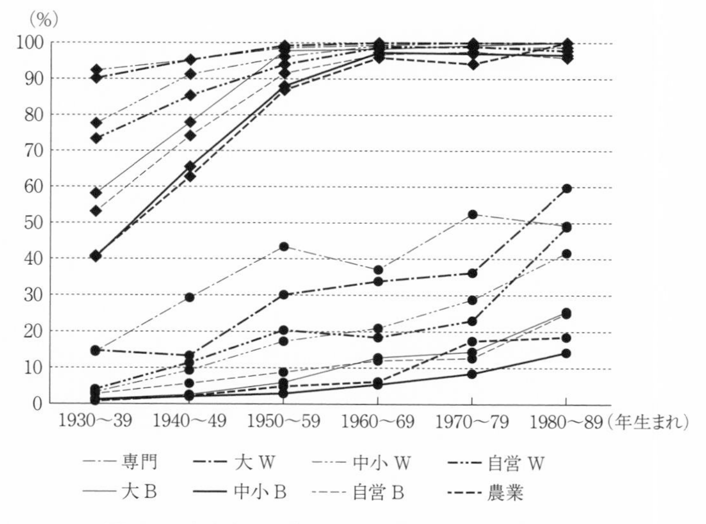

図 8-1　出生年別出身階層別高校・大学進学率(女性)

(注)　対象者は 1930～1989 年生まれの女性。出生年別・出身階層別(SSM 総合職業分類)に左上に高校進学率◆，右下に大学進学率●(%)を示した。
(出所)　JGSS-2000～03，05，06，08，10 プールデータから吉田崇氏が作成。

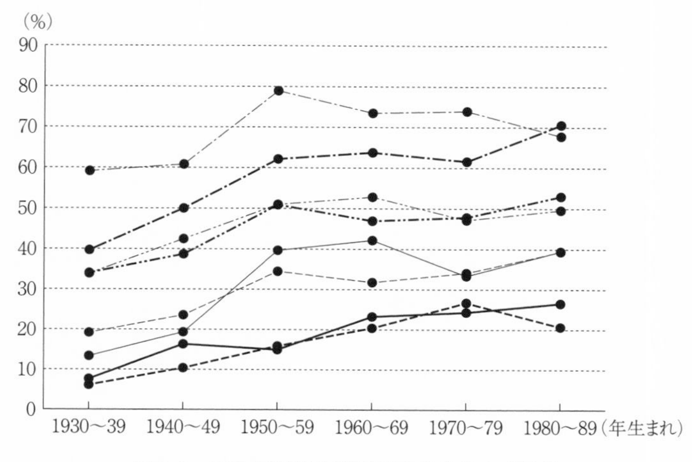

図 8-2　出生年別出身階層別大学進学率(男性)

(注)　対象者は 1930～1989 年生まれの男性。出生年別・出身階層別(SSM 総合職業分類)に大学進学率(%)を示した。凡例は図 8-1 と共通。
(出所)　図 8-1 と同じ。

者もいるだろうし，適性や能力はさまざまである。したがって出身階層が何であっても，子どもの進学率が等しければ，格差はないと考えられる。そのばあい図8-2の折れ線は全体の進学率に収斂して一本の線になるはずだ。

もう1つはそうした子どもの意思が以上の図をみただけではわからない点である。出身階層間で大学進学率が異なっていても，それがすべて子どもの意思による選択の結果であれば問題とは考えにくい。しかし，約6割の中学生は大学進学(専門学校と短大を含めると約8割は進学)を希望しているという調査結果がある(内閣府2012：155)。けれども(出生コーホートがその調査とは異なるとはいえ)一部の階層出身者の進学率はそれより低いので，社会的な制度(たとえば奨学金)の不備や親の無理解などのために進学が制約されている者がいる，と判断せざるを得ない。

8-2. なぜ出身階層によって学歴が異なるのか—経済仮説

経済仮説

そうした点に留意したうえで，なぜ出身階層によって大学進学率に格差があるのだろうか。まず思いつくのは，階層によって経済的な豊かさが異なることであろう。それをここでは**経済仮説**と呼んでおく。大学へ進学すればその授業料が必要なだけでなく，働き始めるのが高卒就職者に比べて4年遅くなる(→第9章)。さらに大学進学を見据えて，いわゆる進学校といわれる高校や私立中学校に入学するために，小中学生のころから塾に通うことも一般化している。したがって，大学進学や有償の学校外教育に関わる多額の費用を負担できる家庭出身者のほうが，進学に有利であるに違いない。

とくに日本は高等教育にかかる支出のなかで，国家や地方自治体などの公的機関の負担に比べて私的負担(家庭の負担)が重い[2]。国によって高等教育の範囲や規模が多様なので国際比較は慎重にするべきだが，表8-1に示されたとおり，OECD38カ国の平均は公的負担が68%，私的負担が29%である

2　この点に関して，なぜ日本は経済規模に比べて公教育費が少ないのかについては中澤(2014)を参照。

表 8-1　OECD 諸国の高等教育に対する教育支出に占める私的負担の割合

イギリス	71	イタリア	35	ギリシャ	15
日本	69	ポルトガル	33	ベルギー	14
アメリカ	65	スペイン	32	スウェーデン	12
チリ	64	メキシコ	30	オーストリア	9
オーストラリア	64	オランダ	30	ノルウェー	7
韓国	62	フランス	21	フィンランド	4
ニュージーランド	49	トルコ	20	デンマーク	1
カナダ	46	ドイツ	15	**OECD 平均**	**29**

（注）　OECD38 カ国から一部を掲載。2017 年の数値（%）。私的負担以外はほとんどが公的負担。
（出所）OECD のホームページから筆者が作成。
https://data.oecd.org/eduresource/spending-on-tertiary-education.html

のに対して，日本は 31% と 69% で公私比率が逆転しており，家庭の経済的な負担の重さはイギリスやアメリカと並んでトップクラスである。

出身階層の所得を知る難しさ

しかしこの常識的な経済仮説を調査で確かめるのは，意外と難しい。なぜなら成人の調査対象者である子どもに「あなたが大学進学を考え(始め)た 15 歳～17 歳のころ，あなたのお父さんの所得はいくらでしたか」と尋ねても正確に答えられる人はほとんどいないからである。預金などの資産であればなおさら難しい。

この問題に対処する方法はいくつかあるが，もっとも確実なのは 15 歳ころの子どもとその保護者を対象者として，パネル調査を始めることである。パネル調査では，同じ対象者を追跡して調査を行う(→コラム 7)。回答者にしてみれば毎年のように調査に答えなければならないものの，答える内容はたえず「現在」のことなので，かなり正確な答えが期待できる。こうすれば保護者からは毎年の所得，子どもからは学校での成績，そして最終的に大学に進学したいか(したか)どうかが，手に取るようにわかる。

ただしこの方法では調査開始年に 15 歳だった子どもが，大学に進学するのはその 3～4 年後であり，学歴と初職との関連も知ろうとすれば，大卒者ならさらに 4 年間待たなければならない。つまり結果がわかるまでに時間がかかる。

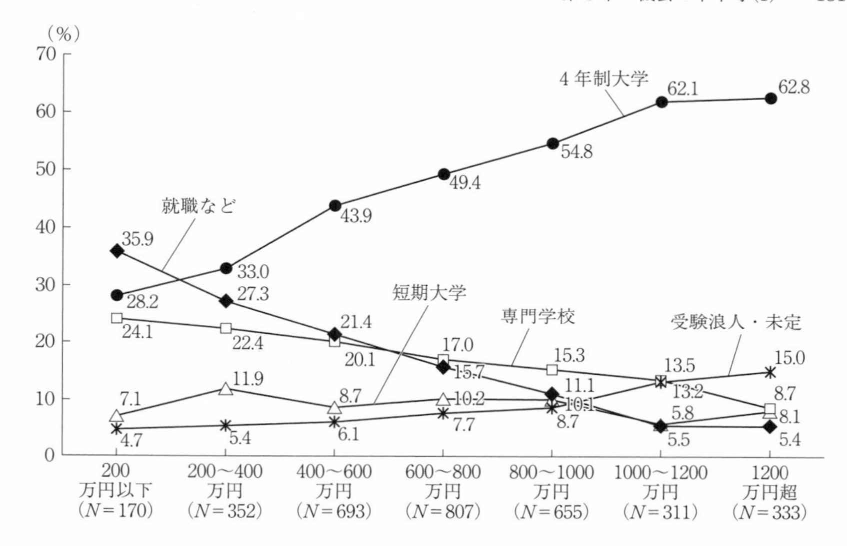

図 8-3　両親年収別の高校卒業後の進路

(注)　東京大学大学経営・政策研究センターが，全国から無作為抽出した高校3年生男女各2,000人とその保護者を対象に2005年11月に開始したパネル調査による。第1回調査で両親の年収を，2006年3月に行った第2回調査で高校卒業後の進路を確認している。第1回調査の回収率は，20.2%。詳細は下記の文献を参照。
(出所)東京大学大学経営・政策研究センター(2009)。

家計所得による不平等

そのなかで図8-3は，パネル調査による数少ない成果である。家計所得(図では両親年収)が高くなるにつれて(4年制)大学へ進学した者の比率が高くなっている。年収が400万円以下であると大学進学率は3割程度であるのに対して，年収600～800万円でおよそ5割，1000万円以上あると6割を超える。他方で，家計所得が高くなると，高校卒業後すぐに就職する者の比率や専門学校進学者の比率は，ゆるやかに下降している。

ただし，これは1987年前後生まれだけを対象にしたパネル調査なので，より年長のコーホートでも，家計所得と大学進学率に同じような関連がみられるかどうかはわからない。そこで2015年SSM調査データで調査時に35～49歳(1966～80年生まれ)の男女について，回答者が中学3年であった

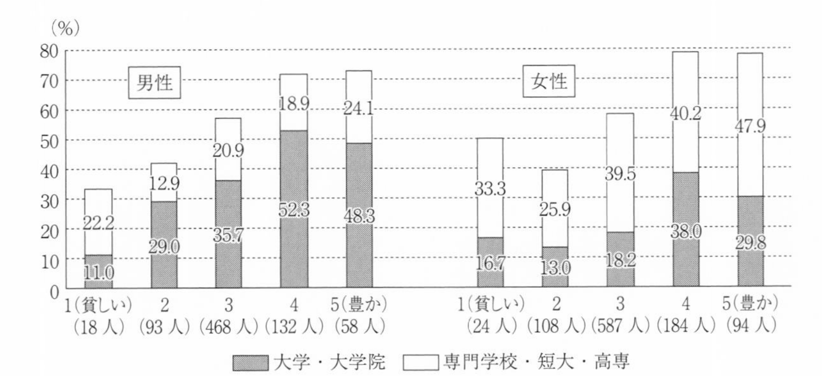

図 8-4　男女別中 3 暮らし向き別学歴

（注）　対象者は 2015 年調査時に 35〜49 歳（1966〜80 年生まれ）。数値は％で各学歴の比率を表す。棒グラフに示されていない部分は高卒か中卒。中 3 時の暮らし向きは，当時のふつうの暮らし向きと比べて 5 段階（1 貧しい〜5 豊か）から選択。
（出所）2015 年 SSM 調査データから筆者が作成。

ころの暮らし向き（1 貧しい〜5 豊かの 5 段階）と学歴の関連を示したのが図 8-4 である[3]。もっとも豊かな層と女性の貧しい層をのぞいて暮らし向きが豊かであるほど，大学進学者の比率が高い。もちろん暮らし向きの判断は回答者の主観による，しかも回顧的な回答なので，厳密さには欠けるものの，家計の状態が高等教育機関への進学に影響していたことが推測される[4]。

8-3.　なぜ出身階層によって学歴が異なるのか
―伝統的な説明と文化仮説

階級文化に着目した説明

こうした経済的な豊かさによる大学進学格差は，洋の東西を問わず観察される。ただし大学の授業料が無償，奨学金が充実している，あるいは学生の年齢層が高い国もあるので，家庭の経済的な状況が進学に与える影響の程度はかなり異なる。さらに年収が同じ家庭であっても，進学率に差がある。図

[3] このほかに父学歴や職業などから父親の所得を推計し，それと子どもの学歴との関連を分析する方法がある。吉田（2011）によれば，やはり所得階層が高いほど進学率が高い。
[4] ただし 20 歳代であれば中 3 暮らし向きの回答が，当時の家計所得階層とほぼ対応していることがわかっている。平沢（2018a）を参照。

コラム7　パネル調査

社会調査は，1回のみ行う横断的調査，基本的に同じ内容で複数回行うものの対象者が毎回異なる繰り返し調査(たとえばSSM調査→コラム5，以下の括弧内は例)，複数回同じ対象者に対して行うパネル調査に大別される。

繰り返し調査を1年に1回5年間実施し，毎年の調査で年収や意識を尋ねても，集積される回答はすべて異なる人物のものである。仮に今年の調査対象者に5年前の年収や意識を尋ねても信頼性の高い回答は期待できない。それに対してパネル調査では，パネルと呼ばれる対象者を追跡して定期的に(1年に1回)調査に答え続けてもらう。したがって直近の年収やそのときの意識を毎回尋ねることになるので，正確な情報を把握しやすい。また同一人物について複数時点の情報が得られるので，因果の方向(年収が下がったので離婚したのか，離婚したから年収が下がったのか)や，因果効果の大きさ(転職すると年収が下がるかどうかについて，転職以外の影響を除去した転職の正味の効果)をより正確に推計することが可能になる。ただし，途中で追跡できなくなる人(脱落という)もいるなど，調査を実施するさまざまなコストが高い。また結論が出るまでには時間がかかる。

こうした事情からわが国では近年まで大規模なパネル調査がなかった。その嚆矢とされるのが，家計経済研究所(2018年度以降は慶應義塾大学)が行ってきた「消費生活に関するパネル調査(JPSC)」である。1993年に24〜34歳の女性1500人を有効回答者として開始し，より若年のコーホートを4回追加して2021年まで1年に1回の調査を続けてきた。家計に関しては，慶應義塾大学が2004年から「慶應義塾家計パネル調査(KHPS)」，引き続き2009年から「日本家計パネル調査(JHPS)」を開始し，両者を2014年に「日本家計パネル調査(JHPS/KHPS)」に統合して現在も継続中である。教育・労働・生活に関しては東京大学社会科学研究所が2007年から「働き方とライフスタイルの変化に関する全国調査(JLPS)」を行っている。ほかに1981・1997・2011年に同一の複数高校の生徒を対象に行われた「学校パネル」調査もある(尾嶋編2001，尾嶋・荒牧編2018)。生徒は入れ替わるが，いわば定点観測として学校や生徒の変化が捉えられている。パネル調査の有効性と分析方法については中澤(2012)を参照。

8-4でももっとも豊かな層の大学進学率が一番高いわけではない。したがって，進学格差は経済仮説だけでは説明しきれない。そこで階層の文化的な背景に着目する仮説や理論が古くから提起されている。いったん日本を離れて海外の伝統的な説明を一瞥しておこう。

B. バーンスティン（1924～2000年）は，**言語コード論**と呼ばれる仮説を提起している（Bernstein 1971＝1981）。労働者階級の家庭では制限コードが，中間階級の家庭では精密コードがおもに用いられる。コードとは話し言葉の様式のことで，内容ではなくその伝え方を指す。学校（とくに教員とのやりとり）は普遍性の高い精密コードが支配的な空間であるため，中間階級出身の子どもにとっては家庭との連続性が高いのに対して，労働者階級出身の子どもにとっては隔たりがあり適応に時間がかかる。その結果，労働者階級出身者は中間階級出身者に比べて小学校低学年での成績が低くなりやすいという。

P. ウィリスは，ある公立中学校を約半年にわたって参与観察した経験に基づいて，労働者階級出身の子どもの**対抗文化**を描いている（Willis 1977＝1985）。対抗文化とは，支配的な文化に異議申し立てや反逆する文化を指す。一般に労働者階級の子弟は学校で落ちこぼれて，卒業後はしかたなく労働環境の厳しい肉体労働に従事するようになるとのイメージを持たれている。しかしそうではない。彼ら（ウィリスのいう「野郎ども」）は小さいころから親の階級文化や労働世界を吸収して端から勉強を女々しいものとして忌避し，先生の言うことをよく聞く勉強のできる子（「耳穴っ子」）を軽蔑する。こうして野郎どもはみずから率先して肉体労働を選択していくが，しかしそうであるがゆえに階級の再生産に図らずも寄与してしまう。

文化資本論

これらはいずれもイギリスの労働者階級の文化に注目した研究だが，フランス社会を基にしたP. ブルデュー（1930～2002年）の議論もある。彼の研究は**文化資本論**（または**文化的再生産論**）と総称され，多岐にわたっていて約言が難しいものの，経済資本とは別の文化資本の多寡と種類が高等教育への進学や職業資格の取得に寄与する，というのが基本的なアイディアである。

Bourdieu and Passeron（1970＝1991）によれば，フランスにおける支配階級は豊富な経済資本を背景に，趣味・言葉遣い・鑑賞眼などの「身体化された文化資本」を子どもに体得させる。そこで肝心なのは，支配階級の家庭では美術品や多彩な蔵書といった「客体化された文化資本」が身近にあるので，社会で正統的とされる文化資本が子どもに継承されやすい点である。

この金とはいっけん無関係そうな文化資本や，それを体得する性向であるハビトゥスが，大学入試の突破に威力を発揮する[5]。というのも試験では論述式の問題や面接が重視され，受験者が正統的な文化資本を所持しているかどうか(何を好むのか，それをどう表現するのか)が，吟味されるからである。それゆえ誰でも受験できる入試であっても，幼いころから家庭で正統的文化に接してきた支配階級の子弟が有利となる。本当は親からの恩恵であるにもかかわらず本人の実力と誤認され，かつ社会的に認承される。

学校内部解釈説

もっとも，高等教育への選抜に際して文化的要素が作動するにしても，選抜の場である学校の内部についてはあまり検討されてこなかった。その反省から教員と生徒との相互作用にもっと目を向けるべきだ，という解釈的な視点が主張されるようになった。

その一例として A. シコレルと J. キツセは，アメリカの高校における教員とカウンセラーが生徒の進路分けに際して，出身階層を暗黙裏に考慮していることを暴いてみせた。成績という客観的な指標を用いているといいながら，上流・中間階層出身の生徒には進学を勧める一方で，同じ成績の低階層出身者には異なる扱いをしたからである(Cicourel and Kitsuse 1963＝1985)。

知能遺伝説

以上は強調点こそ異なるが，いずれも学校は家庭にある不平等を解消する平等化装置であるとの認識がナイーブすぎることを指摘し，学校に代わって機会の平等を実現する社会的な制度の不備を論難した点で共通している。他方で，学校教育を含む社会的な制度はすでに平等化され選抜は公平になされていることを前提に，それにもかかわらず出身階層と学歴に相関が生じるの

[5] ひとたび高い学歴や資格を取得して「制度化された文化資本」が形成された後は，それらが経済資本に再変換される。こうして支配階級は文化資本を媒介とした迂回的再生産を完遂させる。

は，階層ごとにそもそもIQ（知能指数）分布が異なるからだ，というのが**知能遺伝説**である。

心理学者の間では，古くから知能（指数）に影響するのは遺伝か環境かといった論争が繰り広げられてきた。しかしHerrenstein and Murray（1994）はさらに一歩踏み込んで，階層とIQの関連を論じている。この立場では，平等政策が進むと生まれつきの能力差がかえって明瞭になる（公正の罠という）という。さらに能力の低い者にいま以上の機会を与えるのは無駄であるとして，積極的差別是正政策や奨学金の廃止を求める意見すら出されている。

文化資本論の日本への適用

以上の4つの仮説のうち，知能遺伝説は衝撃的な内容のわりにデータの裏付けが弱く，海外ではさまざまな反証がなされている。日本ではIQのデータが事実上ないため，そもそも検証が難しい[6]。ただしどの階層にも有能な子どもは同じ比率でいるにもかかわらず，階層によって大学進学率が異なるのは社会的制度に不備があるからだというのが，社会科学の発想である。

また学校内部解釈説が主張するように教室内での教員の態度が，子どもの出身階層によって異なるというのも，まったくないとはいえないであろう。しかし，日本ではすべての生徒をできるだけ平等に処遇しようとする傾向が，戦後長らく続いているのではないだろうか（苅谷1995：第五章）。

他方で，文化資本論は日本でも重視する論者が多い（たとえば宮島2017）。ただし，西欧では階級文化が今日でも存在し階級ごとに生活様式が異なるとされる。それに対し，日本ではその違いが明瞭ではないので，階級文化を中心に説明するのは無理がある。しかも日本の大学入試ではマークシート式の筆記試験が重視されるので，子どもの態度や言葉遣いといった文化資本が採点されているとは考えにくい。したがって文化資本論そのままではなく，日本の状況にあてはまるように修正される必要があるだろう。

---

[6] 知的能力についてはさまざまな議論があるものの，明快で信頼できる結論は出ていない。Nisbett（2009＝2010）を参照。ただし，一卵性双生児と二卵性双生児を比較した行動遺伝学の知見によれば，学校の成績の分散を遺伝的要因，共有環境（家族間の差異），非共有環境（家族内の差異）に分けると，それぞれが占める比率は55，15，30％あり，遺伝的要因による影響が比較的大きい。安藤（2012：76）を参照。

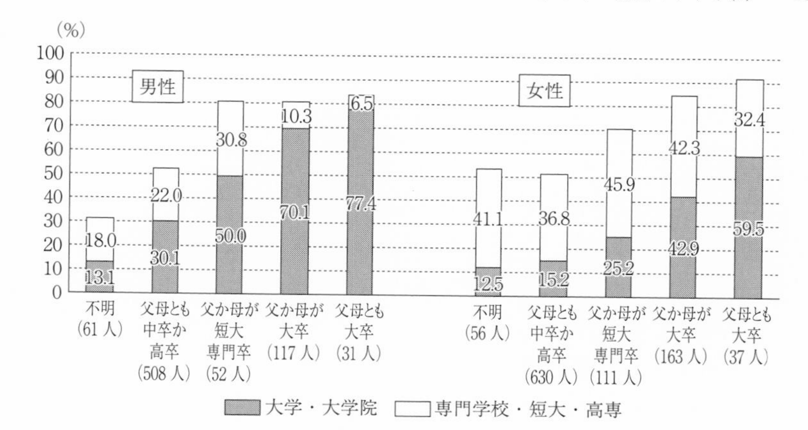

図 8-5　男女別親学歴別子ども(本人)の学歴

(注)　対象者は2015年調査時に35〜49歳(1966〜80年生まれ)。数値は%で親の学歴別に本人の各学歴の比率を示した。棒グラフに示されていない部分は高卒か中卒。「父母とも大卒」以外はひとり親を含む。

(出所) 2015年SSM調査データから筆者が作成。

文化仮説

そこで文化資本をひろく捉え，両親の学歴に象徴される家族の文化的背景が，子どもの成績や学歴に影響すると考えたほうがしっくりくる。それをここでは**文化仮説**と呼んでおこう。家庭の文化的背景は，蔵書数や博物館に連れて行ってもらった回数などいろいろな測定方法があるものの，もっとも一般性の高い指標は両親の学歴であろう。具体的には，学歴の高い親のほうが，自らの経験から勉強や学歴の意義を知悉しており，子どもにそれを納得させやすい[7]。しかも学力を高めるような支援を惜しまないだろうから，結果的に大学進学に水路づけられやすくなる。かりに子どもの成績が悪くても，入れる大学にともかく進学することを子どもに勧めるのではないだろうか。

図8-5は2015年SSM調査データで調査時に35〜49歳(1966〜80年生まれ)の男女について，両親の学歴別に大学などへの進学者の比率を示した。

[7]　もちろん学歴の低い親は，自分と同じ苦労を子どもにさせたくないと考え，高い学歴を望むケースがあるなど，親の多様な関心を考慮する必要がある。

それによれば，学歴の高い親をもつ子どものほうがあきらかに大学に進学する比率が高い[8]。

8-4. なぜ出身階層によって学歴が異なるのか —多様なメカニズム

出身階層によって異なる学校の成績

もっとも，出身階層によって育った家庭の経済的あるいは文化的な差異があるとしても，それらがどのようなメカニズムで学歴と結びつくのだろうか。まず思いつくのは義務教育段階の学校での成績であろう。近年では大学志願者数と入学者数の差が縮まったので大学名を問わなければ進学しやすくなったとはいえ，かつては進学競争が激しくいまでも選抜度の高い大学の入試で合格するには高い学力が必要である。

そこで2015年SSM調査データで調査時に35〜49歳(1966〜80年生まれ)の男性について，出身階層別に中3の学業成績(自己申告の5段階で数値が大きいほど成績が高い)を示したのが図8-6である[9]。専門や大企業ホワイトカラーの父親を持つ子どものほうが，それほど大きな差ではないものの成績が高い傾向がみられる[10]。背景には，両親の教育方針(文化仮説)や塾などの学校外教育(経済仮説)などによる学力の向上があるだろう。さらに，図にはしていないものの，中3成績が高い者が大学進学率は高い。したがって，これらを考えあわせれば恵まれた階層(専門や大企業ホワイトカラー)の家庭に育った子どもは成績が高く，成績が高いと大学に進学しやすくなる，という常識的なメカニズムが想起される。これを，成績を媒介とした出身階層の学歴に対する**間接効果**という。

8　平沢(2018b)は，両親の学歴と出身家庭の所得いずれもが子どもの学歴に影響することを報告している。

9　高校の成績であれば学校間の学力差が大きく，同じ成績でも学力が異なると考えられるが，中学であれば長らく相対評価が行われてきたので(一部の私立中学校では高校と同様の問題があるとはいえ)，こうした分析にも意味があるだろう。

10　学校と個人の2段階で無作為抽出したデータによる階層が学力に与える影響の国際比較に関しては多喜(2020)を，まだ短期間ではあるが，パネルデータによる家計所得が成績に与える影響に関しては赤林・直井・敷島編(2016)を参照。

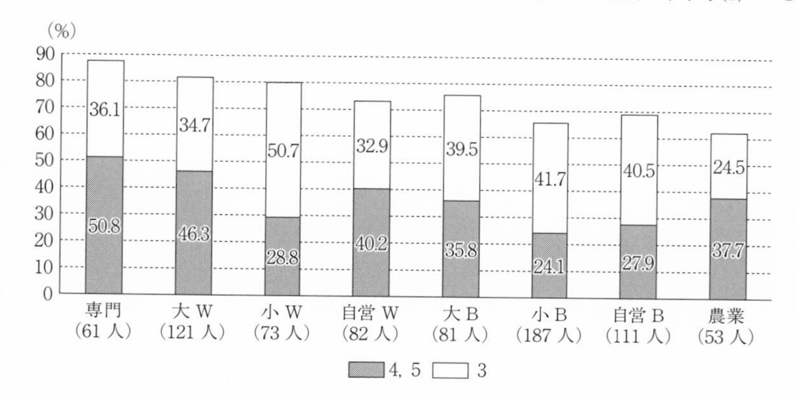

図8-6　出身階層別中3成績

(注)　対象者は2015年調査時に35〜49歳(1966〜80年生まれ)の男性。数値は%で出身階層(SSM総合職業分類)別に中3時の成績が4,5と3の比率を示した。残りは1,2。成績は学年のなかでどのくらいであったかを5段階(1下のほう〜5上のほう)から選択。女性も傾向は同じため表記を省略。
(出所) 2015年SSM調査データから筆者が作成。

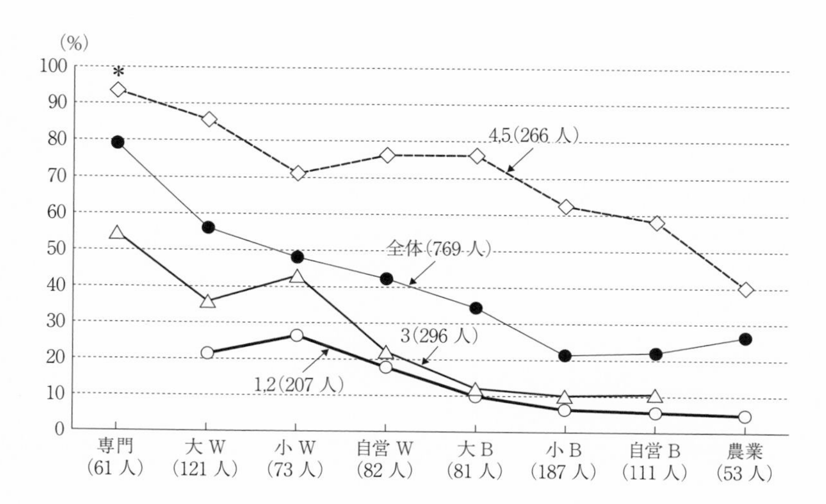

図8-7　出身階層別成績別大学進学率

(注)　対象者は2015年調査時に35〜49歳(1966〜80年生まれ)の男性。出身階層(SSM総合職業分類)別・中3成績別に大学進学率を示した。たとえば*は出身階層が専門で，成績が4か5の者のうち，大学へ進学した者の比率を示す。該当するカテゴリーが14人以下は表示していない。自営やブルーカラー出身で成績が3の者は専門学校進学が比較的多い。
(出所) 2015年SSM調査データから筆者が作成。

出身階層が学歴に与える直接効果

けれども出身階層の学歴に対する影響は，間接効果だけではない。出身階層と成績の影響を同時に考慮して学歴(大学進学率)を示したのが，図8-7である。まず同じ階層出身者どうしを(図中で上下に)比べると，成績が高い(上の折れ線)ほど，大学進学率が高い。これは，出身階層を統制したときの，学歴に対する成績の影響を示している。

つぎに同じ成績の者どうしを(図中で同じ線を左右に)比べると，出身階層によって大学進学率が異なる(図の左寄りの専門・大企業ホワイトカラー出身者のほうが進学率が高い)。これが成績を統制したときの，学歴に対する出身階層の影響であり，**直接効果**といわれる[11]。とくにホワイトカラーの親を持つ子どもは成績が低くても大学へ進学している。これこそ階層の影響力ではないだろうか。

かつてR. ブードンは，出身階層によって成績が異なることを文化的遺産の影響(**一次効果**)，同じ成績でも出身階層によって学歴(正確にはより高次の学校段階へ進学する確率)が異なることを社会的位置の効果(**二次効果**)といって区別した(Boudon 1973＝1983：81-92)。成績を統制したときに出身階層の学歴に与える直接効果が，二次効果に相当すると考えてよい。

要するに，成績を統制しても(同じ者どうしを比べても)出身階層が学歴に影響する効果が残るということである。もちろん方法論的には，家庭の所得や両親の学歴を考慮すると出身階層の直接効果が消える可能性はあるが，少なくとも成績だけでは出身階層と学歴の関連を説明できない点を協調しておきたい。

多様なメカニズム

以上のほかにも，学歴の違いを説明する仮説がある。たとえば地域格差やジェンダー格差である。前者に関していえば，都市部で育った子どものほうがあきらかに学歴が高い。それが大学などの高等教育機関へのアクセスの効

---

[11] 直接効果については荒牧(2011)を参照。他方で小林(2008：52-53)は，成績が上位であれば世帯所得に関わらず大学進学するが，中位以下だと所得によって進学率が異なることを報告している。

果なのか，周囲に大卒者が多いことによるロールモデルの効果なのかなど，議論が続いている[12]。さらに経済仮説はたんに家計所得が高い家庭が，進学にかかる多額の費用負担に耐えられる点を主張しているだけではない。次章ではその含意をさらに考えてみたい。

発展8　機会の不平等に対する家族の影響

出身階層のほかに**家族構造**も子どもの大学進学率に影響することが知られている。ここでの家族構造とは，世帯の類型・世帯の人数あるいはきょうだいの構成などを指す。このうち世帯の類型に着目すれば，ひとり親，なかでも父不在の家庭で育った子どもの大学進学率はふたり親の子どもよりあきらかに低い。一般に男性(父)より女性(母)の賃金が低いので家庭の経済力が原因と思うかもしれない。たしかにそれもあるが，家計所得が同程度の家庭どうしを比べても，ひとり親家庭出身だと大学に進学しにくい。親に迷惑をかけたくないという子どもの意識や親子関係など，かならずしも親の経済力に還元できない要因があるようだ(稲葉 2011)。

つぎにきょうだい構成に着目すれば，ふたり親であっても，きょうだい数が多い家庭出身だとやはり大学進学率が低い傾向にある。これは洋の東西を問わず観察され，資源稀釈仮説(きょうだいが多いとひとりあたりの進学資金が稀釈されて少なくなる)が古くから説明として与えられている。

以上は子どもが育った家族の間での違いだが，家族内での違い，たとえばきょうだい構成のもうひとつの側面である出生順位も進学率に影響することがある。いくら同じ親の下で育ったとはいえ，きょうだいがみな同じ学歴になるとは限らないだろう。実際には性別が同じであれば学歴が同じきょうだいが多いものの，1950年代以前に生まれた子どもは出生順位の遅いほうが，以降に生まれた子どもは順位が早いほうが，わずかだが進学率が高い(荒牧・平沢 2016)。前者は次三男仮説(長男に農地を相続させる代わりに次三男は進学させる)と整合的だが，農業従事者ときょうだい数じたいが激減した1960年以降をどう説明するか。選択的投資仮説(親は子どもひとりひとりの特性に応じて教育投資するので資金が等分されるとは限らない)のように親の判断の結果とみなすか，あるいは教育費の高騰で用意してあった資金を長子で使い果たしてしまった結果なのか，など議

[12] 地域格差については，朴澤(2016)，上山(2018)を，本書で言及していない高校までの教育格差については松岡(2019)を参照。

論が続いている。

さらに，親の職業や家庭の暮らし向きといった社会階層がなぜ子どもの学歴に影響するか，その媒介要因としても家族が注目されている。荒牧(2019)によれば，恵まれた階層の親ほどその親やきょうだい(子どもにとっては祖父祖母やオジオバ)や知人を意図的に選択して，その教育についての考え方を参照するので，子どもの学歴が高くなりやすいという。ではなぜ親族を参考にするのか。このように機会の不平等にとって，家族という視点は重要なわりに未解明の部分が残されており，研究のフロンティアといえるだろう。

読 書 案 内

◇Boudon, R. (1973) *L'Inégalité des Chances*(＝杉本一郎・山本剛郎・草壁八郎訳(1983)『機会の不平等―産業社会における教育と社会移動』新曜社)

なぜ教育機会が不平等なのか，そのメカニズムを考えシミュレーションによって検証している。難しい数式などは出てこないが，理詰めの展開なので読み応えがある。

◇石井洋二郎(1993)『差異と欲望―ブルデュー『ディスタンクシオン』を読む』藤原書店

ブルデューの著作の多くは翻訳されており，本書に関連の深い『再生産』も日本語で読むことができる。ただし一読してわかりやすい内容ではないので，まずブルデューの主著『ディスタンクシオン』の訳者による本書で，おもな概念や議論の流れを摑んでから原著に挑戦するとよい。石井(2020)や加藤(2015)も読みやすい。再生産論については小内(1995)，ブルデューの理論に関しては小澤(2021)がくわしい。

◇日本教育社会学会編(2018)『教育社会学事典』丸善出版

本書に関わることをふくめ300を超す事項を見開き2～4頁で簡潔に解説した事典。図書館に所蔵されていると思われるので，疑問の生じた専門用語についてまず読んでみるとよい。

第9章　機会の不平等(2)
—なぜ大学に進学する人としない人がいるのか

第9章のポイント

①高卒者と比べて大卒者は平均的に年収が高い。ミンサー型賃金関数によれば，教育年数が1年長いと年収が約9％(男性)高くなる。

②つぎに大学進学にかかる費用を勘案しても，進学の客観的な経済収益性は高い。大学進学の内部収益率は(年利率にして)約7％である。

③ただし出身家庭の経済的な状況に応じて，大学進学の主観的な評価が異なる。概して経済的に余裕がない者ほど時間選好率が大きく，将来よりも現在を優先する(せざるを得ない)。そのため，進学の収益性がかなり高くないと進学しないと考えられる。

④そうした主観的な評価に基づき，将来の自分の階級が親の階級より下がることを回避すると仮定する相対的リスク回避仮説が注目されているが，その正否はまだ確定していない。

キーワード

ミンサー型賃金関数生涯賃金，収益率，内部収益率，割引率，時間選好率，相対的リスク回避仮説

9-1. 大学進学による経済的収益

大学進学による経済的収益の2つの側面

前章では，大学進学率が上昇したにもかかわらず，出身階層によって学歴に違いがあることを示し，その理由に関しておもに文化仮説と経済仮説を検討した。経済仮説は，所得の高い家庭は通塾や大学進学に必要な費用の負担に耐えられることを主張するが，それには別の含意がある。すなわち大学を卒業すると経済的にどのくらいのメリットとデメリットがあるかを予測しながら，進学するかどうかを決めると想定している点だ。これは図1-1でいえば，パスbを勘案してパスaを決定することに相当する。

そのとき重要なのは，大学に進学するのにかかる費用とそこから得られる収益という客観的な側面だけではなく，その収益性をどう評価するかという主観的な側面である[1]。なぜならこの評価が家計の豊かさつまり階層によって異なると考えられるからである。こうした進学に関する主観的な評価は，近年あらためて注目されている。そこで本章の最後に経済仮説を踏まえた新たな仮説として，相対的リスク回避仮説を考える。

ミンサー型賃金関数と収益率

手始めに大卒者と高卒者で年収がどのくらい異なるかを確認する。図7-1は月収を比較したが，年収を用いると労働経験年数を考慮して学歴の効果を確認することができる。人的資本理論(→p. 116)では，学校教育と職場訓練によって個人に人的資本が蓄積され，所得に反映されると想定する。学校教育を教育年数(たとえば高校なら12年，大学なら16年)，職場訓練を労働経験年数(＝年齢－教育年数－6年)で測定できると考え独立変数，年収の自然対数を従属変数として，回帰式(→コラム9)に投入する。つまり，

年収の対数$=\alpha+\beta\times$教育年数$+\gamma\times$労働経験年数$+\delta\times$労働経験年数$^2+$誤差

---

[1] 何らかの選択(大学進学)に対する利益全般を便益，そのうち投資に対する利益を収益という(荒井 2002：21-22)。

である。ここでαは切片，β・γ・δはそれぞれの変数の係数を表す[2]。これを**ミンサー型賃金関数**という。式中の各変数の値は個人単位のデータから得られるので，未知数の切片と3つの係数の値を求めることになる。

矢野(2015：165-166)が，2005年SSMデータを用いて60歳以下の男性1105人の常用労働者を対象に，この所得関数から係数を求めたところ，βは0.090，γは0.066，δは-0.001で，いずれも有意であった[3]。つまり労働経験年数が同じであれば，教育年数が1年長いと所得が平均9%高いということである[4]。この数値は教育の**収益率**と呼ばれる。大学教育は4年間なので，高卒者に比べて大卒者は平均して36%(=9%×4年)所得が多い計算になる。

生涯賃金

つぎに大学教育を受ける費用を勘案し，年収を生涯賃金へ拡張して考える。単純化のため学歴は高卒と大卒の2つしかなく，どちらを卒業してもかならず就職し，60歳の定年まで働くと仮定する。そのとき大卒者が，就職した23歳から60歳までに受け取る賃金(毎月の給料とボーナス)の税引き後の総額は，2005〜10年の時点で男性だと平均して約2億5,000万円だった(島2014)。これを**生涯賃金**という。図9-1では，曲線UUとx軸とで囲まれた面積に等しい。

やや細かいことだが，この額は，2005年に大学を卒業した者が60歳までの37年間に実際に受け取る賃金ではない。なぜなら将来のことなど誰もわからないからである。そこで2005年に23歳の大卒者の平均賃金，24歳のその額といったように60歳まですべて足していった額で代用する。つまり

2　労働経験年数に1次の項のほか2次の項が加わっているのは，職場訓練の効果が若いうちは大きくしだいに小さくなること，つまり他の項を定数とみなせば労働経験年数の影響は(2次の項の係数δが負なので上に凸の)2次曲線で近似できることを表している。

3　女性542人について同じ方法で求めたβは0.119で，男性より高い(矢野2015：169)。

4　この回帰式は従属変数が元の値を自然対数で変換し，独立変数はそのまま(いわゆる「ログ=レベル・モデル」)なので，独立変数(教育年数)が1単位(1年)増加すると従属変数(所得)が$\beta\times100$%増えると解釈することができる。もし従属変数が対数変換されていなければ，非標準解のばあいβ(円)増えると解釈することになる(係数の値は本文中と異なる)。田中(2015：110-112)を参照。

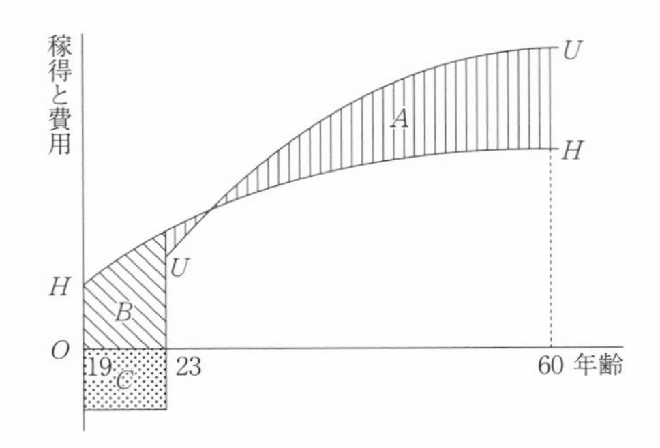

図 9-1　大学進学に伴う費用と収益に関するモデル図

（注）　年齢など一部を筆者が変更した。
（出所）荒井(2002：37)。

賃金プロファイルと求め方は同じである。

同様に高卒者についても，23〜60 歳の生涯賃金を算出すると約 2 億円だった[5]。したがって大学進学によって得られる経済的な利益とは，大卒者と高卒者の生涯賃金の差である約 5,000 万円と考えられる。図 9-1 では A の部分に該当する。

機 会 費 用

つぎに大学進学に伴う費用とは，大学の入学金と 4 年間の授業料と考える。これを**直接費用**という。その額は約 300 万円とする。図 9-1 では C の面積にあたる。直接費用は実際に支出する額で目にみえるが，そのほかにみえにくい費用として間接費用がかかる。すなわち，もし大学に進学せずに就職していたら得られたであろう所得である。実際には，高卒者が 19〜22 歳に得る賃金の合計約 900 万円として算出される。図 9-1 では B の面積にあたる。大学進学者はこれを放棄したとみなして放棄所得という。この放棄所得は機会費用に相当する。**機会費用**とは，ある行動(大学進学)を選択したとき，別

5　高卒者は 19 歳から働き始めることが多いが，ここでは後の計算に備えて 23 歳からの生涯賃金を求めておく。

コラム8　機会費用

大学進学の費用を考えるときに，なぜ機会費用を考慮する必要があるのだろうか。それはこの概念が生まれた背景を知るとわかりやすい。近代化がはじまったばかりの発展途上国では，小学校が無償ではないことが多い。そうした国のおもな産業は農業なので，農家の親は農業に役立つとは思えない小学校にわざわざ子どもたちを通わせようとしなかった。そこで政府は就学率を上げようとして小学校を無償化する。ところがそれでも農家の親は子どもたちを，たとえ義務教育である小学校であっても通わせなかったという。

なぜか。学齢期の子どもであっても農家にとっては貴重な労働力であり，農業にたずさわらなくても，弟妹の世話をみるなどして親を助けていた。したがって子どもたちが学校へ行ってしまうと，その分の農作業や弟妹の世話をしてくれる他の労働者やベビーシッターを新たに雇わなくてはならない。これが，子どもたちが小学校へ通うことによって生じる機会費用である。裏返していえば，子どもが小学校へ行かなければ，その分の利益を親は得ていたことになる。

この例からもわかるとおり，機会費用という考え方は，ある行動をするかどうかを判断するうえで，他の行動を選択したときの収益を考慮するのがきわめて重要であることを示している。ただし，機会費用がかならず発生するとは限らない。本文中の例でいえば，A君がアルバイトなどしないで暇を持て余していれば，ひとまず機会費用はゼロだと考えられる。機会費用については，Schultz(1963＝1981：53–61)，金子・小林(1996：35–36)に関連する記述がある。

の行動(高校卒業後就職)を選択していれば得られたであろう収益のことである(→コラム8)。

たとえば家庭教師のアルバイト2時間で4,000円の収入のあるA君が，友人から誘われて，アルバイトを休んで飲みに行き，飲み代として3,000円かかったとしよう。そのときの直接費用は3,000円である。他方，もし飲みに行かなければ得られたであろう4,000円が，飲みに行ったことの機会費用である。そして費用が合計7,000円かかったと考えようということだ。

要するに，大学進学に伴う費用は，入学金＋授業料＋放棄所得(＝直接費用300万円＋機会費用900万円)で，約1,200万円となる。なお，教科書代や通学定期代も直接費用であるものの，その支出額に関する情報がないので含めていない。また食費は費用にはあたらない。なぜならここで算出すべき費用とは，あくまでも高卒就職者は支出せず大学進学者のみが支出する額だからである。もし高卒就職者より大学生が高いものを食べていれば，その差額を直接費用に計上すべきだが，そうかどうか疑わしい。同様に大学生がアルバイトをしていれば，その分は放棄所得から差し引く必要があるが，これも単純化のため算入しないことにする。

大学進学の収益

こうして大学進学に伴う費用は約 1,200 万円，利益は約 5,000 万円なので，大学へ進学すると差し引き 3,800 万円得した，といいたいところである。しかしこれは正確ではない。なぜなら費用は高卒後 4 年間に集中的にかかるのに対して，利益はその後 37 年間にわたって少しずつ得られるからである。つまり時間という概念を組み込むことが必要だ。ただしこういうと，長期間に物価が変動して貨幣価値が変わるからだと考えるかもしれないが，そうではない。

インフレやデフレがまったくなくても，時間を考慮する必要がある。というのも，銀行に預金しておくと，時間とともに利子が付いてお金は増えていくからである。たとえば現在の 100 万円を銀行に預金すると，利子率(複利) r が 5% であれば，1 年後には 105 万円($=100\times(1+0.05)^1$)に，2 年後には 110 万 2,500 円($=100\times(1+0.05)^2$)になる。このとき 1 年後の 105 万円の**現在価値**は 100 万円であるといい，利子率のことを**割引率**という。つまり将来の金額はそのままでは過大に見積もることになるので，現在価値に割り引いて考える必要があるということだ。

一般的な収益率

いま預金を投資とみなして，その投資効率，つまりどれだけ儲かるかを考えてみる。最初の元手である費用を C，1 年後の収益を R，利子率を r とすれば，先ほどの例では，

$$r=\frac{R-C}{C}=\frac{105-100}{100}=0.05$$

が投資効率を表す。このとき利子率 r を投資の**収益率**という[6]。当然 R が大

きいほど，r も大きくなって，割のよい投資ということになる。つぎに上式を変形すると，

$$C=\frac{R}{1+r} \quad 100=\frac{105}{(1+0.05)^1}$$

となる。この式が意味するのは，１年後の収益 R を収益率 r で現在価値に割り引くと，最初の費用 C になるということである。これは１回限りの投資であるが，この考え方を複数年の投資に応用すればよい。そのとき左辺を $C=\frac{C}{(1+r)^0}=\frac{C}{1}$ と考えておくとわかりやすい。つまり費用 C は最初の年にかかるので現在価値に割り引く必要がないが，費用であっても翌年に支出するときはそれを現在価値に割り引く必要があること，そして左辺の(毎年の)費用 C と右辺の(毎年の)収益 R をともに現在価値に割り引く r が，収益率を表すということである。

大学進学の内部収益率

こう考えれば大学進学の費用は $C'=C_1+\frac{C_2}{(1+r)^1}+\frac{C_3}{(1+r)^2}+\frac{C_4}{(1+r)^3}$，収益は $R'=\frac{R_5}{(1+r)^4}+\frac{R_6}{(1+r)^5}+\ldots+\frac{R_{42}}{(1+r)^{41}}$ となる。ここで C_1 は大学入学金と初年度の授業料および放棄所得，C_2 は２年目の授業料と放棄所得，R_5 は就職１年目(進学から数えれば５年目)の大卒者の賃金から高卒者の賃金を引いた額である。このとき費用の総額 C' と収益の総額 R' を一致させるような割引率が大学進学の投資効率であり，収益率を表すと考える。これを大学進学の(私的)**内部収益率**という。いま C_1 から R_{42} はいずれもデータから得られる数値なので，未知数は r だけとなる。あとはパソコンの関数(Excel であれば IRR)を利用して数値を求めることになる。日本の男性で大学進学の内部収益率 r は約 7%と推計されている(島 2014)。したがって，銀行預金の投資効率である収益率(つまり利子率)が 7%より高ければ銀行に預金したほうが得であり，低ければ大学進学したほうが得ということになる。近年の低金利を鑑みれば，大学進学は少なくとも銀行預金よりは収益性がかなり高いと

[6] 収益率の概念や求め方の詳細に関しては，荒井(1995，2002)を参照。

いってよい。このように大学進学を投資と考え，他の投資(それは預金だけでなく他の金融投資を含む)と比較可能な点が内部収益率の利点である。

複利による利子の大きさ

なお，たかだか7%と思うかもしれないが，複利なので長期間預けっぱなしにしておくとけっこうな高額になる。たとえば19歳のときに，親が「自由に使いなさい」といって現金で300万円を手渡してくれた光景を思い浮かべてほしい。ひとつの選択肢はこれを授業料等に充当し，大学に進学することであり，もうひとつは全額を銀行に預けてすぐに就職することである。複利の利子率7%がずっと維持される預金だったとすると，41年後の満期には元利合計で約4,807万円になる。他方，300万円をかけて大学に行った人は，そこで身につけた技能によって高卒者より高い賃金を受け取るはずだ。この計算には，機会費用が勘案されていない。また進学の収益は41年後にまとめて受け取るのはなく，毎年の(大卒と高卒の)賃金差として少しずつ享受するので，さきほどの計算とは一致しない。とはいえ利子率7%の威力を実感することができる。

収益率に対する疑問

もちろんこうした収益率に対しては，さまざまな疑問や異論があるだろう。「私は大卒でずっと働いても，とても2億5千万円は稼げそうにない」「それに私は○○を学ぶために大学に進学したのであり，将来のお金のためではない」「そもそも高校3年生のとき私は収益率など知るはずもなく，こんなことは考えていなかった」など。

たしかにそのとおりである。生涯賃金はすべての大卒者(高卒者)の平均であり，全員がその額を受け取るわけではない。また国立大学と私立大学では授業料が異なるし，両者で就業後の賃金に差があるかもしれないが，収益率はその平均額から計算されている。これだけでも収益率がかなり大雑把な指標であることがわかる。またすでに述べたとおり教育には消費と投資の2つの側面があり，両者を完全に分離することはできない。

しかし完全に現実離れしているわけでもない。高校生が収益率を知らないのはまちがいないにしても，「実態を詳しく知らないけれども，おおよそのところは知っているはずである。収益を考えないのは，収益があることを知っているから」(矢野 2001：40)ではないだろうか。そればかりか収益率は大学進学の実状を意外と反映していることがわかっている。たとえば同じ時期に大学に進学した者のなかでも，いわゆる有名大学のほう(岩村 1996，島 2021)が，また医学部でも私立大卒より国立大卒のほう(荒井 1995：115)が，収益率が高い。世間の常識がこの点に関しては正しい。また収益率の推移をみると男性のばあい 1980 年ころまでは長期的には逓減しているものの，90 年代半ばまでは安定しその後，上昇に転じている(島 2014)[7]。

9-2. 大学進学についての主観的評価

なぜ全員が大学に行かないのか

したがって収益率は，いろいろな前提のうえに成り立つひとつのシミュレーションと割り切って理解すればよいだろう。そう考えれば重要なのは収益率の非現実性をあげつらうことではなく，その含意を考えることである。つまり内部収益率は長期的にみて銀行預金や信託投資よりも収益性が高いのだから，もし人びとが経済的な収益の客観的な側面だけで判断するならば，全員が大学に進学してもおかしくない。

しかし実際には大学進学率は近年でも 50%程度であり，決して 100%ではない。なぜだろうか。人は経済的な側面だけ考えているのではない，というのがひとつの有力な答えであるが，かりに経済的な側面だけを考えていても，全員が大学へ進学しない(あるいはできない)理由があるに違いない。

現在と将来のどちらを重視するか

それは，時間を重視する程度が，家計の豊かさに依存しているからだと考えられている。かりに「いま 100 万円もらうか，10 年後に 100 万円もらうかどちらか選べる」といわれたら，どちらを選ぶだろうか。ほとんどの人はいまの 100 万円を選ぶだろう。では，「いま 100 万円もらうか，10 年後に

[7] 女性のライフコース別に算出した収益率については遠藤・島(2019)を参照。

150万円もらうか」であったらどうだろう。おそらくお金に余裕がある人は10年待ってでも150万円もらうほうを選ぶであろうし，お金に困っている人はいますぐ100万円をもらいたいであろう。

さらに10年後にもらう金額が200万円へ増額されても，お金に困っている人は依然としていまの100万を選ぶであろう。言い換えれば，お金に余裕のない人を10年間待たすには，受取額が多くないといけない。つまりいくらなら10年待てるかは，その人がどの程度，将来より現在を重視しているかを表している。

家計の豊かさと時間選好率

10年後の150万円を現在価値に割り引くと100万円になるのは，割引率が4.1%のときであり，10年後の200万円の割引率は7.2%である。このときの割引率を**時間選好率**という[8]。一般的に経済的に豊かな人の時間選好率は小さく，お金に困っている人の時間選好率は大きい傾向にある[9]。前者は割引率が4.1%で，150万円でも10年待てるのに対して，後者は割引率が7.2%ないと，つまり200万円を提示されないと10年間待てないからである。

このように割引率は，わかりやすさを優先して単純化していうと，さきほどの大学進学の内部収益率でもあり，同時に時間選好率でもある。したがって，経済的に豊かな家庭では時間選好率が小さいので，内部収益率が低くても大学進学という投資を行う可能性が高いのに対して，お金に余裕がない家庭では時間選好率が大きいので，大学の内部収益率が相当に高くないと進学しないと予想される。言い換えれば，一定の収益率(たとえば7%)が提示されたとき，経済的に豊かな家庭では7%を十分に高いと考え投資するが，余裕のない家庭はそれでは低すぎると評価することが多いだろう。

収益に対する主観的な評価

ここで重要なのは，経済的に豊かな家庭ほど大学進学しやすいという経済仮説の含意を理解することである。すでに説明したように，大学進学には直

8　厳密には時間選好率と割引率は異なるが，ここでは同じとみなして議論を進める。

9　この点に関しては行動経済学の分野でさまざまな実験や調査が行われている。依田(2010：59-64)を参照。

接的か間接的かを問わずお金がかかることは事実であり，だから経済的に余裕のない家庭の子どもほど進学しにくいという説明は直感的でわかりやすい。しかしそれだけではない。経済的に余裕のない家庭の子どもが，なかなか進学しようとしない(できない)のは，時間選好率が高い，つまり現在や近い将来の価値を重視していて，長期的な投資を好まない(選びにくい)からだと考えられる。

要するに，育った家計の豊かさが大学進学に影響するという問題を考える際には，進学に要する客観的な費用のほかに，費用をかけて将来生み出されるであろう収益に対する主観的な評価を考慮する必要があるということだ。

相対的リスク回避仮説

後者の主観的な評価は，客観的な費用より見えにくいだけに分析が難しいが，こうした視点を経済的な収益を超えて階級移動に適用したのが，**相対的リスク回避仮説**である。R. ブリーンと J. ゴールドソープは合理的選択理論の立場から，出身階級によって進学に要する経済的負担能力が異なることを前提に，相対的リスク回避というメカニズムと，階級によって学力や進学後の成功確率の見通しが異なることを主張した(Breen and Goldthorpe 1997)。

その際，誰しも親の階級と同じかそれ以上に達したい，つまり親を基準にして下降することだけは回避したいと仮定されている。そのとき，上流階級出身の子どもは，下降を回避するには親と同じ上流階級に到達することを目指すしかなく，そのためには大学進学はほぼ必須となる。なぜなら学歴社会にあっては，上流階級に属する職業に就くには，大卒の学歴が要件となることが多いからである。

他方で，労働者階級出身者は高卒になった段階で親と同じ階級に到達することがほぼ可能となる(つまり親より下降することは回避された)ので，大学に進学する必要性は乏しい。もちろん進学をしてもよいのだが，進学してもかならず上流階級に達するという保証はない。つまり進学したものの，結局労働者階級に属することになるという失敗のリスクを大きく見積もるということである。したがって，あえて大学進学というリスクを伴う選択をしにくい。

日本では吉川(2006：122-125)が学歴下降回避モデルの有効性を主張している。これは相対的リスク回避仮説の学歴版で，誰しも親の学歴より下降することを回避したいと仮定されている。

ただし，日本で相対的リスク回避仮説が成り立つかどうかは，まだ結論がでていない。各人の将来の学歴や到達階級に対する主観的な評価を正確に測定するのが難しいことが一因である。そこで評価を直接測るのではなく，関連する変数間のパターンが仮説から演繹されるパターンと一致するかどうかによっても，検証が進められている(荒枚2010)。それでもいまのところ全面的に成り立つという結果は得られていないようだ(太郎丸2007，近藤・古田2009)。

複数の仮説から機会の不平等を考える

ここまで2章にわたって，高等教育を受ける機会の不平等について検討してきた。それが日本でなぜ生じるかについては，文化仮説・経済仮説・相対的リスク回避仮説が，いまのところ有力な仮説である。留意すべきなのは，これら3仮説の関係である。家庭の経済状況と文化的背景に関連があることは容易に予想がつく。また家計所得が子どもの学歴に直接的に影響するばかりでなく，文化資本論が主張するように文化的背景を媒介として間接的に影響することもありうる。つまり経済仮説と文化仮説はかならずしも矛盾しない。同様に，進学することの利得に対する主観的評価を強調する相対的リスク回避仮説も，そうした評価が時間選考率に影響されていることを考慮すれば，経済仮説を前提にしていることがわかる。

したがってこれら3仮説は両立可能であり，相補的だと考えるべきである。その意味で，単一の要因だけで機会の不平等を説明しようとするほうがむしろ危うい。ただし要因の相対的な重要性は変化しうる。少子化によって進学競争が緩和されつつある今日，大学さえ選ばなければ進学じたいはしやすくなっている。そのため今後は成績といった文化的な障壁が少なくなり経済的要因の重要性が高まるかもしれない。

効果の異質性

さらに近年は誰に対してどんな影響が大きいかについて議論されるように

なっている。たとえばもともと大学へ進学しにくい人々が大学進学したばあいほど，初職で専門職に就きやすいという報告がある(森 2021)。ミンサー型賃金関数の収益率は基本的にすべての大卒者の所得に対する平均的な効果を表すが，この報告は進学の効果がとくに大きくなる人々がいることを示しており，**効果の異質性**といわれる(→発展9)。経済的に苦しい階層出身者の進学を後押しするとともに，限られた資源を誰に投資するのが効率的かを決めるうえで，こうした分析が今後さらに重要となろう。次章では機会の不平等の趨勢と課題を考える。

発展9　因果効果の大きさを知るには

本章でのミンサー型賃金関数に基づく収益率や私的内部収益率から，大学進学が所得を増加させることが示された。ただし，そのすべてが進学の効果とは限らない。広義の能力など他の要因が考慮されていないからだ。仮に能力は進学前に決まり，能力が高い人はみな大学に進学し，低い人は誰も進学しないと仮定すると，進学と所得の関連は疑似相関(見せかけの関連)で，所得の増加をもたらす真の原因は能力ということになる。疑似相関でなくても，進学が所得に与える効果の大きさは9%(→p. 145)より小さいかもしれない。このように能力が考慮されていないため因果効果の大きさが歪むことを，能力バイアスという(Caplan 2018＝2019：第3章)。

それでは能力バイアスのない，進学が所得に与える正味の因果効果の大きさを知るにはどうすればよいか。同一人物のなかで①高卒後に就職したばあいの(たとえば25歳の)所得と，②大学進学後に就職したときの所得を比べ，両者の差を求めればどうだろう。同一人物のなかでの比較なので，能力などは①と②でとうぜん変わらない。しかしこの値は実際には知り得ない。なぜなら誰でも同時には①か②のどちらかしか経験できないからだ。そこで，能力のほか大学進学(や所得)に影響しそうな要因を適切に統制して(それらの要因がすべて同じ人どうしで)，非進学者と進学者の平均所得の差を求めることになる。

方法論的に望ましいのは，非進学者と進学者を本人の意思とは無関係に無作為に2群に分ける(**無作為割付**という)ことである。そうすれば両群で能力などの分布は等しくなるはずなので，それらを実際に測定せずに，進学についてバイアスのない効果を知りうる。しかし倫理的にこんなことは許されない。そこで，ミンサー型賃金関数の回帰式へ能力の観測変数を加える方法，無作為割付ができないときに事後的にそれを再現する傾向スコアを用いる方法，説明変数とは相関するが誤差項とは相関しない変数を加える操作変数法などが考案されている。本文で言及した森(2021)は，こうした因果推論の方法論に基づき，傾向スコアを用いて効果の異質性を検討している。

ただしいずれにせよ能力を具体的に測定するか，進学に影響する変数を特定する必要があるが，実際には容易でない。能力の観測変数としてIQ(知能指数)を用いる研究や，一卵性と二卵性の双子を比較する研究が欧米では多いものの，異論もある。また能力は大学進学前に決まっていると仮定したが，進学後に能力じたいが変化する(大学教育が能力を高める)可能性はもちろんある。あわせて能力が社会的に構築された概念であることも忘れてはならない(→p. 179)。こうした因果推論と因果効果の大きさについて，大学進学が所得に与える影響を例にした方法論の解説は田中(2015)，事例から理解したい人は中室・津川(2017)，人的資本理論の視点からは赤林(2012)，広く方法論については森田(2014)が参考になる。

発展10　グレート・ギャツビー曲線

本書は結果の不平等から始め機会の不平等へと議論を進めてきたが，両者はどういう関係にあるのだろうか。その参考になるのがグレート・ギャツビー曲線である(図中では直線)[10]。図9-2は，横軸に結果の不平等の指標としてジニ係数を，縦軸に機会の不平等の指標として世代間の所得弾力性をとり，両者の関係を国ごとに示したものである。世代間の所得弾力性とは，親の所得が1%高いと子どもの所得が何%高くなるかを指し，値が大きいほど親子間で所得の相関が高いことを表す。表中の破線が示すとおり，ジニ係数と世代間の所得弾力性は正の相関があるので，結果の不平等な国は機会も不平等なことが示唆される。日本はアメリカほどではないものの，この13カ国中ではどちらも不平等な部類に入る。親世代の結果が不平等であると，それが子ども世代の機会を不平等にすることは十分に考えられる。まだこうした研究が少ないのでそう断定はできないが，いろいろなことを考えさせられる結果ではある。なお，日本ではこれとは別に吉田

---

[10] ギャツビーとはFitzgerald(1925＝1974)の小説「グレート・ギャツビー」における主人公Jay Gatsbyに由来する。格差社会論に疲れた人は，この小説を読むのがよいかもしれない。

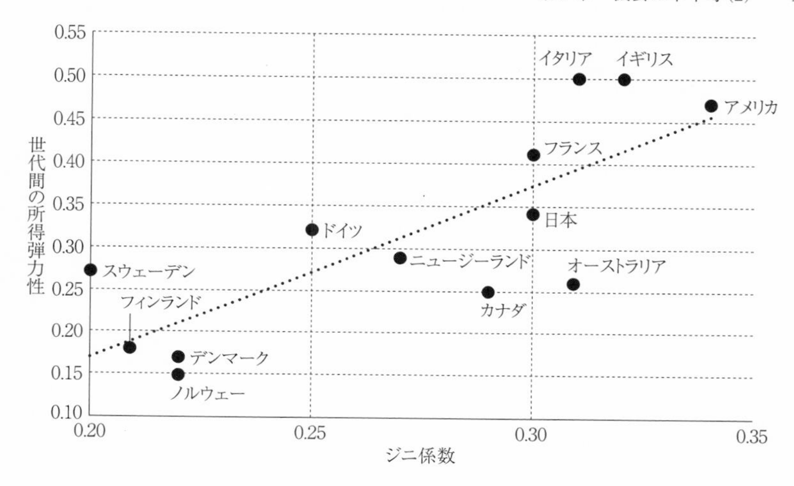

図 9-2　グレート・ギャツビー曲線

（原注）世代間の所得弾力性は Corak(2013)の推計結果，ジニ係数は OECD(2011. Table A8.1)に基づき，筆者が図表を作成。
（注）　筆者(平沢)が表記を一部改めた。
（出所）樋口・萩原(2017：4)の図表 1。

(2011：78)が親の所得を推計して親子間の所得弾力性を求めており，0.35 と報告している。

読書案内

◇荒井一博(1995)『教育の経済学―大学進学行動の分析』有斐閣

収益率の考え方や実例を詳細に述べた書。荒井(2002)は学校が公共性を育むことを強調しており，筆者が教育の金銭的な損得だけを考えているのではないことがわかる。教育経済学については矢野(2001)が身近な題材から論じている。

◇盛山和夫(1997)「合理的選択理論」井上俊ほか『岩波講座現代社会学別巻現代社会学の理論と方法』137-156 頁，岩波書店

近年，注目されている社会関係資本についても解説されている盛山(2006a)とあわせて読むとよい。合理的選択理論と，関連の深いゲーム論については数多くの解説書があるが，Gilboa(2010 = 2013)がよい導き手となるだろう。

◇平沢和司・古田和久・藤原翔(2013)「社会階層と教育研究の動向と課題―高学歴化社会における格差の構造」『教育社会学研究』93，151-191 頁

学歴社会(第 7 章)と高等教育を受ける機会の格差(第 8，9 章)に関して，最近の約 20 年間に生み出された研究をレビューしてある。何が問われ，どのような答えが得られているかを知るうえで参考になると思われる。

第10章　機会の不平等(3)―その趨勢と課題

第10章のポイント

①先進諸国では，1960年代に産業化命題(産業化の進展や大学進学率の上昇に伴って機会の不平等はしだいに解消する)が提起されたが，1970年代以降はFJH命題(相対的な機会の格差は一定)が定説となってきた。
②1990年代以降も高等教育を受ける機会について，格差の持続を主張するMMI仮説やEMI仮説が提起された一方で，しだいに格差は縮小しているという報告もある。
③日本でもそうした報告はあるが，階層の世代間移動と高等教育を受ける機会の不平等に関して，戦後70年間に趨勢の変化がみられないというのがほぼ定説になっている。つまり2000年代以降に格差がとくに拡大したわけではない。
④格差のどの指標に着目するかで，再生産か否かについて異なる結論に至ることがある。ホワイトカラー上層の再生産をめぐる論争をたどることによって，それを確認する。
⑤機会の平等という考え方には，何を実現すべき機会と考えるか，どの機会を優先するべきかという難問を伴っている。さらに機会の平等を実現するには，学歴社会を許容するかどうかなど，検討すべき課題が多い。

キーワード

産業化命題，IMS仮説，FJH命題，MMI仮説，ホワイトカラー上層の閉鎖化，機会の不平等をめぐる問題

10-1. 機会の不平等―その趨勢は変化したか

機会の不平等の要約

第6章以降，出身階層・学歴・到達階層の相互の関連を分析することを通して，機会の不平等を検討してきた。図1-1と対応させながら前章までの知見をまとめれば，以下のとおりである。

子どもが成長し自ら働くようになってから属する到達階層は，親の階層(子どもにとっての出身階層)によって完全に決まってしまうわけではない。戦後の日本社会で，職業に基づいて分類された階層構造が親と子の世代間で大きく変化したことを考慮しても，階層移動がかなり生じている。ただし，社会全体で親の階層は子どもの階層に影響しており，とくに専門・自営ホワイトカラー・自営ブルーカラー・農業階層は相対的に再生産の程度が高い。これは図1-1でいえば，パスcとパスa→パスbをあわせた分析にあたる(→第6章)。

こうした出身階層と到達階層の関連を解くひとつのカギは，子どもの学歴にあるので，学歴が到達階層へ影響するのかをまず確認した。これは図1-1のパスbの分析にあたる。その結果，大学進学率が上昇したことを勘案しても，学歴によって到達階層が異なることに変わりはなかった。つまり戦後の日本は基本的に学歴社会だといえる(→第7章)。

そうであるならば，高い学歴を得る機会が，誰にでも開かれているかが問われる。そこで出身階層によって学歴が異なるかどうか検討したところ，大学進学率が上昇したにもかかわらず，高等教育を受ける機会の格差は解消されずに持続していることが明らかになった。これは図10-1のパスaの分析にあたる。こうした機会の格差は，子どもの出身階層によって，家計の所得(経済仮説)や文化的な背景(文化仮説)が異なるだけではなく，大学に進学することによって得られる収益とリスクに対する主観的な評価(相対的リスク回避仮説)が違うからだと考えられる(→第8，9章)。

要するに，機会の不平等が存在するということである。ただし前章までの議論では，わかりやすさを優先してそれぞれの関連(パス)を個別に検討してきた。また分析結果も2015年調査時に35〜49歳(1966〜80年生まれ)の男性をおもに提示してきた。そこで本章では，より幅広い年齢層について，出身階層・学歴・到達階層の3つの変数の関連を同時に分析するとともに，それらの関連がどう変化してきたかについてあらためて考える。まずは先進諸国で提起された仮説や命題を確認しておく。

先進国での産業化命題の検証

先進諸国におけるこうした議論の焦点は，**産業化命題**の検証にあった。産業化命題の内容は多岐にわたるが，その中心はのちにJ. ヨンソンが**IMS**(Increased Merit Selection, →Goldthorpe 1996＝2005)と呼んだ**仮説**である。戦後，産業化の進展や高等教育への進学率の上昇に伴って，出身階層が学歴や到達階層に与える影響(パスaとc)が弱まる一方で，学歴の影響(パスb)が強まるという。これが正しければ，機会の不平等はしだいに解消されるはずである。P. ブラウとO. ダンカンは，パスcの効果よりもパスa→bの効果が大きく，パスbの効果がしだいに強まっているとして，産業化命題を基本的に支持するとともに教育の重要性を強調した(Blau and Duncan 1967)。

けれども1970年代に入ると，D. フェザーマンらが，産業化が進行した社会での相対的な機会格差は一定である(**FJH命題**)として，移動機会の平等化が直線的に進まないことを示唆した(Featherman, Jones and Hauser 1975)。親と子の世代間で職業階層の分布が変化しているが，その影響を除去した，出身階層が到達階層に与える影響を相対的な機会格差といっている(→第6章)。長らくこの趨勢命題が事実上の定説になってきた。

格差維持仮説と反論

その後こうした格差のなかでも高等教育を受ける機会の不平等に関しては，**MMI仮説**(Maximally Maintained Inequality)が提起された。高等教育の進学率が上昇しても，上層階層出身者のほうがその恩恵を早く享受できるので，進学格差が解消するのは，上層階層の進学率が飽和(十分に上昇)してからになるという(Raftery and Hout 1993)。実際に，大学進学率の上昇によって，高等教育を受ける機会の不平等は男女間で小さくなりつつあるが，出身階層間では多くの先進国で持続したままであることが確認されている(Shavit and Blossfeld eds. 1993)。また大学進学が一般化しても，今度はどの大学へ進学するかに格差の焦点が移るといった**EMI 仮説**(Effectively Maintained Inequality)も提起された(Lucas 2001)。このようにどちらかといえば機会の不平等に変化がないことを示す結果が多い。

けれども近年，再びIMS仮説が検証され，Breen et al.(2009)は西欧を中心に高等教育を受ける機会の不平等はしだいに弱まってきていると主張している。日本でも近藤・古田(2009)が2005年SSMデータを用いて同様の分析を行ったところ，高度成長期以降に進学時期を迎えた1956〜70年生まれでは格差の縮小が進行したことを報告している。

したがって，先進諸国について結論が一致しているわけではない。その背景には，各国に固有の事情のほか，分析の焦点が階層の世代間移動か高等教育を受ける機会か，さらに分析方法と分析対象コーホートの違いがある。ただし強調しておきたいのは，たとえ格差が縮小しているという報告があるにせよ，格差がなくなったといっているわけではない点だ。その意味で現時点での議論の焦点は格差の有無ではなく，その程度(の変化)である。

パス解析による検証

こうしたなかにあって，世代間移動について日本ではどうなのであろうか。これを確かめるひとつの方法は，さきのBlau and Duncan(1967)のモデルにならって，出身階層(父職・父学歴)・学歴・到達階層(子ども本人の現職)のすべてを量的変数に置き換えたうえで行うパス解析である(→コラム9)。職業は職業威信スコア(→p. 80)，学歴は学校教育を受けた年数(たとえば大卒なら16年)に変換される。

2015年調査時に20〜59歳(1956〜1995年生まれ)の男性について結果は図10-1のとおりである。このモデルでは，本人現職の職業威信スコアの分散(平均からのばらつき)が，本人教育年数と父親職業威信スコアによって説明される。他の変数の影響を除去した後のそれぞれの正味の影響力を示すのが，矢印の脇に書かれたパス係数である。またこのパス係数は標準解なので，絶対値が大きいほど影響力が大きく，その大小を比較してよい。本人教育年数

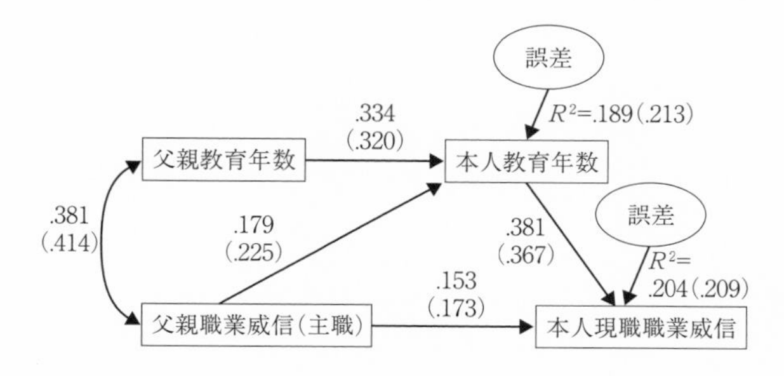

図 10-1　地位達成分析のパス図

(注)　パスの近くの数値はパス係数(標準解)ですべて有意($p<.001$)，R^2 と標準解についてはコラム 9 を，双方向のパスについては注 1 を参照。父教育年数から本人現職職業威信へのパスは有意でないためモデルに含まれない。(　)内は 2005 年調査の数値。$n=1474$，$\chi^2=1.650$，$p=.199$ ($n=1609$，$\chi^2=1.216$，$p=.270$) なので，このモデルはデータに適合しているといえる。

(出所) 2005・2015 年 SSM 調査データから筆者が作成。

のパス係数は 0.381，父親職業威信は 0.153 なので，前者のほうが本人職業威信により強く影響しているといえる。係数が正なので，父親職業威信が同じであれば教育年数が長い(学歴が高い)人のほうが平均的には職業威信が高く，その影響力は父親の職業威信より大きいということだ。言い換えれば，本人の学歴という業績的要因が，父親の職業という属性的要因よりも，本人の地位達成に影響していると解釈できる。

ただし本人教育年数じたいが，属性的要因である父親の職業(パス係数は 0.179)と学歴(0.334)の双方に影響されている[1]。したがって，父親の職業や学歴といった家庭環境が，本人の教育年数を通じて本人の職業に対して間接的に影響していることを忘れてはならない。しかも，さきほどみたように，父親職業威信から本人職業威信への直接的な影響も残っている。

図中で(　)に示した数値は，2005 年調査時に 20～59 歳(1946～1985 年生

[1] このモデルでは父親教育年数と父親職業威信を外生変数(このモデルにとって所与とみなす変数)と考え，両者間の因果関係は想定していないので，関連だけを示す相関係数(両矢印のパス)が記されている。

コラム9　回帰分析

ミンサー型賃金関数(→p. 144)やパス解析(→p. 163)の基礎である回帰分析の考え方と結果の読み取り方の要点を，架空例を通じて確認しておこう。

A 中学校 1 年生 100 人から 10 人が無作為抽出(→p. 14)されている。あるテストの点数 y(単位は点)を，自宅での勉強時間 x_1(単位は時間)で説明するという仮説を検証したい。このとき y を**従属変数**(**被説明変数**)，x_1 を**独立変数**(**説明変数**)という。10 人の x_1 と y は表 10-1 のとおりで，2 次元上に図示したのが図 10-2 である。図中の点 1 つが生徒 1 人を表す。この図を眺めるだけでも 10 の点が右上がりに分布しているので，勉強時間が長い生徒のほうがテストの点数が高いことがわかる。ただしこれだけでは勉強時間とテストの点数との関連の程度が明確には表現できない。そこですべての点にもっとも近い直線を引くことを考える。その直線のことを**回帰直線**といい，以下のような**回帰式**で表される。

$$y = \alpha + \beta_1 \times x_1 \quad \cdots\cdots\cdots\cdots \text{①}$$

ここで β_1 を x_1 の**回帰係数**という。高校で習った方程式を思い出せば，β_1 は直線の傾き，α は**切片**($x_1=0$ のときの y の値)である。10 組の x_1 と y が数値として与えられているので，求めるべきは α と β_1 である。その際，各点は

$$y = \alpha + \beta_1 \times x_1 + \varepsilon$$

と表現できる。ここで ε は**残差**(**誤差**)で，各人の実際の値と回帰直線上の予測値の差である。残差の二乗の 10 人分の和がもっとも小さくなるように，α と β_1 を求める。それを**最小二乗法**というが，その計算方法を知らなくても表 10-1 をデータとして入力しコマンドで指示すれば，Excel や**統計ソフト**(R，SPSS など)が算出してくれる。結果は，表 10-2 のモデル 1 のように報告されることが多い。表中の勉強時間の**非標準化係数**が求まった β_1，切片が α なので，①式に代入すると，

$$y = 51.056 + 23.032 \times x_1$$

となる。これが求めていた回帰式で，こうした分析を**回帰分析**という。

この表または式が表現していることは，②「勉強時間が 1 時間長いとテストの点数が(平均的には)約 23 点高い」ということである(β_1 が負であれば 23 点低い)。非標準化係数は各変数の単位をつけて解釈する。

これで当初の目的は果たされたが，いくつか知っておいたほうよいことを記しておく[2]。非標準化係数の右肩の＊(アスタリスク)は表の脚注に示されたとお

[2] 表中の**標準誤差**は β の値の標準偏差(ばらつき)を表している。母集団からの無作為抽

表 10-1　各変数の数値

ID (単位)	y 点	x_1 時間	x_2 百万円
1	66	0.7	5.7
2	90	1.5	7.2
3	54	0.4	3.5
4	71	0.8	4.1
5	82	1.8	6.6
6	79	1.1	4.5
7	73	1.3	5.9
8	95	1.2	7.9
9	59	0.9	4.9
10	88	1.0	6.4
平均	75.7	1.07	5.67

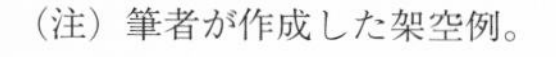
(注) 筆者が作成した架空例。

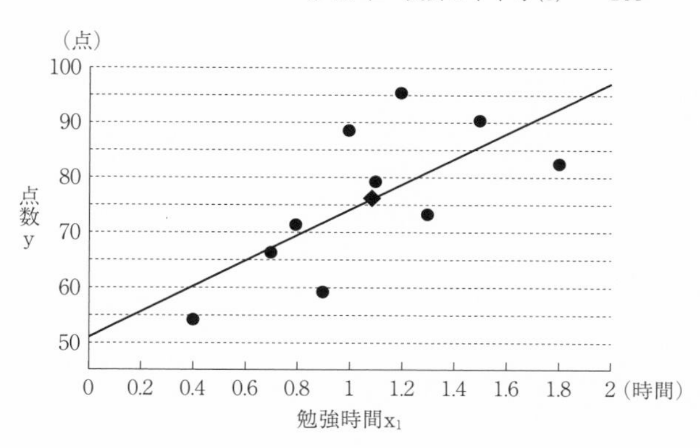

図 10-2　テストの点数と勉強時間の散布図
(注) ◆は x_1 と y の平均を，太線は回帰直線を表す。

表 10-2　テストの点数を従属変数とする回帰分析

	モデル 1			モデル 2		
	非標準化係数	標準誤差	標準化係数	非標準化係数	標準誤差	標準化係数
切片	51.056***	9.724		31.117*	11.421	
勉強時間	23.032*	8.552	0.690	7.313	9.496	0.219
世帯年収				6.483*	2.731	0.675
	n = 10，F = 7.253*，調整済み R^2 = 0.410			n = 10，F = 8.544*，調整済み R^2 = 0.626		

*$p<0.05$，**$p<0.01$，***$p<0.001$
(注) **$p<0.01$ はこの表には該当しないが，例として表示。(非)標準化係数は(非)標準解，切片は定数項ともいう。F 値はモデル全体の有効性を示し，有意確率に注目する。さらに通常は自由度を考慮した調整済 R^2 を表記する。

り**有意確率**が 5%より小さいこと，つまり②がこの標本 10 人だけでなく，母集団の 100 人でも成り立つと推測できることを示している。有意確率が 5%未満であれば，そう判断をすることが多い[3]。切片は②を述べるだけであれば不要だが，ある x_1 の値が与えられたとき，y の予測値を計算する際などには必要なので，表に示しておくのが通例である(切片の有意確率は 0.1%より低い)。R^2 は**決**

出はふつう 1 回しか行われないが，かりに標本に選ばれるメンバーがほかの 10 人であれば，β の値は別の値になりうる。標準誤差から母集団での β のおおよその範囲(95%信頼区間)を計算できるので表示したほうがよい。本例はケース数が少ないのでその区間は $23.032 \pm 8.552 \times 2.306^*$ ($=3.311 \sim 42.752$) とかなり広い。ケース数が 20 以上あれば＊は 2 として計算してよい。

[3] 5%以上のときは，母集団で②の結果は成り立たないと判断する。

定係数といい，y の分散を x の分散で説明できた割合を表す。この場合は41.0%であった。社会現象の 1 変数で 40%はかなり高いほうである。

以上は勉強時間 x_1 だけでテストの点数を説明したが，家庭の世帯収入 x_2(単位は百万円)もテストの点数に影響しているとの仮説を検証するには，x_1 と x_2 を回帰式へ同時に投入することになる。独立変数が 2 つ以上の場合は**(重)回帰分析**，複数の係数を**偏回帰係数**という。その結果が表 10-2 のモデル 2 だが，それぞれの偏回帰係数は他の変数を統制した(他の変数の値が同じ者どうしで比べた)後の影響を表すことに留意しなければならない。また勉強時間は有意でなくなったので，テストの点数を左右しているのは世帯年収だとひとまず解釈する。y への影響力を x_1 と x_2 で比較したいときは**標準化係数**を見る[4]。(x_1 と x_2 がともに有意であれば)絶対値が大きい世帯年収のほうが，テストの点数への影響力が相対的に大きいと判断する。こうした社会統計学の方法論については，基礎から統計ソフト R で自習しながら学べる杉野(2017)がわかりやすい。

まれ)の男性の結果である。それと 2015 年の結果は同様の傾向を捉えているといってよいだろう。1995 年調査以前については今田(1999：7)が行っており，これらのパス係数はほとんど変化していないことが確かめられている。したがって，戦後 70 年間にわたって日本は，高等教育を受ける機会と世代間移動において不平等がある社会だということになる。

対数線形分析による検証

もうひとつの方法は，主として階級論に立脚して考案された対数線形(ログリニア)モデルによる分析である。この方法では，パス解析と異なり，変数は数量化されずにカテゴリーのまま投入される。具体的には，出身階層(父職)・学歴・到達階層(子ども本人の初職)からなる 3 重クロス表に関して，たとえば学歴と初職は連関があるが出身階層はいずれとも関連がない，といったモデルを複数作り，それぞれのモデルのデータへの適合度(あてはまりのよさ)を比較する。

近藤(1997：32)はこれを応用して図 10-3 のような結論を得た。戦後から1990 年代までの社会変動のなかで①職業的世襲(図 1-1 のパス c)や②出身の

4　x_1，x_2，y の数値を標準化(平均が 0，分散が 1)した後に求めた回帰係数を標準化係数という。切片は 0 になるので表中に表記しない。また元の単位をつけて解釈はできない。

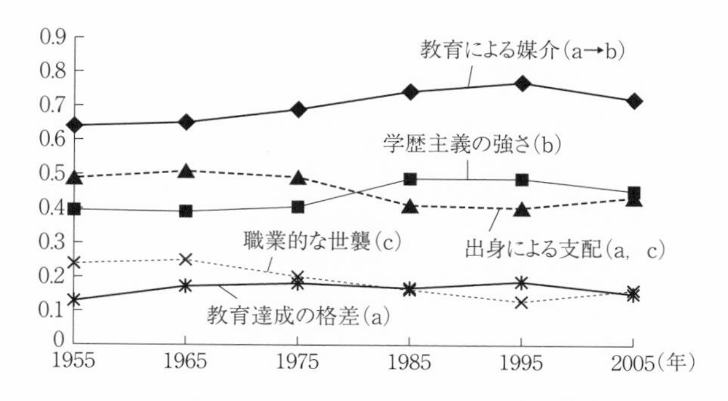

図 10-3　出身階層・学歴・到達階層の連関

(注)　1955〜2005年の各SSMデータで20〜69歳の男性について,「父職」「本人学歴」「本人初職」の3重クロス表を対数線形分析しその適合度から作成した。縦軸の数値は相対的な重要度を示す。abcが図1-1の各パスに対応している。

(出所)　近藤(1997：32)をもとに筆者が作成。

支配(aとc)は弱まっており,③逆に学歴主義(b)は強まっている。しかし同時に④教育達成格差(a)は安定しており,⑤教育媒介移動(a→b)が強まっている。つまり戦後50年間に高学歴化が進行し,学歴が世代間の移動にとってますます重要になっているものの,出身階層間にある高等教育を受ける機会の格差は解消していない,ということである。1995年から2005年にかけてはやや異なる傾向がみられるものの,以上は社会階層と教育機会に関する基本的な趨勢と考えてよい。

ホワイトカラー上層が閉鎖化？

結局,階層の世代間移動と高等教育を受ける機会の不平等に関して,戦後70年間に趨勢の変化がみられないということである。この点は最新の2015年SSMデータを分析した石田(2021：31-33)によっても確かめられている。言い換えれば,2000年以降とくに格差が拡大したわけではない,ということでもある。

これは意外な結論かもしれない。そこで以下では,**はじめに**で言及した佐藤(2000)とそれへの反論をみてみよう。これらは以上とは異なって社会全体

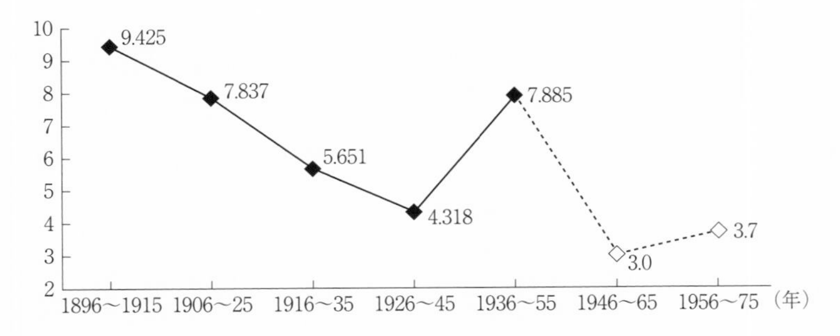

図 10-4　出生コーホート別ホワイトカラー雇用上層のオッズ比

（注）　父主職と本人 40 歳時職からホワイトカラー雇用上層のオッズ比を求め，本人の出生コーホート別に示した。

（出所）図中の◆は佐藤（2000：203）から転載，◇は Ishida（2018：59）の Figure 4 の数値を筆者が読み取り対数オッズ比をオッズ比に変換して表示した。石田・三輪（2011：23）をあわせて参照。

ではなく，特定の階層に焦点を絞った研究であり，論争からもやや時間がたっているが，今後の格差社会を見据えるうえで示唆的である。

そこでの重要な指標は世代間移動を論じた際に言及したオッズ比である。オッズ比とは，たとえば親が上層である子どもは，親が上層以外の子どもと比べて，子ども本人も上層にどの程度なりやすいかを示す指標である（→p. 100）。なりやすさに違いがないときは 1 で，1 から離れるほど格差が大きいことを表す。このオッズ比を用いて世代間移動の不平等化を指摘したのが，佐藤（2000）である。佐藤は，SSM データにおける 6 つの職業階層のうちもっとも上層にあると考えられる「ホワイトカラー雇用上層」[5] のオッズ比を，子ども（調査対象者本人）の出生コーホートごとに算出している。

その推移を示したのが図 10-4 の◆の点である。ここでの子どもの職業階層は 40 歳のときの階層に揃えられているので，父親の職業階層が子どもにどう影響したか，その変化を知ることができる。それによれば 1926～45 年

5　佐藤（2000：25）のいうホワイトカラー雇用上層とは，専門職と管理職の被雇用者のことである。管理職は官公庁と 30 人以上の企業の課長相当職以上（ただしもっぱら管理だけをしているばあいは 30 人以下の企業も含む）を指す。

表10-3　高学歴・上層ホワイトカラー階層の再生産率

（単位：%）

調査年	流出再生産率	流入再生産率
1955	58.6	19.3
1965	62.2	24.2
1975	62.1	20.7
1985	56.9	17.6
1995	59.1	25.2

（注）　各調査年のSSMデータから盛山が算出。筆者が表記を一部改めた。
（出所）盛山(2003：91)。

生まれの子どもは，オッズ比が4.318へ低下したのに対して，1936～55年生まれでは反転して7.885に上昇している(佐藤2000：58，203)。これをひとつの根拠として佐藤は，日本が「努力すればナントカなる」＝「開かれた社会」から「努力してもしかたない」＝「閉じた社会」へ変容したと指摘した。

この結論は，戦後の日本が平等な社会だ，あるいは「1億総中流」(→ p.84)だと思っていた人々に冷や水を浴びせる恰好になった。バブル経済が崩壊してから10年が過ぎ去ろうとしているにもかかわらず，依然として雇用情勢が厳しかった時期に刊行されたこともあって，同書は橘木(1998)とともに，いわゆる「格差社会論」の火付け役になったのである。

閉鎖化はしていない？

佐藤(2000)に対しては，おもに2つの反論がある。ひとつは盛山(2003)である。盛山の批判はいくつかの論点にわたるうえに，盛山は佐藤と異なって上層ホワイトカラーでかつ高学歴の者からなる階層の再生産を論じているので直接比較できないものの，参考にはなる。ここで重要なのは，再生産には流出再生産と流入再生産の2つの側面がある点だ(→第6章)。流出再生産率とは，親が上層のうち子どもも上層である者の比率であり，流入再生産率とは，子どもが上層のうち親も上層であった者の比率である。前者が高ければ，後者が高いように思いがちであるけれども，かならずしもそうではない。

実際，佐藤(2000)が用いたのと同じ1995年SSMデータでは，表10-3に示したとおり，流出再生産率はたしかに高いものの流入再生産率は低い。つまり親が上層だと子どもも上層になりやすいという意味では再生産だが，上層の子どものうち親も上層だった者が少ないという意味では再生産はおきていない。上層には新規参入者が多いのだ。佐藤(2000)はオッズ化の高さに着目して再生産を主張したのに対して，盛山(2003)は流入再生産率の低さを強調して再生産を疑ったのである。

以上は，再生産のいずれの側面に着目するかに関する論争である。それに対して Ishida(2018)は，より直接的な反証を行っている。佐藤(2000)の用いた 1995 年 SSM 調査の後に行われた 2005 年と 2015 年 SSM 調査のデータを使って，佐藤と同じ手続きでホワイトカラー雇用上層のオッズ比を，より若年のコーホートについて求めている。その結果，オッズ比は 3.0 と 3.7(図 10-4 の◇)となり，1936～55 年生まれはもちろんのこと，それまででもっとも低かった 1926～45 年生まれよりも下がっていた。

つまり佐藤のいう再生産は，特定のコーホートでだけ生じていた，いわば例外的な現象であることが疑われるのだ。そのほか，当該のコーホートがホワイトカラー雇用上層に到達したのは，かならずしも 1990 年代ではないことも指摘している(石田・三輪 2011)。これらをあわせて考えると，ホワイトカラー雇用上層に閉鎖性があるのは事実だが，1990 年代に格差が拡大したというのは無理があるようだ。

再生産のゆくえ

いったい格差は拡大したのか，していないのか。もちろん他のデータや分析を積み重ねる必要があり，この論争だけで結論を出すことはできない。重要なのは，上層階層の流入再生産率のゆくえである。盛山(2003)はこれが低いことを，再生産がおきていないことの根拠にしている。この状況は今後も続くのであろうか。誰しも将来のことなどわからないといってしまえばそれまでだが，まったく何も予測できないわけではない。

近藤(2002：71-76)は，ブードンの支配係数を用いたシミュレーションを行っている。支配係数とは，世代間移動表で出身階層と到達階層の大きさ(周辺分布)が与えられたとき，両者の関連の強さ(再生産の程度)を 0～1 で示した値である。それによれば，盛山がいうように流入再生産率が低い，つまり上層が上層出身者に独占されていないのは，上層が世代間で拡大しているからである。裏返していえば，上層の拡大が止まると，とたんに流入再生産率が高まるということだ。

もちろんシミュレーションは支配係数の設定をはじめいくつかの仮定に基づくので，かならずそうなるというものではない。けれども，すべての階層のなかで上層の占める比率が，際限なく高まることはあり得ないので，この結果は示唆的である。その意味で，盛山の主張がそのまま将来にあてはまるかどうかは疑問が残る。要するに，階層の再生産が今後いまよりも顕在化する可能性もあるということだ。

10-2.　機会の不平等をめぐる課題

見えにくい機会の不平等

これまでの議論から，高等教育を受ける機会の不平等や上位とされる階層へ到達する機会には出身階層間で不平等のあることが示された。その程度についてはさまざまな報告があるものの，戦後の長期間にわたってそれほど大きく変化していないと考えてよいだろう。そして本書の前半では結果の不平等も確認された。これらが判明したいま，どちらの不平等の動向を注視すべきであろうか。

もちろんいずれも注意深く観察する必要があることはいうまでもないが，強いていえば機会の不平等であろう。なぜなら，結果の不平等は誰の目にもみえやすいのに対して，機会の不平等は意識的に観察しないと見逃しやすいからである。所得の低下，生活保護世帯の増加，あるいは非正規雇用の増加といった絶対的な変化は実感しやすい。それに対して階層が再生産されているのか，親の階層によって子どもの学歴が異なるのかなどの相対的な有利あるいは不利については，日常生活のなかだけでは判断しにくい。

しかも機会が不平等かどうかは，第1章で記したとおり，その原因を特定しないと判断できない。さらに後からしかわからない(佐藤 2000：167-169)。というのも，出身階層によって学歴や到達階層が異なるかどうかは，少なくとも子どもが成長し最後の学校を出て就職しないと，結論が出せないからである。つまり，結果がわかるのに時間がかかる。それだけにある一時点でわかる結果の不平等に目を奪われ，機会の不平等の動向を見逃すことがあってはならない。

機会の平等が抱える困難

ただし機会の不平等という考え方には，根源的な困難が潜んでいることを認識しておく必要がある。機会の不平等として，これまでと同様に大学に進学する(できる)かどうかを例に考える。その要因は，第8章で述べたとおり2つに大別できる。ひとつは生まれた時代，出身階層(育った家庭の所得や親が教育熱心かどうか)など，子ども本人が変えることができない原因であり，生得的(属性的)要因といわれる。もうひとつは，子ども本人の力で変えることができる原因で，選択的(業績的)要因といわれる。ただし選択的要因といっても，完全に自由に選択できるとは限らず，周囲の影響を受ける側面を有している。それをここでは環境的要因といっておこう。

いずれに分類すべきか判断が難しいのは，学校の成績や努力である。学校の成績は，子ども本人の意思や努力するかどうかによって変わってくるであろう。少なくとも生まれつき決まっているとは考えにくいので，第8章ではひとまず選択的要因と考えた。けれども努力するかどうかじたいが親の影響を受けることは容易に予想されるので，学校の成績も(名称がふさわしいかどうかはともかく)環境的要因とみなしうる。学校の成績をより抽象的に「能力」と捉えれば，遺伝に影響されているかもしれない。そうであればなおさら選択的要因とは断言しにくくなる。

努力にせよ学校の成績にせよ，実際にはなかば生まれつき，あるいは周囲の環境の影響を受ける部分と，それらの影響を受けながらも本人の意思によって形成され自主的に選択される部分とがあるだろう。両者を完全に切り分けることは難しいが，そうした試みは重要である。なぜなら，機会の不平等とは，高等教育へ進学するかどうかに，環境的要因が作用している状態と考えられているからである(Roemer 1998)。言い換えれば，たとえば成績が完全に選択的要因であれば，進学に影響していても不平等として問題視されない。自ら悪い成績を選択して，かりに低い学歴や地位にたどり着いても問題にする必要はない。他方で環境によって成績が悪くならざるを得なかったのであれば不平等であり看過しがたい。

環境的要因を除去するとは

いま努力や学校の成績を環境的要因とみなし，そうした要因によって生じる機会の不平等を解消しようとすれば，生得的な要因である家計所得はもちろんのこと，努力や学校の成績が進学に与える影響を除去しなければならない。除去するとは，たとえば家計所得の低い層と高い層の大学進学率が等しくなることを意味する。同様に努力した者とそうでない者(学校の成績のよい者と悪い者)の大学進学率も等しくならなければならない。少なくとも論理的にはそうなる。

こうなると，いくら機会の平等のためとはいえ，違和感を覚える人もいるだろう。そこで除去すべき要因に優先順位をつけることも考えられる。もし子どものあずかり知らぬところで決まっている家計所得の影響をまず断ち切りたいのであれば，貧しい家庭の出身者は，たとえ学校の成績が低くても(無条件で)大学へ進学させることが生じうる。

それとも学校の成績はあくまでも選択的要因と考え，どんなに経済的に恵まれなくても学校の成績が悪い者には進学を認めるべきではないのか。実際にはそうした除去すべき原因の選択や，その優先順位の決定が難しいと予想される。結局，機会の不平等をすべて解消するには，全員が大学に進学するという結果の平等を招来することになりはしまいか。そうなると，機会の平等を結果の平等と分けて考える意義はあるのか疑念が生じる(盛山 2006b：162-167)。

もちろん，だからといって，機会の不平等を解消しなくてよいということにはならないだろう。けれどもそれを実現するには，そもそも平等を実現すべき機会とは何かを特定し，除去すべき原因のバランスをとるという厄介な問題がついてまわることを覚悟しなければならない(→発展11)。

学歴社会の容認？

さらに，こうした難点を克服できても，機会の平等を実現するにはもうひとつ条件がある。それは，学歴社会を容認することである。学歴社会とは，その定義から，学歴と到達階層の関連がある社会である(→第7章)。大学進学の動機は多様だが，もし大学進学が望ましいとされる階層や高い所得に結びつかなければ，よほどの勉強好きでない限り，わざわざ高い費用をかけて大学へ進学などしないだろう。学歴に応じて人々を選抜し処遇する学歴社会だからこそ，人びとは苦労して大学に行こうとするのではないか。

けれども，日本では学歴社会はきわめて評判が悪い(→第7章)。学歴社会がよいとの意見はほとんど聞かれないのに対して，その批判は山のようにある。学歴と「実力」は乖離しているにもかかわらず，高い学歴だというだけの理由で優遇されている者がいるではないか。

もちろんこうした批判のなかには耳を傾けるべきものもある。しかし，そもそも学歴が選抜に利用されるおもな理由は，個人の能力それじたいを測定するのが難しいこと，それゆえ代理指標として用いざるをえないこと，にあったのではないか(→p. 116)。したがって学歴を批判する際には，学歴より優れた機能的な代替指標を提示する必要がある。学歴に代わって実力本位が望ましいというが，その「実力」は誰がどのように測るのかが示されないと，議論が先に進まない。

こうしてみると機会の不平等というのは，論点の多いなかなか手強い概念であることがわかる(→発展11)。そこで**おわりに**では，機会の平等のみならず結果の平等を模索する意義について考えてみたい。

発展11　機会の平等を模索した1960～70年代のアメリカ

教育機会の平等という考え方に大きな影響を与えた1960～70年代のアメリカでの国家による取り組みと，その成果を検証したコールマン報告，ロールズの格差原理について，黒崎(1989)などを参考にみておこう。

アメリカでは1964年に公民権法が成立し，おもにアフリカ系アメリカ人などの黒人にも，参政権などの公民権が承認される。けれども長い差別の歴史を反映して，黒人はおしなべて経済的に貧しく社会的な地位も低いままであった。そこで当時のジョンソン大統領は「貧困との戦い」を宣言して，さまざまな政策を実行しようとしていた。具体的な内容をまとめたのが，労働次官補であったモイニハンで，その文書(Moynihan 1965)は通称モイニハン・リポートと呼ばれている。そこでは，世代間での貧困の再生産を解消するために，教育予算を増額しておもに黒人の子どもの教育環境の改善や，補償教育を行うことが提案される。補償教育とは，通常より1年早く小学校に入学させる「ヘッドスタート計画」などを指す。全体として白人と黒人という当時の「人種間」(今日でのカテゴリー間)での平等が目指された。

こうした施策が当初の目標を達成しているかを検証するために，1966年にコールマンらによって調査報告書がまとめられた。それは通称**コールマン報告**(Coleman J.S. et al. 1966)といわれるが，結果は予想を覆すものであった。というのも白人が多い学校と黒人の多い学校の施設やカリキュラムなどにほとんど差はないこと，白人と黒人の成績の差は小学校で生じるのではなく，入学の時点ですでに差がついていたこと，などが明らかになったからである。

そこでモイニハン・リポートが強調したように，小学校以降の公教育を黒人がうまく利用できるようにその能力を開発するだけでは不十分であり，同じIQである者は人種や家庭環境によらず同じ学歴が得られるように，さらに踏み込んだ「結果の平等」が必要であるとされた。具体的には，社会的に高い地位に達するには大学に進学することが重要なので，**積極的差別是正措置**[6]が推進された。黒人に優先枠を設けるクォータ制や，マイノリティーの点数を加算するなどして，大学に入学しやすくした。

こうした一連の動きは，機会の平等から結果の平等への転換と表現されている。つまり公民権を認めるといった形式的な平等だけでなく，より実質的な平等を目指すべきだということである。なお，そこでは教育達成(学歴)が結果とみなされているので，「結果」の平等と表現されているものの，それは本書でいう教育の「機会」の平等に近い。

その後，補償教育や積極的差別是正措置は，その有効性を巡って激しい議論を巻き起こした。とくに後者については，大学入試において同じ点数であっても，白人は落ち黒人は合格するといった事態が生じる。そのため**逆差別**であるとして，白人によって裁判がおこされた。1978年のバッキ判決では，クォータ制は違憲とされたものの，入試における優遇措置が今日でも一部の大学で行われている。

---

[6] 積極的差別是正措置はaffirmative actionの訳語であるが，(積極的)格差是正措置ともいう。またpositive actionもほぼ同義とされ，それには積極的改善措置との訳もある。辻村(2011：第二章)参照。

これ以降，積極的差別是正措置は，その目的を「過去の差別の影響の是正から将来のより多様な社会への準備に変え」たとされる(川島 2014：7)が，人種間の機会の不平等をまず除去すべきと決めても，その実現は一筋縄でないことがわかる。

1970 年代には J. ロールズ(1921～2002 年)が『正義論』(Rawls 1971＝2010)を著し，機会の平等に関する議論に一石を投じた。彼によれば最終的に二つの原理が選択される。第一原理は思想・信条・政治的結社・財産権などに関する基本的な諸自由をすべての人が平等に持つこと，第二原理は(a)「社会的・経済的不平等が，機会の公正な平等という条件のもとで全員に開かれた職務と地位に伴うのであるということ」，(b)「社会的・経済的不平等が，社会のなかで最も不利な状況にある構成員にとって最大の利益になるということ」(Rawls 2001＝2004：75)であり，(b)は**格差原理**といわれる。

最も不利な状況にあるとは「所得に関して最低の期待を有する階層に属する人々」(同：102)のことである。他方で恵まれた才能は偶然与えられるものであるから，その恵まれた才能を社会全体の共通の資産として活用するのであれば，不平等や格差は許容される。つまり結果の平等ではなく機会の平等を目指すことに，規範的な基礎を築いたのである。規範的な社会理論については，川崎・杉田編(2012)を参照。

読 書 案 内

◇佐藤俊樹(2000)『不平等社会日本―さよなら総中流』中央公論新社

既存研究とは異なって本人が 40 歳のときの職業階層からオッズ比を求め，上層階層の再生産を指摘した書。かなり専門的な論点が身近な話題を例に論じられている。

◇近藤博之(2002)「学歴主義と階層流動性」原純輔編著『講座社会変動 5　流動化と社会格差』59-87 頁，ミネルヴァ書房

教育機会の不平等と階層の再生産について，本文で言及したシミュレーションを含めて簡潔に論じられている。近藤の著作はいずれも重厚で示唆に富む。メリトクラシーについては近藤(1990)と近藤(2000)を参照。

◇足立浩平(2006)『多変量データ解析法―心理・教育・社会系のための入門』ナカニシヤ出版

回帰分析・パス解析などの多変量解析の方法論が，考え方と結果の読み取り方を中心にわかりやすく解説されている。対数線形分析については，太郎丸(2005)を参照。

おわりに

持続する不平等

本書では結果の不平等の指標として，ジニ係数(世帯間または個人間の所得の不平等)，相対的貧困率，非正規雇用者率などに着目した。他方，機会の不平等については，階層(階級)という概念を用いて，出身階層，学歴，到達階層の３者の関連を中心に検討した。それらから今日の日本社会では，結果の不平等と機会の不平等がいずれも観察されるものの，格差が拡大しているかどうかはどこに着目するかによって答えが異なることを示した。したがって格差の内容や時期を特定したうえで，ひとつひとつデータで丁寧に確認する必要がある。具体的な知見は各章の扉のページで要約したので，ここではくりかえさない。

結果の平等から機会の平等へ？

それらをふまえて今後どのような方向を目指すべきなのだろうか。もちろんこれは価値判断を含む問題なので，いろいろな考え方がありうる。そこで以下では私見を交えながら考えてみたい。

そのとき近年，耳にすることの多い「結果の平等から機会の平等へ」という主張が，議論の出発点になるだろう[1]。なぜなら「所得や働き方(正規雇用かどうかなど)がみな同じというのは非現実的であり，むしろ結果が異なるからこそ人は努力する。その条件として誰もが高い所得や地位に到達する機会の平等を保障することが重要である。裏返していえば，機会の平等が担保されれば結果は不平等でもかまわない」。同意する人も多いのではないだろうか。

家庭の文化的背景

しかし私は「機会の平等とある程度の結果の平等」をどちらも目指すべきではないかと考えている。結果の平等にも配慮すべきおもな理由は３つある。

第一の理由は完全な機会の平等を実現するのはきわめて難しい点にある。

---

[1] この点に関する日本の動向に関しては苅谷(2001：6章)を参照。

いま高等教育を受ける機会を考えると，第8〜10章でみたとおり，大学進学率が5割を超えた今日でさえ，出身階層によって大学進学率はかなり異なる。もちろん戦前に比べれば戦後は高度経済成長や奨学金をはじめとする経済的な支援によって，大学進学の機会が拡大し階層間の格差が縮小したことは間違いない。

それにもかかわらずそうした格差がなかなか消えないのは，公的な経済的支援がまだ充全ではないだけではなく，子どもが育った家庭の文化的な背景と，高等教育への進学から得られる利益に対する評価の違いが無視できないためだと考えられる。とはいえそれらを，家族の外部から変えることは難しいし，私的な空間に国家が介入するべきではないという近代社会の暗黙の合意に照らせば，望ましいことでもないだろう。いくら機会の平等のためとはいえ，国家やよそ者が，教育に熱心でない親に対して問題があることを宣告し，性根を入れ替えさせるというのは，明らかに行き過ぎであり，非現実的である。

どのような親であれ子どもにとってはもっとも身近な役割モデルである。仕事が何であっても親が自分の職業に誇りを持って働いていれば，子どもが自分の将来としてまず親の職業をイメージするのはごくふつうのことであろう。そう考えればいずれの職業階層でも再生産がある程度生じるのはむしろ当然とすら思える。実際，社会的な威信が高いとされる専門職や一部のホワイトカラーをすべての子どもが目指しているわけではないし，そうすることが望ましいともいえないだろう。

ただしそうはいっても，かりに目指すのであれば，そうした職業に就いていない親を持つ子どもは階層を移動しなくてはならない。そしてそのためには高い学歴を得ることが条件であり，学歴は能力を反映していると考えられている。

能力の社会的構成

しかしそう断言できるだろうか。結果の平等に配慮すべき第二の理由は，能力を正確に測定し社会的地位へ適切に反映させるのは困難を伴う点である。一般には能力の高い者が高い学歴を得て，ひいては社会的に評価の高い職業に就くと思われている。たしかにある程度の蓋然性はあるが，完全に対応しているわけではない。

というのもL.サローの「**仕事競争モデル**」(Thurow 1975＝1984：第4章)が指摘するとおり，どのような能力が必要とされるかは労働市場の状況に依存しているからである[2]。個人としての能力や学歴がいくら高くても，仕事の空きがなければ活かされない。逆に能力や学歴が低くても，仕事の空きが多ければ職務に就きやすい。つまり客観的に能力のある人(の分布)が存在するのではなく，状況や選抜システムに応じて能力のある人が作り出されるということだ。これはJ.ローゼンバウムのトーナメント競争(Rosenbaum 1984：47-48, 266)における能力観ときわめて近い考え方である。したがって「能力があるから試験や選抜で選ばれるというよりも，試験や選抜で選ばれるものが能力あるとみなされる」(竹内 2016：63)と捉えることもできる。これが**能力の社会的構成**といわれる考え方である。このように能力ということばは気軽に使われる割には，きわめて難しい概念である。

しかも学歴は地位財だということを忘れてはならない(天野 1984：112-113)[3]。地位財とは，ふつうの財と異なって需要が増加しても供給を増やすことが難しく，他者の利用によって相対的な価値が下がる財である(Hirsch 1976＝1980：54, 81-87)。そのため当初は高い学歴の獲得を目指す競争が激化するが，社会の成員の多くが高学歴になれば今度は稀少性が失われる。そうなれば学歴が現在有している他者との差異を示す機能は弱まるだろう。けれどもそれがわかっていながらも，自分だけその取得競争から降りるわけにはいかない(機会の罠という)というのは，誰にとっても悩ましい現象である。

さらにいえば，高い学歴を得るためには長い期間，学校に通わなければならない。勉強が不得意な人や学校と相性が悪い人にとって，いくら将来のためとはいえそれは苦痛であるだけでなく，能力や適性が低いことを繰り返し指摘される場になりかねない。その意味でも大学へ進学しなくても高い所得

2　本段落は竹内(2016：60-63)に負うている。またメリトクラシーのもつ多様な(とくに非競争的な)側面については中村(2011)を参照。

3　地位財はpositional goodのことで，Hirsch(1976＝1980)では局地財と訳されている。関連した議論がShavit and Park(2016)にある。

や地位を得られるルートも備わった社会にしておくことが重要であろう。

メリトクラシーの陥穽

第三の理由は，能力主義に近いメリトクラシー(→第1章)を貫徹すると，陰鬱な社会が到来するとの予測がなされている点である。メリトクラシーという言葉をはじめて用いたとされる英国の社会学者 Young(1958＝1982)が，それを小説仕立ての未来予測のかたちですでに指摘している[4]。

メリトクラシーの原理がそれほど機能していなかった近代以前の社会では，世襲やコネなどのため，高い能力が必要とされる職業に能力の低い者が就くといったことがふつうに生じていた。ところが知能テストの精度が高まるとともに中等教育を受ける機会が平等化するに伴って，能力の高い子どもはグラマースクールなどのエリート校へ通うようになった。そしてメリトクラシーが広範にいきわたると，かつてはどの職業にもいた能力の高い者は，高い能力を必要とされる職業に集中するようになる。

それはそれで望ましいことかもしれないが，小説はそこで終わらない。今度は高い知能を有し上位の階級に属する者から，遺伝によって能力の高い子どもが生まれる。他方で能力の低い者は，社会的制度の不備ではなく自らの能力の低さゆえに下層の階級にとどまらざるを得ない。その結果，社会は能力と教育水準の高い者から成る階級と低い者から成る階級に二分される。

メリトクラシー社会の初期には，自らの能力によって出身階級から上昇を遂げた者や下降せざるを得ない者が多く，世代間の階級移動が活発であったが，ここに至ってそれは沈静化してしまう。なぜなら階級移動は能力に従ってなされるものの，もはや階級と能力がほぼ完全に対応するようになったため，階級移動の生じる余地が小さくなったからである。こうしてメリトクラシーの原理を貫徹すると，物的な遺産相続がなくても事実上の世襲が広範にみられるようになる。それは世代間移動がほとんどないという点では，近代以前の社会と酷似している。

もちろんこのストーリーは著者のシミュレーションであって，実際にこう

4　苅谷ほか(2010：225-255)に，Young(1958＝1982)の解説と日本への適応可能性についての議論がある。

なるとは限らない。けれども一見すると望ましいメリトクラシーにも，それを貫徹するとこうした陥穽があることを知っておく必要がある。明は暗を伴う。資本主義がお金持ちに都合よくできているように，メリトクラシーは能力の高い者に有利にできている。

機会と結果の平等の程度

誤解のないように急いで付け加えておくが，だからといってメリトクラシーすべてが悪いわけでも，能力や学歴を無視してよいわけでも，また現在の学校教育制度がすべて問題なわけではもちろんない。基本的にそれらは重要である。ここでいいたいのは，完璧な制度や指標はなく，その意味で社会の原理として機会の平等だけを追求するので十分なのかということである。社会現象は複雑であり，機会の平等さえ達成すればすべてうまくいくとはとても思えない。したがってそれとは異なる原理である結果の平等にも配慮することが重要だと考える[5]。

より具体的には，機会の平等に関しては，ある一定以上の成績を条件に，家計所得による大学進学率の差の解消を目指すというのがひとつの案である[6]。言い換えれば，他の機会の不平等には目をつぶるということである。そうせざるを得ないのは，第10章で検討したように，多元的な機会を同時に平等にするのは難しいからである。

他方，結果の平等に関しては，貧困をできるだけなくすことが肝要だと考える。どこからが貧困なのかは一義的に決め難いものの，等価可処分所得が127万円(→第3章)というのはやはり低すぎるように思える。なんらかの基準で貧困線を決め，それを下回る人びとへは，ある程度の自助努力を前提に，

5　この点に関する実証的な帰結としてはJencks et al.(1972＝1978：第九章)を参照。また機会と結果の平等に関する規範的な理論(→発展11)については宮寺(2006)や黒崎(1995)を参照。

6　現実的には授業料減免や給付型奨学金(返済不要)の充実である。その総額は2020年度から始まった新制度では年額約7,628億円(若者の進学応援プロジェクトのホームページ)で，前年度の約10倍にのぼり，国立大学への運営費交付金が約1.1兆円であることからもその規模がわかる。ただし給付の対象にならない所得中間層や貸与型奨学金との整合性，成績要件の明確化など，これらが将来への活きた投資となるためには検討すべき課題が多い。

所得の高い人からの所得移転を現在以上に行うべきではないか。また累進課税制度(→コラム 3)や資産課税の強化は十分に意義がある。高額所得者のなかにはそうした移転に反対する人がいるかもしれない。けれども誰しも失業や貧困のリスクはあり，またさまざまな人がいて社会は成り立っている以上，お互いさまという意識を持つべきである。そして移転を増やしたとしても第 10 十分位(最富裕層)には第 1 十分位の 8～10 倍程度の所得が残るので，富裕層の労働へのインセンティブを下げることもないはずだ[7]。

ただし，それほどの格差があってはたして結果の平等といえるのか，という異論もあるだろう。さらにどのくらいの機会や結果の不平等なら容認するかといった「程度の問題」は残る。これについてはさまざまな意見があるはずで，合意の形成を図るのは容易ではない。それは，私たちがどのような社会を目指すのかを問うことに等しいからだ。そしてどんな案であれ欠点があり，全員が満足することはないだろう。しかしそうした討議を通じてよりましな社会を模索していくほかない。

格差社会を考える意義

最後に一言だけ付け加えておきたい。すでに何度も述べたとおり現時点では，結果と機会の不平等がはっきりとある。つまり，ひとりひとりの学歴・職業・所得は，各人の努力や選択による部分と，個人の力ではどうしようもない部分とが混ざり合ってかたちづくられたものだ。そうである以上，現に高い地位に就き高給を取っている人も，そのすべてが本人の努力の成果だとはいえないし，逆に失意のなかで厳しい毎日を送っている人も，それが本人の責任だけとは決していえない。

もちろん本書で論じたのは，あくまでも社会全体についてであって，周囲のひとりひとりにそのまま当てはめることはできないが，そうした冷静で温かなまなざしを持つことが，いま求められている。格差社会について考える意義は，そこにこそあるように思えるのである。

---

[7] 所得分配の平等度が高い北欧諸国でも 5～6 倍程度の格差がある(みずほ総合研究所 2017：10)。

文　献

*はホームページ上のみに掲載されている文書や文献を示す(いずれも 2021 年 9 月閲覧).
インターネットで検索すれば pdf ファイルなどを閲覧できる.

阿部彩, 2008a,「日本の貧困の実態と貧困政策」, 阿部彩・國枝繁樹・鈴木亘・林正義『生活保護の経済分析』21-51 頁, 東京大学出版会.

阿部彩, 2008b,『子どもの貧困—日本の不公平を考える』(岩波新書)岩波書店.

阿部正浩・松繁寿和編, 2014,『キャリアのみかた—図で見る 110 のポイント 改訂版』有斐閣.

足立浩平, 2006,『多変量データ解析法—心理・教育・社会系のための入門』ナカニシヤ出版.

赤林英夫, 2012,「人的資本理論」,『日本労働研究雑誌』621, 8-11 頁.

赤林英夫・直井道生・敷島千鶴編, 2016,『学力・心理・家庭環境の経済分析—全国小中学校の追跡調査から見えてきたもの』有斐閣.

天野郁夫, 1982,『教育と選抜』第一法規出版.

天野郁夫, 1983,「教育の地位表示機能について」『教育社会学研究』38, pp. 44-49.

天野郁夫, 1984,『「学習社会」への挑戦—学歴主義を超えて』日本経済新聞社.

天野郁夫, 1992,『学歴の社会史—教育と日本の近代』新潮社.

天野郁夫, 1998,「階層・学歴・職業」, 天野郁夫・藤田英典・苅谷剛彦『改訂版 教育社会学』, 157-167 頁, 放送大学教育振興会.

安藤寿康, 2012,『遺伝子の不都合な真実—すべての能力は遺伝である』(ちくま新書)筑摩書房.

青木紀, 2010,『現代日本の貧困観—「見えない貧困」を可視化する』明石書店.

荒井一博, 1995,『教育の経済学—大学進学行動の分析』有斐閣.

荒井一博, 2002,『教育の経済学・入門—公共心の教育はなぜ必要か』勁草書房.

荒牧草平, 2010,「教育の階級差生成メカニズムに関する研究の検討—相対的リスク回避仮説に着目して」,『群馬大学教育学部紀要人文・社会科学編』第 59 巻, 167-180 頁.

荒牧草平, 2011,「教育達成過程における階層差の生成—「社会化効果」と「直接効果」に着目して」, 佐藤嘉倫・尾嶋史章編『現代の階層社会 1　格差と多様性』253-266 頁, 東京大学出版会.

荒牧草平, 2019,『教育格差のかくれた背景—親のパーソナルネットワークと学歴志向』勁草書房.

荒牧草平・平沢和司，2016，「教育達成に対する家族構造の効果—「世代間伝達」と「世代内配分」に着目して」，稲葉昭英・保田時男・田渕六郎・田中重人編『日本の家族1999-2009—全国家族調査[NFRJ]による計量社会学』，93-112頁，東京大学出版会.

有田伸，2016，『就業機会と報酬格差の社会学—非正規雇用・社会階層の日韓比較』東京大学出版会.

Becker, G. S., 1975, *Human Capital: A Theoretical and Empirical Analysis, with Special Reference to Education*, 2nd ed., Colombia University Press（＝1976，佐野陽子訳『人的資本—教育を中心とした理論的・経験的分析』東洋経済新報社）.

Bernstein, B., 1971, *Class, Codes and Control*, vol. 1, Theoretical Studies towards a Sociology of Language, Routledge and Kegan Paul（＝1981，萩原元昭編訳『言語社会化論』明治図書出版）.

Blau, P. M. and O. D. Duncan, 1967, *The American Occupational Structure*, Free Press.

Boudon, R., 1973, *L'Inégalité des Chances*, Librairie Armand Colin（＝1983，杉本一郎・山本剛郎・草壁八郎訳『機会の不平等—産業社会における教育と社会移動』新曜社）.

Bourdieu, P. and J-C. Passeron, 1970, *La Reproduction*, Les Editions de Minuit（＝1991，宮島喬訳『再生産—教育・社会・文化』藤原書店）.

Breen, R. and J. H. Goldthorpe, 1997, 'Explaining Educational Differentials: Towards a Formal Rational Action Theory,' *Rationality and Society*, 9(3), pp.275-305.

Breen, R., R. Luijkx, W. Müller and R. Pollak, 2009, "Nonpersistent Inequality in Educational Attainment: Evidence from Eight European Countries," *American Journal of Sociology*, 114(5), pp.1475-1521.

Caplan, B., 2018, *The Case Against Education: Why the Education System Is a Waste of Time and Money*, Princeton University Press（＝2019，月谷真紀訳『大学なんかに行っても意味はない？—教育反対の経済学』みすず書房）.

Chavance, B., 2007, *L'Economie Instititinnelle*, La Decouverte（＝2007，宇仁宏幸・中原隆幸・斉藤日出治訳『入門制度経済学』ナカニシヤ出版）.

Cicourel, A. V. and J. I. Kitsuse, 1963, *The Educational Decision-Makers*, Bobbs-Merrill（＝1985，山村賢明・瀬戸知也訳『だれが進学を決定するか—選別機関としての学校』金子書房）.

Coleman, J. S. et al., 1966, *Equality of Educational Opportunity*, U. S. Department of Health, Education and Welfare.

Collins, R., 1979, *The Credential Society: An Historical Sociology of Education and Stratification*, Academic Press（＝1984，新堀通也監訳，大野雅敏・波平勇夫共訳『資格社会—教育と階層の歴史社会学』有信堂高文社）.

Davis, K. and W. E. Moore, 1945, "Some Principles of Stratification," *American Sociological Review*, 10(2), pp.242-249.

Dore, R. P., 1976, *The Diploma Disease: Education, Qualification and Development*, George

Allen & Unwin（＝1978，松居弘道訳『学歴社会―新しい文明病』岩波書店）.

Edgell, S., 1993, *Class*, Routledge（＝2002，橋本健二訳『階級とは何か』青木書店）.

江口英一・川上昌子，2009，『日本における貧困世帯の量的把握』法律文化社.

Ehrenreich, B., 2001, *Nickel and Dimed*, Metropolitan Books（＝2006，曽田和子訳『ニッケル・アンド・ダイムド―アメリカ下流社会の現実』東洋経済新報社）.

Eisenstadt, S. N., 1971, *Social Differentiation & Stratification*, Scott, Foresman and Company（＝1982，丹下隆一・長田攻一訳『社会分化と成層』早稲田大学出版部）.

遠藤さとみ・島一則，2019，「女子の高等教育投資収益率の変化と現状―時系列変動とライフコース・イベントに着眼した収益率推計」，『生活経済学研究』第49巻，41-55頁.

Erikson R. and J. H. Goldthorpe, 1992, *The Constant Flux: A study of Class Mobility in Industrial Societies*, Clarendon Press.

Erikson, R., J. H. Goldthorpe and L. Portocarero, 1979, 'Intergenerational Class Mobility in Three Western European Societies: England, France and Sweden,' *British Journal of Sociology*, (30) 4, pp.415-441.

Featherman, D. L., F. L. Jones and R. M. Hauser, 1975, "Assumption of Social Mobility Research in the U. S.: The Case of Occupational Status," *Social Science Research* 4 (4), pp.329-360.

Fitzgerald, F. S., 1925, *The Great Gatsby*, Armed Services（＝1974，野崎孝訳『グレート・ギャツビー』（新潮文庫）新潮社）.

Freeman, R. B., 1976, *The Overeducated American*, Academic press（＝1977，小黒昌一訳『大学出の価値―教育過剰時代』竹内書店新社）.

Fromm, E., 1941, *Escape from Freedom*, Holt, Rinehart and Winston（＝1965，日高六郎訳『自由からの逃走』東京創元社）.

藤原千沙・湯澤直美，2010，「被保護母子世帯の開始状況と廃止水準」，『大原社会問題研究所雑誌』620，49-63頁.

玄田有史，2008，「前職が非正社員だった離職者の正社員への移行について」『日本労働研究雑誌』580，61-77頁.

元治恵子編，2018，『雇用多様化社会における社会的地位の測定』（科学研究費補助金研究成果報告書）.

Gilboa, I., 2010, *Rational Choice*, The MIT Press（＝2013，松井彰彦訳『合理的選択』みすず書房）.

Goldthorpe, J. H., 1987, *Social Mobility and Class Structure in Modern Britain*, 2nd ed., Oxford University Press.

Goldthorpe, J. H., 1996, 'Problems of "Meritocracy"', R. Erikson and J. O. Jonsson eds., *Can Education be Equalized?*, pp.255-287, Westview Press（＝2005，小内透訳「「メリトクラシー」の諸問題」住田正樹・秋永雄一・吉本圭一編訳『教育社会学―第三のソ

リューション』533-562 頁，九州大学出版会).
ゴードン，アンドルー，2012，二村一夫訳『日本労使関係史：1853-2010』岩波書店.
Granovetter, M., 2017, *Society and Economy: Framework and Principles*, Harvard University Press（＝2019，渡辺深訳『社会と経済―枠組みと原則』ミネルヴァ書房).
Groves, R. M. et al., 2004, *Survey Methodology*, John Wiley and Sons（＝2011，大隅昇監訳『調査法ハンドブック』朝倉書店).
Halsey, A. H. et al., 1997, *Education: Culture, Economy, and Society*, Oxford University Press（＝2005，住田正樹・秋永雄一・吉本圭一編訳『教育社会学―第三のソリューション』九州大学出版会).
濱口桂一郎，2009，『新しい労働社会―雇用システムの再構築へ』(岩波新書)岩波書店.
濱口桂一郎，2013，『若者と労働―「入社」の仕組みから解きほぐす』(中公新書ラクレ)中央公論新社.
原純輔，2000a，「近代産業社会日本の階層システム」，原純輔編『日本の階層システム 1 近代化と社会階層』3-43 頁，東京大学出版会.
原純輔，2000b，「SSM 調査(社会階層と社会移動全国調査)について」，原純輔編『日本の階層システム 1 近代化と社会階層』xvi-xviii 頁，東京大学出版会.
原純輔，2016，『社会調査―しくみと考えかた』左右社.
原純輔・盛山和夫，1999，『社会階層―豊かさの中の不平等』東京大学出版会.
原純輔ほか編，2000，『日本の階層システム 1～6』東京大学出版会.
橋本健二，2001，『階級社会日本』青木書店.
橋本健二，2018a*，「現代日本の階級構造と階級間移動」，吉田崇編『2015 年 SSM 調査報告書 3 社会移動・健康』，123-147 頁，2015 年 SSM 調査研究会.
橋本健二，2018b，『アンダークラス―新たな下層階級の出現』(ちくま新書)筑摩書房.
橋本健二，2018c，『新・日本の階級社会』(講談社現代新書)講談社.
橋本健二，2020，『中流崩壊』(朝日新書)朝日新聞社.
林知己夫，1995，『数字からみた日本人のこころ』徳間書店.
林正義，2008，「地方財政と生活保護」，阿部彩・國枝繁樹・鈴木亘・林正義『生活保護の経済分析』239-268 頁，東京大学出版会.
Herrenstein, R. J. and C. Murray, 1994, *The Bell Curve: Intelligence and Class Structure in American Life*, Free Press.
樋口美雄・萩原里紗，2017，「教育投資は所得階層を固定化するのか―国際比較と日本の動き」，樋口美雄・萩原里紗編著『大学への教育投資と世代間所得移転―奨学金は救世主か』3-11 頁，勁草書房.
平沢和司，2010，「教育と社会階層」，岩井八郎・近藤博之編『現代教育社会学』41-60 頁，有斐閣.
平沢和司，2011，「大学の学校歴を加味した教育・職業達成分析」，石田浩・近藤博之・中尾啓子編『現代の階層社会 2 階層と移動の構造』155-170 頁，東京大学出版会.

平沢和司，2018a*，「世帯所得と子どもの学歴—前向き分析と後向き分析の比較」，中澤渉編『2015年SSM調査報告書5教育Ⅱ』，1-20頁，2015年SSM調査研究会．
平沢和司，2018b，「世帯所得・親学歴と子どもの大学進学」，中村高康・平沢和司・荒牧草平・中澤渉編『教育と社会階層—ESSM全国調査からみた学歴・学校・格差』107-128頁，東京大学出版会．
平沢和司，2021a，「階層は再生産されるのか—調査データから格差社会を考える」，橋本雄編『再—くりかえす世界』，255-278頁，北海道大学出版会．
平沢和司，2021b，「地方国立大学卒業生の出身と到達」，有田伸・数土直紀・白波瀬佐和子編『少子高齢社会の階層構造3 人生後期の階層構造』，145-160頁，東京大学出版会．
平沢和司・古田和久・藤原翔，2013，「社会階層と教育研究の動向と課題—高学歴化社会における格差の構造」『教育社会学研究』93，151-191頁．
広井良典，1999，『日本の社会保障』(岩波新書)岩波書店．
Hirsch, F., 1976, *Social Limits to Growth,* Harvard University Press(＝1980，都留重人監訳『成長の社会的限界』日本経済新聞社)．
本田一成，2010，『主婦パート 最大の非正規雇用』(集英社新書)集英社．
本田良一，2010，『ルポ生活保護—貧困をなくす新たな取り組み』(中公新書)中央公論新社．
本田由紀，2005，『若者と仕事—「学校経由の就職」を超えて』東京大学出版会．
本田由紀，2020，『教育は何を評価してきたのか』(岩波新書)岩波書店．
朴澤泰男，2016，『高等教育機会の地域格差—地方における高校生の大学進学行動』東信堂．
依田高典，2010，『行動経済学—感情に揺れる経済心理』(中央新書)中央公論新社．
今田高俊，1989，『社会階層と政治』東京大学出版会．
今田高俊，1999，「平等社会の神話を超えて—戦後日本の産業化と社会階層」『日本労働研究雑誌』472，2-16頁．
今井順，2021，『雇用関係と社会的不平等—産業的シティズンシップ形成・展開としての構造変動』有斐閣．
稲葉昭英，2011，「ひとり親家庭における子どもの教育達成」，佐藤嘉倫・尾嶋史章編『現代の階層社会1 格差と多様性』239-252頁，東京大学出版会．
石田浩，2003，「社会階層と階層意識の国際比較」，樋口美雄＋財務省財務総合政策研究所編著『日本の所得格差と社会階層』105-126頁，日本評論社．
Ishida, H., 2018*, “Long-Term Trends in Intergenerational Class Mobility in Japan,” 吉田崇編『2015年SSM調査報告書3社会移動・健康』，41-64頁，2015年SSM調査研究会．
石田浩，2021，「世代間階層移動と教育の趨勢」，中村高康・三輪哲・石田浩編『少子高齢社会の階層構造1 人生初期の階層構造』，19-36頁，東京大学出版会．
石田浩・三輪哲，2011，「上層ホワイトカラーの再生産」，石田浩・近藤博之・中尾啓子編『現代の階層社会2 階層と移動の構造』21-35頁，東京大学出版会．

石井加代子，2010，「2000年代後半の貧困動態とその要因」，瀬古美喜・照山博司・山本勲・樋口美雄・慶應―京大連携グローバルCOE編『日本の家計行動のダイナミズムⅥ経済危機下の家計行動の変容』，49-69頁，慶應義塾大学出版会.

石井加代子・佐藤一磨・樋口美雄，2010，「ワーキング・プアからの脱出に自己啓発支援は有効か」，樋口美雄・宮内環・C. R. Mckenzie・慶應義塾大学パネルデータ設計・解析センター編『貧困のダイナミズム―日本の税社会保障・雇用政策と家計行動』103-131頁，慶應義塾大学出版会.

石井洋二郎，1993，『差異と欲望―ブルデュー『ディスタンクシオン』を読む』藤原書店.

石井洋二郎，2020，『ブルデュー『ディスタンクシオン』講義』藤原書店.

岩木秀夫，2010，「教育と社会階層―機能主義か葛藤理論か？ 米国論争史の回顧」，有本章・山崎博敏・山野井敦徳編著『教育社会学概論』186-208頁，ミネルヴァ書房.

岩村美智恵，1996，「高等教育の私的収益率―教育経済学の展開」『教育社会学研究』58，5-28頁.

岩永理恵・卯月由佳・木下武徳，2018，『生活保護と貧困対策―その可能性と未来を拓く』有斐閣.

岩田正美，2007，『現代の貧困―ワーキングプア・ホームレス・生活保護』(ちくま新書)筑摩書房.

岩田正美，2008，『社会的排除―参加の欠如・不確かな帰属』有斐閣.

岩田正美，2017，『貧困の戦後史―貧困の「かたち」はどう変わったのか』筑摩書房.

Jencks, C. et al., 1972, *Inequality: A Reassesment of the Effect of Family and Schooling in America*, Basic Books（＝1978，橋爪貞雄・高木正太郎訳『不平等―学業成績を左右するものは何か』黎明書房).

神林博史，2015，「階層帰属意識からみた戦後日本―総中流社会から格差社会へ」，数土直紀編『社会意識からみた日本―階層意識の新次元』，16-49頁，有斐閣.

神林龍，2017，『正規の世界・非正規の世界―現代日本労働経済学の基本問題』慶應義塾大学出版会.

金子元久・小林雅之，1996，『教育・経済・社会』放送大学教育振興会.

鹿又伸夫，2001，『機会と結果の不平等―世代間移動と所得・資産格差』ミネルヴァ書房.

鹿又伸夫・田辺俊介・竹ノ下弘久，2008，「SSM職業分類と国際的階層指標―EGP階級分類・SIOPS・ISEIへの変換」，前田忠彦編『社会調査における測定と分析をめぐる諸問題』(2005年SSM調査シリーズ12)，69-94頁，2005年SSM調査研究会.

Karabel, J. and A. H. Halsey eds., 1977, *Power and Ideology in Education*, Oxford University Press（＝1980，潮木守一・天野郁夫・藤田英典編訳『教育と社会変動―教育社会学のパラダイム展開 上下』東京大学出版会).

苅谷剛彦，1991，『学校・職業・選抜の社会学―高卒就職の日本的メカニズム』東京大学出版会.

苅谷剛彦，1995，『大衆教育社会のゆくえ―学歴主義と平等神話の戦後史』(中公新書)中央公論新社.
苅谷剛彦，2001，『階層化日本と教育危機―不平等再生産から意欲格差社会へ』有信堂高文社.
苅谷剛彦・本田由紀編，2010，『大卒就職の社会学―データからみる変化』東京大学出版会.
苅谷剛彦・濱名陽子・木村涼子・酒井朗，2010，『教育の社会学―〈常識〉の問い方，見直し方 新版』有斐閣.
鹿嶋敬，2005，『雇用破壊―非正社員という生き方』岩波書店.
加藤晴久，2015，『ブルデュー 闘う知識人』講談社.
河西宏祐，2011，『全契約社員の正社員化―私鉄広電支部・混迷から再生へ(1993年～2009年)』早稲田大学出版部.
川崎修・杉田敦編，2012，『現代政治理論 新版』有斐閣.
川島正樹，2014，『アファーマティヴ・アクションの行方―過去と未来に向き合うアメリカ』名古屋大学出版会.
吉川徹，2006(増補版2019)，『学歴と格差・不平等―成熟する日本型学歴社会』東京大学出版会.
小林雅之，2008，『進学格差―深刻化する教育費負担』(ちくま新書)筑摩書房.
小池和男，2005，『仕事の経済学 第3版』東洋経済新報社.
駒村康平，2007，「ワーキングプア・ボーダーライン層と生活保護制度改革の動向」『日本労働研究雑誌』563，48-60頁.
近藤博之，1990，「「学歴メリトクラシー」の構造」，菊池城司編『現代日本の階層構造3 教育と社会移動』185-208頁，東京大学出版会.
近藤博之，1997，「教育と社会移動の趨勢」『行動計量学』46，28-36頁.
近藤博之，2000，「「知的階層制」の神話」，近藤博之編『日本の階層システム3 戦後日本の教育社会』221-245頁，東京大学出版会.
近藤博之，2002，「学歴主義と階層流動性」，原純輔編著『講座社会変動5　流動化と社会格差』59-87頁，ミネルヴァ書房.
近藤博之，2018，「メリトクラシー」，日本教育社会学会編『教育社会学事典』，600-601頁，丸善出版.
近藤博之，2019，「現代日本における階層化の様相」，金子勇編著『変動のマクロ社会学―ゼーション理論の到達点』，161-187頁，ミネルヴァ書房.
近藤博之・古田和久，2009，「教育達成の社会経済的格差―趨勢とメカニズムの分析」『社会学評論』第59巻第4号，682-698頁.
小西秀樹，2002，「所得格差とジニ係数」，宮島洋＋連合総合生活開発研究所編著『日本の所得分配と格差』209-240頁，東洋経済新報社.
厚生労働省，2017*，「平成29年版厚生労働白書」
厚生労働省，2018a*，「平成29年国民生活基礎調査の概況」(所得五分位などは所得→報

告書掲載→年次→第7表・第22表・第44表)
厚生労働省，2018b*，「平成29年所得再分配調査報告書」
厚生労働省，2019a*，「生活保護制度の概要等について」
厚生労働省，2019b*，「生活保護制度について」
厚生労働省，2019c*，「労働者派遣・請負を適正に行うためのガイド」
厚生労働省，2019d*，「平成30年賃金構造基本統計調査結果の概況」
厚生労働省，2020a*，「2019年国民生活基礎調査の概況」
厚生労働省，2020b*，「パートタイム・有期雇用労働法のあらまし」
厚生労働省，2021*，「令和2年賃金構造基本統計調査の概況」
小杉礼子，2003，『フリーターという生き方』勁草書房.
小杉礼子編，2005，『フリーターとニート』勁草書房.
小杉礼子，2010，『若者と初期キャリア―「非典型」からの出発のために』勁草書房.
古宇田千恵，2006，「分布の不平等を測る―ジニ係数，アトキンソン尺度」，与謝野有紀ほか編集『社会の見方，測り方―計量社会学への招待』54-62頁，勁草書房.
熊沢誠，2007，『格差社会ニッポンで働くということ―雇用と労働のゆくえをみつめて』岩波書店.
黒崎勲，1989，『教育と不平等―現代アメリカ教育制度研究』新曜社.
黒崎勲，1995，『現代日本の教育と能力主義―共通教育から新しい多様化へ』岩波書店.
Kuznets, S., 1966, *Modern Economic Growth: Rate, Structure, and Spread*, Yale University Press(＝1968，塩野谷祐一訳『近代経済成長の分析』東洋経済新報社).
Lauder, H. et al., 2006, *Education, Globalization, and Social Change*, Oxford University Press(＝2012，広田照幸・吉田文・本田由紀編訳『グローバル化・社会変動と教育1―市場と労働の教育社会学』，苅谷剛彦・志水宏吉・小玉重夫編訳『グローバル化・社会変動と教育2―文化と不平等の教育社会学』東京大学出版会).
Lister, R., 2004, *Poverty*, Polity Press(＝2011，松本伊智朗監訳・立木勝訳『貧困とはなにか―概念・言説・ポリティクス』明石書店).
Lucas, S. R., 2001, "Effectively Maintained Inequality: Educational Transitions, Track Mobility, and Social Background Effects," *American Journal of Sociology*, 106(6), pp.1642-1690.
Marx, K. and F. Engels, 1848, *Das Kommunistische Manifest*(＝1971，大内兵衛・向坂逸郎訳『共産党宣言』(岩波文庫)岩波書店).
松井博，2008，『公的統計の体系と見方』日本評論社.
松岡亮二，2019，『教育格差―階層・地域・学歴』(ちくま新書)筑摩書房.
Meyer, J. W. and B. Rowan, 1977, "Institutionalized Organizations: Formal Structure as Myth and Ceremony," *American Journal of Sociology*, 83(2), pp.340-363.
道中隆，2009，『生活保護と日本型ワーキングプア―貧困の固定化と世代間継承』ミネルヴァ書房.

三木義一，2018，『日本の税金 第3版』(岩波新書)岩波書店．

Milanovic, B., 2011, *The Haves and the Have-Nots: A Brief and Idiosyncratic History of Global Inequality*, Basic Books(＝2012，村上彩訳『不平等について―経済学と統計が語る26の話』みすず書房)．

Milanovic, B., 2016, *Global Inequality: A New Approach for the Age of Globalization*, Harvard University Press(＝2017，立木勝訳『大不平等―エレファントカーブが予測する未来』みすず書房)．

宮寺晃夫，2006，『教育の分配論―公正な能力開発とは何か』勁草書房．

宮島喬，2017，『増補新版 文化的再生産の社会学―ブルデュー理論からの展開』藤原書店．

宮本太郎，2009，『生活保障―排除しない社会へ』(岩波新書)岩波書店．

三輪哲・石田浩，2008，「戦後日本の階層構造と社会移動に関する基礎分析」，三輪哲・小林大祐編『2005年SSM日本調査の基礎分析―構造・趨勢・方法』(2005年SSM調査シリーズ1)，73-93頁，2005年SSM調査研究会．

みずほ総合研究所編，2017，『データブック格差で読む日本経済』岩波書店．

水町勇一郎，2019，『労働法入門 新版』(岩波新書)岩波書店．

文部科学省，2014*，「研究活動における不正行為への対応等に関するガイドライン」

森いづみ，2021，「大学進学が初職に及ぼす効果―専門職へのルートとしての大卒の意味」，中村高康・三輪哲・石田浩編『少子高齢社会の階層構造1 人生初期の階層構造』，133-150頁，東京大学出版会．

森田果，2014，『実証分析入門―データから「因果関係」を読み解く作法』日本評論社．

Moynihan, D. P., 1965, *The Negro Family: The Case of National Action*, U. S. Department of Labor.

椋野美智子・田中耕太郎，2020，『はじめての社会保障：福祉を学ぶ人へ 第17版』有斐閣．

内閣府，2012*，「平成23年度「親と子の生活意識に関する調査」概要」

内閣府・総務省・厚生労働省，2015*，「相対的貧困率等に関する調査分析結果について」

中村高康，2011，『大衆化とメリトクラシー――教育選抜をめぐる試験と推薦のパラドクス』東京大学出版会．

中村高康，2018，『暴走する能力主義―教育と現代社会の病理』(ちくま新書)筑摩書房．

中室牧子・津川友介，2017，『「原因と結果」の経済学―データから真実を見抜く思考法』ダイヤモンド社．

中澤渉，2012，「なぜパネル・データを分析するのが必要なのか―パネル・データ分析の特性の紹介」『理論と方法』51，pp. 23-40．

中澤渉，2014，『なぜ日本の公教育費は少ないのか―教育の公的役割を問いなおす』勁草書房．

直井優，1979，「職業的地位尺度の構成」，富永健一編『日本の階層構造』pp. 434-472，東京大学出版会．

直井優ほか編，1990，『現代日本の階層構造①～④』東京大学出版会.
日本経営者団体連盟，1995，『新時代の「日本的経営」―挑戦すべき方向とその具体策』日本経営者団体連盟.
日本教育社会学会編，2018，『教育社会学事典』丸善出版.
日本社会学会，2018*，『社会学評論スタイルガイド 第3版』.
Nisbett, R. E., 2009, *Intelligence and How to Get It*, W. W. Norton（＝2010，水谷淳訳『頭のでき―決めるのは遺伝か，環境か』ダイヤモンド社）.
野村正實，1994，『終身雇用』岩波書店.
小川和孝，2018*，「高学歴化と学校経由の就職の趨勢」，阪口祐介編『2015年SSM調査報告書6労働市場Ⅰ』103-118頁，2015年SSM調査研究会.
小熊英二，2019，『日本社会のしくみ―雇用・教育・福祉の歴史社会学』(講談社現代新書)講談社.
小倉一哉，2013，『「正社員」の研究』日本経済新聞出版社.
尾嶋史章編，2001，『現代高校生の計量社会学―進路・生活・世代』ミネルヴァ書房.
尾嶋史章・荒牧草平編，2018，『高校生たちのゆくえ―学校パネル調査からみた進路と生活の30年』世界思想社.
小内透，1995，『再生産論を読む―バーンスティン，ブルデュー，ボールズ＝ギンティス，ウィリスの再生産論』東信堂.
大橋隆憲編，1971，『日本の階級構成』(岩波新書)岩波書店.
太田清，2002，「所得等の格差と人口の高齢化」，宮島洋＋連合総合生活開発研究所編著『日本の所得分配と格差』101-118頁，東洋経済新報社.
太田聰一，2010，『若年者就業の経済学』日本経済新聞出版社.
大竹文雄，2005，『日本の不平等―格差社会の幻想と未来』日本経済新聞社.
大内伸哉・川口大司，2014，『法と経済で読みとく雇用の世界 新版―これからの雇用政策を考える』有斐閣.
小塩隆士，2002，『教育の経済分析』日本評論社.
小塩隆士，2003，『教育を経済学で考える』日本評論社.
小澤浩明，2021，『ブルデューの教育社会学理論―教育システムと社会階級・社会秩序の再生産と変革の理論』学文社.
小沢修司，2002，『福祉社会と社会保障改革―ベーシック・インカム構想の新地平』高菅出版.
Piketty, T., 2013, *Le Capital au XXIe Siècle*, Éditions du Seuil（＝2014，山形浩生・守岡桜・森本正史訳『21世紀の資本』みすず書房）.
Raftery. A. E. and M. Hout, 1993, “Maximally Maintained Inequality: Expansion, Reform, and Opportunity in Irish Education, 1921-75” *Sociology of Education* 66(1), pp.41-62.
Rawls, J., 1971 (Revised Edition 1990), *A Theory of Justice*, Belknap Press of Harvard University Press（＝1979(改訂版2010)，矢島鈞次監訳(川本隆史・福間聡・神島裕子

訳）『正義論（改訂版）』紀伊國屋書店）.
Rawls, J., 2001, *Justice as Fairness: A Restatement,* Harvard University Press（＝2004，田中成明・亀本洋・平井亮輔訳『公正としての正義 再説』岩波書店）.
Reich, R. B., 2010, *Aftershock: The Next Economy and America's Future,* Knopf（＝2011，雨宮寛・今井章子訳『余震―そして中間層がいなくなる』東洋経済新報社.
Roemer, J. E., 1998, *Equality of Opportunity,* Harvard University Press.
Rosenbaum, J. E., 1984, *Career Mobility in a Corporate Hierarchy,* Academic press.
Rowntree, B. S., 1901, *Poverty: A Study of Town life,* Macmillan（＝1975，長沼弘毅訳『貧乏研究』千城）.
佐藤博樹・小泉静子，2007，『不安定雇用という虚像―パート・フリーター・派遣の実像』勁草書房.
佐藤郁哉・山田真茂留，2004，『制度と文化―組織を動かす見えない力』日本経済新聞社.
佐藤香，2011，「学校から職業への移行とライフチャンス」，佐藤嘉倫・尾嶋史章編『現代の階層社会 1 格差と多様性』65-79 頁，東京大学出版会.
佐藤正広，2015，『国勢調査 日本社会の百年』岩波書店.
佐藤俊樹，2000，『不平等社会日本―さよなら総中流』（中公新書）中央公論新社.
佐藤嘉倫ほか編，2011，『現代の階層社会 1～3』東京大学出版会.
Savage, M. et al, 2015, *Social Class in the 21st Century,* Penguin Books（＝2019，舩山むつみ訳『7 つの階級―英国階級調査報告』東洋経済新報社）.
Schultz, T. W., 1963, *The Economic Value of Education,* Columbia University Press（＝1981，清水義弘・金子元久訳『教育の経済価値』日本経済新聞社）.
清家篤・風神佐知子，2020，『労働経済』東洋経済新報社.
盛山和夫，1994，「社会移動データの分析手法」，東京大学教養学部統計学教室編『人文・社会科学の統計学』257-279 頁，東京大学出版会.
盛山和夫，1997，「合理的選択理論」，井上俊ほか『岩波講座現代社会学別巻 現代社会学の理論と方法』137-156 頁，岩波書店.
盛山和夫，2003，「階層再生産の神話」，樋口美雄・財務省財務総合政策研究所編著『日本の所得格差と社会階層』85-103 頁，日本評論社.
盛山和夫，2006a，「合理的選択理論」，新睦人編『新しい社会学のあゆみ』251-279 頁，有斐閣.
盛山和夫，2006b，『リベラリズムとは何か―ロールズと正義の論理』勁草書房.
盛山和夫，2007，『年金問題の正しい考え方―福祉国家は持続可能か』（中公新書）中央公論新社.
盛山和夫，2015，『社会保障が経済を強くする―少子高齢社会の成長戦略』（光文社新書）光文社.
盛山和夫ほか，1990，「現代日本の階層構造とその趨勢」，直井優・盛山和夫編『現代日本の階層構造 1 社会階層の構造と過程』，15-50 頁，東京大学出版会.

Shavit, Y. and H-P. Blossfeld eds., 1993, *Persistent Inequality: Changing Educational Attainment in Thirteen Countries*, Westview Press.

Shavit, Y. and H. Park, 2016, "Introduction to the Special Issue: Education as a Positional Good," *Research in Social Stratification and Mobility*, 43, pp.1-3.

島一則，2014「大学教育投資の経済効果」，『季刊個人金融』第 9 巻第 1 号，2-14 頁.

島一則，2021,「大学ランク・学部別の大学教育投資収益率についての実証的研究―大学教育投資の失敗の可能性に着目して」，『名古屋高等教育研究』第 21 号，167-183 頁.

新川敏光，2004,「福祉国家の改革原理―生産主義から脱生産主義へ」，塩野谷祐一・鈴村興太郎・後藤玲子編『福祉の公共哲学』197-214 頁，東京大学出版会.

篠崎武久，2015,「所得の観点から見た中間層の把握の方法について」，早稲田大学『人文社会科学研究』55，199-216 頁.

白波瀬佐和子，2009,『日本の不平等を考える―少子高齢社会の国際比較』東京大学出版会.

白波瀬佐和子，2010,『生き方の不平等―お互いさまの社会に向けて』(岩波新書)岩波書店.

白波瀬佐和子ほか編，2021,『少子高齢社会の階層構造 1〜3』東京大学出版会.

総務省，2010,『統計基準日本標準職業分類―分類項目名，説明及び内容例示 平成 21 年 12 月設定』統計情報研究開発センター.

総務省，2011*,「平成 21 年全国消費実態調査 各種係数及び所得分布に関する結果」

総務省，2013*,「平成 24 年就業構造基本調査結果の概要」

総務省，2016*,「平成 26 年全国消費実態調査結果の概要」

総務省，2020*,「労働力調査(詳細集計)2019 年(令和元年)平均(速報)」

総理府社会保障制度審議会，1993*,「社会保障将来像委員会第一次報告」

Sorokin, P. A., 1927, *Social Mobility*, Haper & Row.

Spence, A. M., 1974, *Market Signaling: Informational Transfer in Hiring and Related Screening Processes*, Harvard University Press.

SSM 調査研究会，2006,『SSM 産業分類・職業分類(95 年版)修正版』.

数土直紀編，2015,『社会意識からみた日本―階層意識の新次元』有斐閣.

杉野勇，2017,『入門・社会統計学―2 ステップで基礎から〔R で〕学ぶ』法律文化社.

鈴木亘，2014,『社会保障亡国論』(講談社現代新書)講談社.

橘木俊詔，1998,『日本の経済格差―所得と資産から考える』(岩波新書)岩波書店.

橘木俊詔，2006,『格差社会―何が問題なのか』(岩波新書)岩波書店.

橘木俊詔，2021,『日本の構造―50 の統計データで読む国のかたち』(講談社現代新書)講談社.

平英美・中河伸俊編，2000,『構築主義の社会学―論争と議論のエスノグラフィー』世界思想社.

高田洋，2013,「ジニ係数とは何か？―不平等を測定する」，福祉社会学会編『福祉社会学ハンドブック―現代を読み解く 98 の論点』70-71 頁，中央法規.

高梨昌編，1994，『変わる日本型雇用』日本経済新聞社.

竹ノ下弘久，2013，『仕事と不平等の社会学』弘文堂.

竹内洋，2016，『日本のメリトクラシー―構造と心性 増補版』東京大学出版会.

多喜弘文，2020，『学校教育と不平等の比較社会学』ミネルヴァ書房.

田中博秀，1980，『現代雇用論』日本労働協会.

田中隆一，2015『計量経済学の第一歩―実証分析のススメ』有斐閣.

太郎丸博，1998，「職業評定の一致度と間主観的階層構造」，都築一治編『職業評価の構造と職業威信スコア』15-29頁，1995年SSM調査研究会.

太郎丸博，2005，『人文・社会科学のためのカテゴリカル・データ解析入門』ナカニシヤ出版.

太郎丸博，2007，「大学進学率の階級間格差に関する合理的選択理論の検討―相対的リスク回避仮説の1995年SSM調査データによる分析」，『大阪大学大学院人間科学研究科紀要』33，201-212頁.

太郎丸博，2009，『若年非正規雇用の社会学―階層・ジェンダー・グローバル化』大阪大学出版会.

Temin, P., 2017, *The Vanishing Middle Class,* Massachusetts Institute of Technology (＝2020，栗林寛幸訳『なぜ中間層は没落したのか―アメリカ二重経済のジレンマ』慶應義塾大学出版会).

Thurow, L. C., 1975, *Generating Inequality: Mechanisms of Distribution in the U. S. Economy,* Basic Book (＝1984，小池和男・脇坂明訳『不平等を生み出すもの』同文舘出版).

轟亮・杉野勇・平沢和司編，2021，『入門・社会調査法 第4版―2ステップで基礎から学ぶ』法律文化社.

東京大学大学経営・政策研究センター，2009*，「高校生の進路と親の年収の関連について」.

富永健一，1986，『社会学原理』岩波書店.

富永健一編，1979，『日本の階層構造』東京大学出版会.

津田敏秀，2013，『医学的根拠とは何か』(岩波新書)岩波書店.

都築一治，2000，「人は何になりたいのか―職業魅力の構造」，海野道郎編『日本の階層システム2　公平感と政治意識』37-60頁，東京大学出版会.

Townsent, P., 1970, *The Concept of Poverty,* Hinemann Educational (＝1974，三浦文夫監訳『貧困の概念』国際社会福祉協議会日本国委員会).

Toynbee, P., 2003, *Hard Work,* Bloomsbury (＝2005，椋田直子訳『ハードワーク―低賃金で働くということ』東洋経済新報社).

トロウ，マーチン，1976，天野郁夫・喜多村和之訳『高学歴社会の大学―エリートからマスへ』東京大学出版会.

辻村みよ子，2011，『ポジティヴ・アクション―「法による平等」の技法』(岩波新書)岩波書店.
Tumin, M. M., 1953, "Some Principles of Stratification: A Critical Analysis," *American Sociological Review*, 18(4), pp.387-394.
上野千鶴子編，2001，『構築主義とは何か』勁草書房.
上山浩次郎，2018*，「教育達成の地域間格差のメカニズムに関する検討」，古田和久編『2015 年 SSM 調査報告書 4 教育 I』，225-242 頁，2015 年 SSM 調査研究会.
Willis, P. E., 1977, *Learning to Labour: How Working Class Kids Get Working Class Jobs*, Columbia University Press(＝1985(ちくま学芸文庫 1996)，熊沢誠・山田潤訳『ハマータウンの野郎ども―学校への反抗・労働への順応』筑摩書房).
矢野眞和，2001，『教育社会の設計』東京大学出版会.
矢野眞和，2015，『大学の条件―大衆化と市場化の経済分析』東京大学出版会.
安田三郎，1971，『社会移動の研究』東京大学出版会.
安田三郎・原純輔，1982，『社会調査ハンドブック 第 3 版』有斐閣.
吉田崇，2011，「世代間所得移動からみた機会の不平等」，石田浩・近藤博之・中尾啓子編『現代の階層社会 2 階層と移動の構造』71-86 頁，東京大学出版会.
吉永純，2019，「「半福祉・半就労」と生活保障，生活保護」『社会政策』第 11 巻第 1 号，11-25 頁.
Young, M., 1958, *The Rise of the Meritocracy*, Thames and Hudson(＝1982(2021)，窪田鎮夫・山元卯一郎訳『メリトクラシー』至誠堂(講談社エディトリアル)).
財務省，2019*，「国民負担率の推移」

索　引

平 沢 和 司（ひらさわ　かずし）

1962 年　東京都生まれ
1992 年　北海道大学大学院文学研究科博士課程単位取得退学
現　在　北海道大学大学院文学研究院教授　専門は社会学
おもな著書
『大卒就職の社会学』（分担執筆，2010 年，東京大学出版会）
『日本の家族 1999-2009』（分担執筆・共著，2016 年，東京大学出版会）
『教育社会学のフロンティア 2 変容する社会と教育のゆくえ』（分担執筆，2018 年，岩波書店）
『教育と社会階層』（編著，2018 年，東京大学出版会）
『入門・社会調査法第 4 版』（編著，2021 年，法律文化社）
『少子高齢社会の階層構造 3 人生後期の階層構造』（分担執筆，2021 年，東京大学出版会）

格差の社会学入門［第 2 版］——学歴と階層から考える

2014 年　3 月 31 日　第 1 刷発行
2021 年 10 月 25 日　第 2 版第 1 刷発行
2022 年　5 月 25 日　第 2 版第 2 刷発行

著　者　平 沢 和 司
発行者　櫻 井 義 秀

発行所　北海道大学出版会
札幌市北区北 9 条西 8 丁目　北海道大学構内（〒060-0809）
Tel. 011（747）2308・Fax. 011（736）8605・http://www.hup.gr.jp/

㈱アイワード

ISBN978-4-8329-6881-3